高职高专经管类专业基础课系列教材（工学

# 市场营销理论与实务

◎ 主　编　郑　璁　平　怡
◎ 副主编　付　颖　姜显亮　乐诗婷

重庆大学出版社

# 内 容 提 要

本书以营销活动过程为主线，采用学习单元、学习任务构建全书。本书共分11个单元，包括认识市场营销、市场营销观念及发展、战略规划与市场营销管理过程、市场营销调研与预测、市场营销环境分析、市场购买行为分析、目标市场营销战略、产品策略、定价策略、分销渠道策略和促销策略。考虑到高职教育的规律，每单元设有相应的案例分析、同步测试以及实训项目。在理解市场营销基本理论的基础上，加强对学生实战技能的培养，使学生学成后能够尽快上岗。

本书既可以作为高职市场营销专业的教材，也可以作为成人高等院校管理类专业的学生用书，还可以作为市场营销职业资格认证的培训教材和从业人员的参考用书。

**图书在版编目(CIP)数据**

市场营销理论与实务/郑璁，平怡主编.—重庆：
重庆大学出版社，2011.8(2020.4重印)
高职高专经管类专业基础课系列教材：工学结合
ISBN 978-7-5624-6284-2

Ⅰ.①市… Ⅱ.①郑…②平… Ⅲ.①市场营销学—
高等职业教育—教材 Ⅳ.①F713.50

中国版本图书馆 CIP 数据核字(2011)第 148198 号

高职高专经管类专业基础课系列教材（工学结合）
## 市场营销理论与实务
主编 郑 璁 平 怡
策划编辑：李竹君
责任编辑：李桂英 罗 刚 版式设计：李竹君
责任校对：陈 力 责任印制：张 策
*
重庆大学出版社出版发行
出版人：饶帮华
社址：重庆市沙坪坝区大学城西路21号
邮编：401331
电话：(023) 88617190 88617185(中小学)
传真：(023) 88617186 88617166
网址：http://www.cqup.com.cn
邮箱：fxk@ cqup.com.cn (营销中心)
全国新华书店经销
POD:重庆新生代彩印技术有限公司
*
开本：720mm×960mm 1/16 印张：18.25 字数：328千
2011 年 8 月第 1 版 2020 年 4 月第 5 次印刷
ISBN 978-7-5624-6284-2 定价：49.90 元

# 系列教材编委会

主　任:张　亮(湖北财税职业学院党委委员、副校长、教授)

副主任:熊发涯(黄冈职业技术学院副校长、教授)

王学梅(长江职业学院副校长、副教授)

童光荣(武汉商贸职业学院经济管理学院院长、教授、博士生导师)

黄少年(武汉纺织大学工商学院副院长、分党委书记、教授)

喻靖文(湖北职业技术学院财经学院副院长、副教授)

杜国良(武汉纺织大学会计学院院长、教授)

彭庆武(武汉职业技术学院管理教研室主任、副教授)

姜玲玲(武汉船舶职业技术学院管理教研室主任、副教授)

郑　璁(武汉交通职业学院市场营销教研室主任、副教授)

吴　瑰(长江职业学院经济管理学院电商教研室主任)

平　怡(长江职业学院经济管理学院市场营销教研室主任)

策　划:苏　龙(长江职业学院经济管理学院副院长、副教授)

夏荣鹏(重庆大学出版社湖北事业部总经理)

李竹君(重庆大学出版社经管分社策划编辑)

范　莹(重庆大学出版社经管分社策划编辑)

编委会成员名单:(按姓氏笔画排序)

马江浩　乐诗婷　卢文阳　付　颖　刘晓霞　宋德凤

张于林　吴长海　杨冰冰　肖　丽　官灵芳　陈桂芳

陈继元　陈德林　欧阳菲　姜显亮　郭　俊　董灵娟

熊壮志　熊　杰　熊　敏　滕亚东

# 前　言

随着高等教育的发展,大学生面临严峻的就业形势。根据人事部等相关机构的统计,营销类职位在近年的招聘和应聘职位数一直名列前茅。营销类职业为大学生提供了广阔的发展空间。然而,我国营销人才市场存在突出的结构性供需矛盾,企业大多愿意招聘到岗即胜任的员工,而符合企业用人要求的高素质高校毕业生太少;大部分营销人才是通过漫长的工作来完善自己相关技能,个人成长周期太长;工作业绩、职位、待遇的提升幅度有限,理想单位求职难,营销人员存在发展瓶颈。根据市场对营销人员的需求状况,我们认为只有通过系统的职业技能教育和培训,才能真正提高营销人员的整体素质,适应社会经济发展对营销人才的要求。

本书从最新的专业设置、课程设置出发,以培养职业能力为核心,以营销工作实践为主线,以营销的工作过程为导向,以营销的工作任务进行驱动,即以行动体现为框架,构建本课程的课程结构和教学内容。本教材的主要特色是,注重教学内容的整体策划;结合教学改革,构建工学结合的教学内容;以营销任务驱动贯穿教学过程;注重对学生实用营销技能的培养。本书从学习任务开始,设案例导入、相关知识、学习自测、案例分析、实训项目等项目。每个相关知识中,还穿插了一些小案例、小知识、小资料、并设有一定的课堂训练或课堂游戏。

本书具体参编分工如下:郑璁(武汉交通职业学院):单元1、单元2、单元6;平怡(长江职业学院):单元3、单元5;付颖(长江职业学院):单元8、单元9;姜显亮(武汉船舶职业技术学院):单元4、单元10;乐诗婷(咸宁职业技术学院):单元7、单元11。

在本书的编写过程中,得到了很多相关部门的领导和老师的大力支持和帮助,在此表示真诚的感谢。同时,本书还借鉴、引用、改编了大量近年来最新出版和网络发布的国内外专著、教材、论文和科研成果,在此也一并表示诚挚的谢意。由于时间紧迫,作者水平有限,错误之处在所难免,恳请各位同仁、读者批评指正。

编　者
2011 年 6 月

# 目　录

# 单元 1

# 认识市场营销

## ◉ 学习目标

1. 认识市场营销。

2. 理解市场营销的相关概念。

## ◉ 能力目标

1. 理解并灵活运用市场营销的相关概念。

2. 掌握不同市场需求状况及相应的企业对策。

**课堂游戏**

说说你心目中的市场营销。

**案例导入**

### 凯迪拉克汽车公司

凯迪拉克汽车公司在1984年将凯迪牌轿车缩短了两英尺,结果销路受阻,这使制造商不得不重新考虑设计汽车的方法。他们将以往只是在发展的初期会见汽车买主的做法,改为在设计初期征求汽车买主的意见。设计者们在3年多的时间里会见了5组顾客,让他们提出设计意见。每组包括500名拥有该公司生产的汽车和其他型号汽车的顾客。凯迪拉克公司实实在在地让这些人坐在样车方向盘后面,让他们不停地拨弄表盘上的开关和旋钮,车门把手和安全带。与此同时,工程师们坐在他们的后面并作记录。

结果1988年6月,崭新的德维勒牌和费利伍德牌轿车推向市场了。新车比原来长9英寸,精巧的尾部装饰物和挡泥板边缘,使人们想起战时造价昂贵的炮舰。在1988年第4季度,凯迪拉克公司这两种汽车销量比上一年同期增加了36%,公司的汽车总销量5年来第一次有所增加。凯迪拉克公司从揣摩和把握顾客的好恶中,学到了从前从未学过的东西,最终赢得了市场。

(案例来源:MBA智库百科)

学习思考:为什么改进设计后的轿车能够受到市场的欢迎?

## 学习任务1 认识市场营销

### 1.1.1 市场营销的含义

市场营销一词由英文"MAKETING"而来,20世纪初源于美国,它体现着一种全新的现代经营思想,其核心是以消费者需求为导向,消费者或客户需求什么就生产销售什么。也可以说市场营销是指与市场有关的人类活动,即为满足消费者需求和欲望而利用市场来实现潜在交换的活动,它是一种社会的和管理的过程。

市场营销在现今有多种不同的定义方式。美国市场营销协会下的定义:市场营销是创造、沟通与传送价值给顾客,及经营顾客关系以便让组织与其利益关系人受益的一种组织功能与程序。菲利普·科特勒下的定义强调了营销的价值导向:市场营销是个人和集体通过创造并同他人交换产品和价值以满足需求和欲望的一种社会和管理过程。因此企业的营销职能在于:认识目前未满足的需要和欲望,估量和确定需求量大小,选择和决定企业能最好地为其服务的目标市场,并决定适当的产品、劳务和计划(或方案),以便为目标市场服务。而格隆罗斯给的定义强调了营销的目的:营销是在一种利益之上下,通过相互交换和承诺,建立、维持、巩固与消费者及其他参与者的关系,实现各方的目的。总之,市场营销是计划和执行关于商品、服务和创意的观念、定价、促销和分销,以创造符合个人和组织目标的交换的一种过程。

在这里,市场是指某种产品的现实购买者与潜在购买者需求的总和。站在销售者市场营销的立场上,同行供给者即其他销售者都是竞争者,而不是市场。销售者构成行业,购买者构成市场,即市场是对某企业某产品有特定需要和欲望,并愿意且能够通过交换来满足该种需要的所有现实和潜在消费者的集合。

市场包含 3 个主要因素,即:有某种需要的人、为满足这种需要的购买能力和购买欲望。用公式来表示就是:

$$市场 = 人口 + 购买力 + 购买欲望$$

市场的这 3 个因素是相互制约、缺一不可的,只有三者结合起来才能构成现实的市场,才能决定市场的规模和容量。例如,一个国家或地区人口众多,但收入很低,购买力有限,则不能构成容量很大的市场;又如,购买力虽然很大,但人口很少,也不能成为很大的市场。只有人口多,且购买力高,才能成为一个有潜力的大市场。但是,如果产品不适合需要,不能引起人们的购买欲望,对销售者来说,仍然不能成为现实的市场。因此,市场是上述 3 个因素的统一。市场是指具有特定需要和欲望,而且愿意并能够通过交换来满足这种需要或欲望的全部显在和潜在顾客。也就是说,市场的大小,取决于那些有某种需要,并拥有使别人感兴趣的资源,同时愿意以这种资源来换取其需要的东西的人数。

## 1.1.2　市场营销相关概念

市场营销的目的是满足顾客需求,同时还涉及以何种方式来满足顾客需求。

因此,与市场营销活动相关的概念还包括需求及相关的欲望、需要,产品及相关的效用、价值和满足,交换及相关的交易和关系,市场、市场营销及市场营销者。

### 1) 需求及相关的欲望和需要

(1)需要。需要就是身心没有得到基本满足的一种感受状态。例如,人们为了生存,需要食物、衣服、房屋等生理需求及安全、归属感、尊重和自我实现等心理需求。市场营销者不能创造这种需求,而只能适应它。

(2)欲望。欲望是人们欲获取某种能满足自己需要的东西的心愿。比如中国人需求食物则欲求大米饭,法国人需求食物则欲求面包,美国人需求食物则欲求汉堡包。人的欲望受社会因素及机构因素,诸如职业、团体、家庭、教会等影响。因而,欲求会随着社会条件的变化而变化。市场营销者能够影响消费者的欲求,如建议消费者购买某种产品。

(3)需求。需求是人们有支付能力作保证的欲望。可见,消费者的欲望在有购买力做后盾时就变成为需求。需求必须具备两个条件:其一,消费者愿意购买;其二,消费者有能力购买。例如,许多人想购买兰博基尼牌轿车,但只有具有支付能力的人才能购买。需求对市场营销最具现实意义,企业必须高度重视对市场需求的研究,研究需求的种类、规模、人群等现状,尤其是研究需求的发展趋势,准确把握市场需求的方向和水平。

### 2) 产品及相关的效用和价值的满足

(1)产品。产品是指用来满足顾客需求和欲求的物体。产品包括有形与无形的、可触摸与不可触摸的。有形产品是为顾客提供服务的载体。无形产品或服务是通过其他载体,诸如人、地、活动、组织和观念等来提供的。当我们感到疲劳时,可以到音乐厅欣赏歌星唱歌(人),可以到公园去游玩(地),可以到室外散步(活动),可以参加俱乐部活动(组织),或者接受一种新的意识(观念)。服务也可以通过有形物体和其他载体来传递。

(2)效用、价值和满足。消费者如何选择所需的产品,主要是根据对满足其需要的每种产品的效用进行估价而决定的。效用是消费者对满足其需要的产品的全部效能的估价。商品价值只表示人对商品的心理感受,不表示商品某种内在的性质;价值取决于人的欲望以及人对物品的估价。理想产品的标准如何确定?例如,某人上班需要交通工具,可以是自行车、摩托车、汽车、飞机等,这些可供选择的产品构成了产品的选择组合。假设他的要求满足速度、安全、舒适及节约成本等,这些便构成了其需求组合。这样,每种产品有不同能力来满足其不同需要,如自行车省钱,但速度慢,欠安全;汽车速度快,但成本高。消费者要决定一项最能满足其需要的产品,为此,将最能满足其需求到最不能满足其需求的产品进行排列,从中选择出最接近理想产品的产品,它对顾客效用最大,假如某人上班所选择理想交通工具的标准是安全、速度,他可能会选择汽车。

### 3）交换、交易和关系

（1）交换。人们可以通过多种方式满足需求,比如通过自给自足或自我生产方式,或通过偷抢方式,或通过乞求方式获得产品,但这些都不是市场营销。只有通过等价交换,买卖双方彼此获得所需的产品,才产生市场营销。可见,交换是市场营销的核心概念。

要完成一笔交换,必须满足下列 5 个条件:①至少要有两个参与交换的伙伴;②参与的一方要拥有另一方希望获得的东西;③参与的一方要能与另一方进行沟通,并能将另一方需要的商品或是服务传递过去;④参与一方要有接受或是拒绝的自由;⑤参与一方要有与另一方交往的欲望。有时,上述所有的条件都具备了,交换也不一定发生。但是若没有这些条件,交换肯定不会发生。

（2）交易。交易是交换的基本组成部分。如果双方正在洽谈并逐渐达成协议,称为在交换中。如果双方通过谈判并达成协议,交易便发生。交易是指买卖双方价值的交换,它是以货币为媒介的,而交换不一定以货币为媒介,它可以是物物交换。交易涉及几个方面,即两件有价值的物品,双方同意的条件、时间、地点,还有来维护和迫使交易双方执行承诺的法律制度。

（3）关系。精明能干的市场营销者都会重视同顾客、分销商等建立长期、信任和互利的关系。而这些关系要靠不断承诺及为对方提供高质量产品、良好服务及公平价格来实现,靠双方加强经济、技术及社会联系来实现。关系营销可以减少交易费用和时间,最好的交易是使协商成为惯例化。处理好企业同顾客关系的最终结果是建立起市场营销网络。市场营销网络是由企业同市场营销中介人建立起的牢固的业务关系。

### 4）市场营销者

市场营销者是从事市场营销活动的人。在交换双方中,如果一方比另一方更主动、更积极地寻求交换,我们就将前者称为市场营销者。市场营销者既可以是卖方,也可以是买方。作为买方,他力图在市场上推销自己,以获取卖者的青睐,这样买方就是在进行市场营销。当买卖双方都在积极寻求交换时,他们都可称为市场营销者,并称这种营销为互惠的市场营销。

## 学习任务 2 了解市场营销学的产生和发展

### 1.2.1 市场营销学的产生和发展

市场营销学最早产生于 20 世纪初的美国,到了 20 世纪 30 年代开始由院校式研究走向社会,并加以应用和推广。20 世纪 50 年代以前的市场营销学,被称为传统市场营销学。20 世纪 50 年代以后的市场营销学在概念、原理、结构等方面发生了重要变化,形成现代市场营销学。西方市场营销学的产生与发展同商品经济的发展、企业经营哲学的演变是密切相关的。

市场营销思想最初的产生是自发的,是人们在解决各种市场问题的过程中逐渐形成的。直到 20 世纪 30 年代,人们才开始从科学的角度来解释这门学科。市场营销思想的出现,对美国社会和经济产生了重大影响。它给予成千上万的企业主以指导,为企业市场营销计划的制订提供了依据,还有力地推动了中间商社会地位的提高。商学院把那些反映了市场营销新思想的著作用作教科书,并将市场营销思想理论化,进而使之成为一门独立的学科即市场营销学,该学科成为当时商业大学的中心课程。市场营销思想还改变了人们对社会、市场和消费的看法,形成了人们新的价值观念和行为准则。

第二次世界大战之后,市场营销学发生了根本性的变化,从传统市场营销学演变为现代市场营销学,市场营销学日益广泛应用于社会各领域,同时,市场营销学从美国拓展到其他国家。与市场营销学应用范围的扩大相适应,市场营销学从基础市场营销学扩展为工业市场营销学、服务市场营销学、社会市场营销学、政治市场营销学及国际市场营销学。20 世纪 50 年代市场营销学开始传播到其他国家。日本于 20 世纪 50 年代初开始引进市场营销学。20 世纪 50 年代,市场营销学亦传播到法国。20 世纪 60 年代后,市场营销学被引入苏联及东欧国家。中国则是自改革开放以后,才开始引进市场营销学的。首先是通过对国外市场营销学书刊杂志及国外西方学者讲课内容进行翻译介绍。其次,自 1978 年以来选派学者、专家、学生赴国外访问、学习、考察国外市场营销学开设课程状况及国外企业对市场营销原理的应用情况,还邀请外国专家和学者来国内讲学。1984 年 1 月,中国高校市场营销学会成立,继而各省先后成立了市场营销学会。这些营销学术团体对于推动市场营销学理论研究及在企业中的应用起了巨大的作用。如今,市场营销学已成为各高校的必修课,市场营销学原理与方法也已广泛地应用于各类企业。

## 1.2.2　市场营销的研究对象和方法

市场营销学的研究对象是市场营销活动及其规律。即研究企业如何识别、分析评价、选择和利用市场机会,从满足目标市场顾客需求出发,有计划地组织企业的整体活动,通过交换,将产品从生产者手中转向消费者手中,以实现企业营销目标。

20 世纪以来,从不同的需要出发,人们曾从不同角度、不同层次研究企业的市场营销活动,于是市场营销学的研究方法也就多种多样。概括起来,主要有以下几种:产品研究法,即对各类产品或各种产品的市场营销分别进行分析研究,如农产品的市场营销、工业产品的市场营销、服装产品的市场营销等。机构研究法,即着重分析研究营销渠道系统中各个环节和各种类型的营销机构(如大小厂商、代理商、批发商、零售商以及各种辅助机构)的市场营销问题,如研究百货商店的演变过程及发展前途等。职能研究法,即通过分析研究采购、销售、运输、仓储、融资、促销等各种市场营销职能和执行这些职能过程中所遇到的问题,来探讨和认识市场营销问题。历史研究法,即从事物的产生、成长、衰亡的发展变化或演变的角度来分析研究市场营销问题。例如,分析研究市场营销这一概念的含义的发展变化、近百年来西方工商企业的市场营销观念的演变、市场营销战略思想的发展变化等,找出其发展变化或演变的原因,掌握其发展变化或演变的规律性。管理研究法,也叫决策研究,即从管理决策的角度来研究市场营销问题。这种方法特别重视市场营销分析、计划、组织、执行和控制。本书所采用的就是这种方法。管理科学研究法,是指不仅要用文字来分析与阐述问题,还应采用数学方法来建立市场营销的数学模型,并用统计数字来检验模型的科学性。系统研究法,是指企业营销管理者做市场营销管理决策时,把企业的有关环境和市场营销活动过程看作是一个系统,统筹兼顾其市场营销系统中的各个相互影响、相互作用的组成部分,千方百计使各个部分协同活动,从而产生增效作用,提高企业经营效益。社会研究法,主要是指研究各种市场营销活动和市场营销机构对社会的贡献及其所付出的成本。

## 1.2.3　市场营销学的理论构架

市场营销的基本观念是企业的一切经济活动都必须以消费者(或用户)的需

要为转移,企业只能生产那些适销对路、能卖得掉的东西。企业的利润等目标能否实现,企业能否在激烈竞争和瞬息万变的市场上求得长期生存和发展,归根结底取决于消费者(或用户)是否购买本企业的产品。

从管理决策的角度看,影响企业市场营销活动的各种因素(变数)可以分为两大类:一是企业不可控因素,即营销者本身不可控制的市场。营销环境,包括微观环境和宏观环境。二是可控因素,即营销者自己可以控制的产品、商标、品牌、价格、广告、渠道等。1960 年,美国著名市场营销学家尤金·麦卡锡把各种可控因素归纳、简化为 4 个基本变数——4P。企业营销管理的工作任务是,善于安排 4P 最佳组合,善于作市场营销组合决策,使企业的市场营销管理决策与外界不断变化的营销环境相适应。企业按照目标市场的需要,分析研究外界不可控的环境因素,同时考虑到企业本身的资源和目标,权衡利弊,选择最佳的市场营销组合,以满足目标市场的需要,扩大销售,提高市场占有率,增加企业盈利。

市场营销学作为独立的学科,它是市场营销原理和市场营销管理的结合。据此,本书的架构主要分为以下部分:市场营销基本理论、市场调研分析、目标市场营销战略、营销组合策略。与此相对应的市场营销的基本流程为:市场机会分析、目标市场选择、营销组合决策,包括产品策略、价格策略、分销渠道策略和促销策略。

## 单元小结

市场营销是市场经济发展到较高阶段的产物,是现代企业营销实践的总结。市场营销本质上就是一种社会管理过程。它既是一种创造性行为,又是一种组织职能,也是为了组织自身及利益相关者的利益而创造、传播、传递顾客价值、管理顾客关系的一系列过程。

## 案例分析

### 江苏燕舞电器集团有限公司

江苏燕舞电器集团有限公司位于江苏沿海城市盐城市,为江苏省级企业集团和国家大型一类企业。公司始建于1968 年,20 世纪80 年代,企业抓住改革开放的机遇,从一个名不见经传的小厂迅速发展成为全国最大的收录机生产基地。20 世纪80 年代中后期,燕舞音响曾以较高的质量畅销全国。"燕舞,燕舞,一片歌来一片情"的广告词响彻大江南北。跨入全国大型工业企业500 强的行列,销量连续 8

年在全国收录机行业领先。

到20世纪90年代中期,江苏燕舞电器集团下辖18个企业,其核心企业江苏燕舞电器集团有限公司拥有职工4 500人,其中各类技术人员800人,固定资产2亿元,厂房12万平方米,拥有进口、国产仪器、设备3 000多台套,具有年产150万台收录机、组合音响,10万台空调器、20万台汽车收放机、300万张激光唱片、影碟的生产能力。建立了从新品开发一直到维修服务等一条龙生产经营体系。企业被吸收为中国驰名商标保护组织成员单位,"燕舞"商标在中国首届驰名商标评选活动中获得提名奖,并被评为江苏省著名商标。

1982年,燕舞员工成功地研制第一代燕舞收录机。自己的产品是有了,而且质量还超过了上海同类产品,但不代表卖得动,哪怕在盐城,也同样没人买账。因为顾客都认为上海的东西好。"这种名牌心理,我们一时没法解决,在家门口转也没有大出息,走!往外走!"燕舞第一代领导这样对销售人员说。

最初的公关,就从这儿开始了。当初他们没敢向南,而是从盐城北门出发,向西北、东北、华北进军。

一场好远、好难好难的行程啊!小伙子们的筋骨好像要散了,心里也一阵阵发酸。终于,燕舞收录机在古都洛阳这个牡丹花神居住的地方,亮开了歌喉,找到了主顾。一次性成交50台,这数字在今天看来,实在微不足道,可那毕竟是燕舞在外地做成的第一笔大生意啊!3个小伙子在一家小酒馆,把一瓶烧酒全部灌下了肚。

1983年,燕舞产品第一次进京展销,那时的"燕舞"还只是初出茅庐的无名小卒。展销前,燕舞在首都一些新闻单位做了几则文字广告,只是想让消费者知道燕舞收录机进京展销的消息。然而,消费者却在北京东风市场排起长队,展销的700多台燕舞收录机很快被一抢而空,当即在北京引起轰动。

此后,每年元旦前后,燕舞都在北京举办新品大联展,一是感谢首都人民对燕舞产品的厚爱;二是借此机会再次向消费者展示燕舞的新产品,进一步扩大企业的知名度。每次展销活动都搞得十分热火,这项活动一直持续了12年。

多年来,燕舞利用商标宣传,在全国开辟了广阔而又牢固的市场。即使在市场销售疲软的情况下,燕舞企业形象宣传一天也没有削弱,并形成了自己的艺术风格。从表明燕舞实力的"燕舞收录机全国销量第一",到充满现代气息的"燕舞888,质量顶呱呱",从寓于深情的"一曲歌来一片情,燕舞音响动人心",到充满诗意的"到处莺歌燕舞,带来知音无数";从朗朗上口的"燕舞589,功能样样有",到"龙年燕舞展新姿,洒向人间都是情"。

为了全方位地塑造企业形象,燕舞集团公司自1986年起创办《燕舞》杂志月刊,除了简单的新品介绍以外,更多的是宣传企业精神风貌、外界评价、友好往来等,刊物每期3 000份,免费赠送全国各地的经销单位及有关部门,让公众全面了解燕舞,从而产生对企业、对产品的信赖感。

燕舞集团公司还和全国省级广播电台开辟了"燕舞之声"栏目,每天定时播音,沟通了企业与消费者之间的感情,架起了企业与消费者之间的"空中桥梁"。

与此同时,燕舞积极参与组织社会活动,提高企业的美誉度。早在1986年,燕舞就和国家体委联合举办了"燕舞杯"北京国际田径邀请赛,并用燕舞收录机作为奖品发给优胜者,使得燕舞收录机第一次漂洋过海,走向世界。之后,相继和有关单位共同举办了以"燕舞杯"命名的"全国男子篮球甲级联赛""国际女排四强邀请赛"等大型体育比赛活动,并连续3年赞助了江苏省男子篮球队、江苏省曲棍球队、江苏省和盐城市毽球队。

1988年春节前夕,燕舞在首都体育馆组织了两场"燕舞迎春晚会",受到了首都人民欢迎,演出收入全部捐给中国残疾人基金会。1991年底,燕舞又支持盐城教育学院教师徐昌茂,在北京音乐厅举办了"徐昌茂独奏音乐会",使之成为全国唯一在京举办民乐独奏专场音乐会的人。

1993年,燕舞在全国音响市场普遍萧条的情况下,实施了"创名牌、进名城、到名店"的战略,努力开拓国内外市场,从而再铸辉煌。全年共生产整机114万台,比上年增长23%;实现销售收入4.4亿元,比上年同期增长54%;利税2 300万元,比上年增长52%,外贸供货额2 500万元,比上年翻了一番。燕舞音响在全国获得了4个第一:中外组合音响知名度第一;满意度国内组合音响第一;全国市场收录机产品竞争力调查评价项目第一;主要经济技术指标第一。

但是,当时燕舞的负责人没有把力量放在新产品开发和技术革新上,没有把力量放在开拓市场上,而是把几千万元存在银行吃利息,以为这样就可以高枕无忧。不久,企业产品出现积压,销路不畅,很快被后起的音响制造厂家挤出了市场。几千万元存款不到几年就花光了,企业垮台了,工人下岗了,燕舞音响从此销声匿迹了。

录音机盛行时,燕舞是响当当的名牌,影碟机刚露头,燕舞却觉得"没有前途",依然陶醉于录音机。当影碟机迅速淘汰录音机时,燕舞这才明白:产品创新是如此厉害,但此时再上影碟机项目已是为时已晚。有关专家评价说,20世纪80年代中后期在我国电子产品市场上多次荣获"消费者实际购买品牌""消费者心目中理想品牌""消费者购物首选品牌"三项第一的"燕舞",曾获得中国首届驰名商标评选活动提名奖,恰恰是由于品牌管理和新产品开发不力,使品牌失去了作用点,品牌价值无法延续下去。这个品牌所具有的巨大潜在价值也随之流失。

今天的年轻人很难想象当年来自江苏盐城的"燕舞"曾是怎样的风光无限。

可惜,它已经被迅猛的电子浪潮淘汰,因为如今已是"WALKMAN""MP3"一统天下。

（案例来源：MBA 智库百科）

分析讨论:分析燕舞成功与失败的原因,谈谈你从中获得的启示。

## 同步测试

1. 如何理解下列概念：市场营销、需要、欲望、需求、产品、效用。
2. 简述市场营销学的外延和内涵。
3. 什么是市场营销？如何把握其含义？
4. 如何认识市场营销对我国经济发展及企业成长的重要意义？

## 实训项目

认识理解市场营销

实训目标

1. 理解并灵活运用市场营销的相关概念。
2. 掌握不同市场需求状况及相应的企业对策。

内容与要求

1. 选择若干本地企业,对其产品的市场需求状况进行分析。
2. 讨论企业相关营销策略。
3. 在班上组织一次现场交流演练,进一步对企业的营销策略进行讨论。

# 市场营销观念及发展

## ◉ 学习目标

1. 理解市场营销管理的基本含义。

2. 熟悉市场不同的需求状况。

## ◉ 能力目标

1. 掌握不同市场需求状况下企业的相应对策。

2. 掌握营销观念的演进过程。

3. 灵活运用现代市场营销观念。

4. 灵活运用顾客满意策略。

### 案例导入

## 福特 T 型车的成与败

美国的福特公司创建于 1903 年。成立以后,福特公司生产了小型车、大型车等多种车辆,但销售情况并不理想。为了加快公司的发展,公司创办人亨利·福特对市场进行了深入的研究,研究的结果是,福特公司推出了后来举世闻名的 T 型车,一举开创了汽车时代和福特公司的新纪元。

1908 年 10 月 1 日,T 型车正式推向市场,很快就赢得了美国消费者的热爱,取得了巨大的市场成功。这个巨大的成功是和 T 型车所包含的重大创新密不可分的。实际上,T 型车的诞生不仅仅是一种车型或者设计的创新,而是汽车生产方式乃至大工业生产方式上具有划时代意义的创新。

在 T 型车出现以前,汽车工厂都是作坊式的手工生产状态。这种生产方式使得汽车的产量很低,成本居高不下。20 世纪初,一辆汽车在美国的售价大约是4 700 美元。这相当于一个普通人好几年的收入。在这种价格下,汽车仅仅是少数有钱人的奢侈品,是社会高级地位的象征。这时,汽车市场自然只能是一个很小的市场。亨利·福特认为,要想把汽车市场变成一个能够创造巨大利润的市场,就必须把汽车变成普通人也买得起的消费品,而要想做到这一点,大幅降低价格是关键。也就是说,福特公司要想获得大的发展,必须设法生产出价格低得多的汽车。

随着流水线的不断改进,福特公司先进的生产方式为它带来了极大的市场优势。到了 1921 年,T 型车的产量已占世界汽车总产量的 56.6%。T 型车的最终产量超过了 1 500 万辆。福特公司也成为了美国最大的汽车公司。可以说,福特创造出了现代工业史上的奇迹。

在大幅降低汽车成本的同时,亨利·福特还通过大幅提高工人工资来有意识地培育汽车的消费者。1914 年,福特实行了日工资 5 美元的薪酬制度。这个报酬是当时技术工人正常工资的两倍。在这个报酬下,制造汽车的普通工人也能够成为汽车的拥有者了。

遗憾的是,虽然福特 T 型车创造出了辉煌的业绩,但它的结局却要黯淡得多。

T 型车取得巨大的市场成功以后,亨利·福特不断改进他的生产线,几乎把单一型号大批量生产的潜力发挥到了极致。但是,市场却已经发生了变化。

到了 20 世纪 20 年代中期,由于产量激增,美国汽车市场基本形成了买方市场,道路及交通状况也大为改善。简陋而千篇一律的 T 型车虽然价廉,但已经不能满足消费者的需求。面对福特汽车难以战胜的价格优势,竞争对手通用汽车公司转而在汽车的舒适化、个性化和多样化等方面大做文章,以产品的特色化来对抗廉价的福特汽车,推出了新式样和多颜色的雪佛兰汽车。雪佛兰一上市就受到消费者的欢迎,严重冲击了福特T型车的市场份额。

然而,面对市场的变化,福特仍然顽固地坚持生产中心的观念。他不相信还有比单一品种、大批量、精密分工、流水线生产更加经济、更加有效率的生产方式。他甚至都不愿意生产黑色以外的其他颜色的汽车。他宣称:"无论你需要什么颜色的汽车,我福特只有黑色的。"

每当通用汽车公司推出一种新产品或者新型号时,福特总是坚持其既定方针,以降低价格来应对。但是,降价策略成功的前提是市场的无限扩张,20世纪20年代以来,市场对于T型车这样简单的代步型汽车的需求已经饱和,消费者需要的是更舒适、更漂亮、更先进的新型汽车。最终,亨利·福特也不得不承认失败。1927年,T型车停止了生产。

停止生产T型车以后,福特公司面临着产品转型的局面。但是,过去几乎长达30年的时间里福特一直只生产这一种型号的汽车,产品转型异常艰难。所有的设备、工艺都只能用于生产T型车,想要转而生产其他车型,就要在全面停产的条件下,花费大量的资金和时间全面更新这些设备和工艺。

1927年开始,福特公司被迫停产,重组生产线,更换1.5万台车床,重新设计制造2.5万台机床。这些庞大的调整工作耗用了福特1亿美元的资金和16个月的时间。等到新车型投产时,福特已经从全美第一大汽车公司降至第二大了。由于新车型是仓促上阵的,许多地方的技术并不成熟,加之随后的更换发动机,福特不得不再一次停产。通用汽车公司等竞争对手趁机抢占市场。终于,1933年,福特的新车才得以重新上市。这时,福特公司不但落在了通用汽车公司的后面,甚至也落到了克莱斯勒汽车公司之后,沦为了美国第三大汽车公司。直到今天,福特公司再也没有能够恢复昔日美国最大汽车公司的地位。

(案例来源:品牌世家网站)

学习思考:福特汽车公司为什么会遭遇失败? 你认为什么策略能增进福特汽车公司的市场竞争力?

## 学习任务 1　营销观念的演变

### 2.1.1　营销观念的含义与特点

市场营销的目的是满足顾客需求。市场营销管理是一个过程,是指为创造达到个人和组织的目标,而进行的分析、计划、执行和控制的一系列活动。其管理的对象包含理念、产品和服务。市场营销管理的目的是满足消费者的需求,市场营销管理的核心是达成交易。市场营销管理的手段是整体营销。从这个意义上说,市场营销管理的本质是需求管理。

任何市场均可能存在不同的需求状况,市场营销管理的任务是通过不同的市场营销策略来解决不同的需求状况。市场需求一般有以下几种情况:

(1)负需求。负需求是指市场上众多顾客不喜欢某种产品或服务,如近年来许多年轻人为保持俊俏身材而不敢吃甜点心和肥肉;又如有些人害怕冒险而不敢乘飞机;或害怕化纤纺织品有毒物质损害身体而不敢购买化纤服装。市场营销管理的任务是分析人们为什么不喜欢这些产品,并针对目标顾客的需求重新设计产品、定价,作更积极的促销,或改变顾客对某些产品或服务的信念,诸如宣传适当吃甜食可促进脑血液循环,乘坐飞机出事的概率比较小等。把负需求变为正需求,称为改变市场营销。

(2)无需求。无需求是指目标市场顾客对某种产品从来不感兴趣或漠不关心。如当顾客对产品不了解或者没有兴趣时,就不会购买。市场营销者的任务是创造需求,通过有效的促销手段,把产品利益同人们的自然需求及兴趣结合起来。

(3)潜在需求。潜在需求是指现有的产品或服务不能满足许多消费者的强烈需求。例如,老年人需要高植物蛋白、低胆固醇的保健食品;美观大方的服饰;安全、舒适、服务周到的交通工具;根治某些顽症的药物等。企业市场营销的任务是准确地衡量潜在市场需求,开发有效的产品和服务,即开发市场营销。

(4)下降需求。这是指目标市场顾客对某些产品或服务的需求出现了下降趋势,如近年来城市居民对许多电器的需求已饱和,需求相对减少。市场营销者要了解顾客需求下降的原因,或通过改变产品的特色,采用更有效的沟通方法再刺激需求,即创造性的再营销,或通过寻求新的目标市场,以扭转需求下降的格局。

(5)不规则需求。许多企业常面临因季节、月份、周、日、时对产品或服务需求的变化,而造成生产能力和商品的闲置或过度使用。如在公用交通工具方面,在运输高峰时不够用,在非高峰时则闲置不用。又如在旅游旺季时旅馆紧张和短缺,在旅游淡季时,旅馆空闲。再如节假日或周末时,商店拥挤,在平时商店顾客稀少。市场营销的任务是通过灵活的定价、促销及其他激励因素来改变需求时间模式,这称为同步营销。

(6)充分需求。充分需求是指某种产品或服务目前的需求水平和时间等于期望的需求。但消费者需求会不断变化,竞争仍然会日益加剧。因此,企业营销的任务是改进产品质量,盯住消费者需求的变化状况,维持现时需求,这称为"维持营销"。

(7)过度需求。过度需求是指市场上顾客对某些产品的需求超过了企业供应能力,产品供不应求。比如,由于人口过多或物资短缺,引起交通、能源及住房等产品供不应求。企业营销管理的任务是减缓营销,可以通过提高价格、减少促销和服务等方式使需求减少。企业最好选择那些利润较少、要求提供服务不多的目标顾客作为减缓营销的对象。减缓营销的目的不是破坏需求,而只是暂缓需求水平。

(8)有害需求。有害需求是指对消费者身心健康有害的产品或服务,诸如烟、酒、毒品、黄色书刊等。企业营销管理的任务是通过提价、传播恐怖及减少可购买的机会或通过立法禁止销售,称之为反市场营销。反市场营销的目的是采取相应措施来消灭某些有害的需求。

企业的经营是一种有意识的活动,是在一定的经营思想指导下进行的。市场营销观念是指企业进行经营决策,组织管理市场营销活动的基本指导思想,也就是企业的经营哲学。它是一种观念,一种态度,或一种企业思维方式,其正确与否对企业经营的成败兴衰,具有决定意义。企业经营观念不是固定不变的,它是在一定的经济基础上产生和形成的,并且是随着社会经济的发展和市场形势的变化而发展变化的。从历史上看,企业经营观念经历了一个从传统观念到现代观念的转变。

## 2.1.2 传统的营销观念

### 1)生产观念

盛行于 19 世纪末 20 世纪初。该观念认为,消费者喜欢那些可以随处买到的、价格低廉的商品,企业应当组织和利用所有资源,集中一切力量提高生产效率和扩大分销范围,增加产量,降低成本。显然,生产观念是一种重生产、轻营销的指导思想,其典型表现就是"我们生产什么,就卖什么"。以生产观念指导营销活动的企业,称为生产导向企业。

中国香港 HNH 国际公司营销它的耐克斯(Naxos)标签,为我们提供了一个当代生产观念的例子。耐克斯标签是在当地市场用低成本销售经典音乐磁带的供应品,使它迅速走向了世界。耐克斯的价格比它的竞争者(宝丽金和 EMI)便宜 1/3,因为它的管理费只有 3%(大音乐制作公司为 20%)。耐克斯相信,若它比其他公司的价格低 40% 的话就有利润。它希望用低价与削价政策来扩大市场。本章案例导入中福特汽车公司就是在"生产导向"经营哲学的指导下创造出奇迹的。

### 2) 产品观念

产品观念是与生产观念并存的一种市场营销观念,都是重生产轻营销。产品观念认为,消费者喜欢高质量、多功能和具有某些特色的产品。因此,企业管理的中心是致力于生产优质产品,并不断精益求精,日臻完善。在这种观念的指导下,公司经理人常常迷恋自己的产品,以至于没有意识到产品可能并不迎合时尚,甚至市场正朝着不同的方向发展。他们在设计产品时只依赖工程技术人员而极少让消费者介入。

杜邦公司在 1972 年发明了一种具有钢的硬度,而重量只是钢的 1/5 的新型纤维。杜邦公司的经理们设想了大量的用途和一个 10 亿美元的大市场。然而这一刻的到来比杜邦公司所预料的要长得多。因此,只致力于大量生产或精工制造而忽视市场需求的最终结果是其产品被市场冷落,使经营者陷入困境。

产品观念把市场看作是生产过程的终点,而不是生产过程的起点;忽视了市场需求的多样性和动态性,过分重视产品而忽视顾客需求。当某些产品出现供过于求或不适销对路而产生积压时,却不知产品为什么销不出去。最终导致"市场营销近视症"。

### 3) 推销观念

推销观念产生于资本主义经济由"卖方市场"向"买方市场"的过渡阶段。盛行于 20 世纪 30—40 年代。推销观念认为,消费者通常有一种购买惰性或抗衡心理,若听其自然,消费者就不会自觉的购买大量本企业的产品,因此企业管理的中心任务是积极推销和大力促销,以诱导消费者购买产品。其具体表现是:"我卖什么,就设法让人们买什么。"

执行推销观念的企业,称为推销导向企业。在推销观念的指导下,企业相信产品是"卖出去的",而不是"被买去的"。他们致力于产品的推广和广告活动,以求说服、甚至强制消费者购买。他们收罗了大批推销专家,做大量广告,对消费者进行无孔不入的促销信息"轰炸"。如美国皮尔斯堡面粉公司的口号由原来的"本公司旨在制造面粉"改为"本公司旨在推销面粉",并第一次在公司内部成立了市场调研部门,派出大量推销人员从事推销活动。

尽管推销观念开始关注市场,但是与前两种观念一样,也是建立在以企业为中心的"以产定销",而不是满足消费者真正需要的基础上。因此,前3种观念被称之为市场营销的旧观念。

### 2.1.3　现代营销观念

#### 1) 市场营销观念

市场营销观念是以消费者需要和欲望为导向的经营哲学,是消费者主权论的体现。形成于20世纪50年代。该观念认为,实现企业诸目标的关键在于正确确定目标市场的需要和欲望,一切以消费者为中心,并且比竞争对手更有效、更有利地传送目标市场所期望满足的东西。

市场营销观念的产生,是市场营销哲学的一种质的飞跃和革命,它不仅改变了传统的旧观念的逻辑思维方式,而且在经营策略和方法上也有很大突破。它要求企业营销管理贯彻"顾客至上"的原则,将管理重心放在善于发现和了解目标顾客的需要,并千方百计去满足他,从而实现企业目标。因此,企业在决定其生产经营时,必须进行市场调研,根据市场需求及企业本身条件选择目标市场,组织生产经营,最大限度地提高顾客满意程度。

现代营销观念的4个主要支柱有:目标市场、顾客需要、整合营销和赢利能力。目标市场,是企业营销活动所要满足的有相似需要的消费者群;顾客需要,营销的目的是满足顾客的需要,但实际上要认识顾客的需要与欲望并非易事;整合营销,是指公司所有的部门都为顾客的利益提供协调一致的服务,整合营销同时必须外部营销与内部营销相结合;盈利能力,即是指营销要与取得一定的经营绩效而努力,而与以往只注重销售额的观点不同,企业更加注重取得长期的最大限度的利润。

执行市场营销观念的企业称为市场导向企业。其具体表现是:"尽我们最大的努力,使顾客的每一美元都能买到十足的价值和满意。"当时,美国贝尔公司的高级情报部所做的一个广告,称得上是以满足顾客需求为中心任务的最新、最好的一个典范:"现在,今天,我们的中心目标必须针对顾客。我们将倾听他们的声音,了解他们所关心的事,我们重视他们的需要,并永远先于我们自己的需要,我们将赢得他们的尊重。我们与他们的长期合作关系,将建立在互相尊重、信赖和我们努力行动的基础上。顾客是我们的命根子,是我们存在的全部理由。我们必须永远铭记,谁是我们的服务对象,随时了解顾客需要什么、何时需要、何地需要、如何需要,这将是我们每一个人的责任。现在,让我们继续这样干下去吧,我们将遵守自己的诺言。"

从此,消费者至上的思潮为西方各国普遍接受,保护消费者权益的法律纷纷出台,消费者保护组织在社会上日益强大。市场营销观念相信,决定生产什么产品的主权不在生产者,也不在于政府,而在于消费者。

### 2) 社会营销观念

社会营销观念是以社会长远利益为中心的市场营销观念,是对市场营销观念的补充和修正。从 20 世纪 70 年代起,随着全球环境破坏、资源短缺、人口爆炸、通货膨胀和忽视社会服务等问题日益严重,要求企业顾及消费者整体利益与长远利益的呼声越来越高。在西方市场营销学界提出了一系列新的理论及观念,如人类观念、理智消费观念、生态准则观念等。其共同点都是认为,企业生产经营不仅要考虑消费者需要,而且要考虑消费者和整个社会的长远利益。这类观念统称为社会营销观念。

社会营销观念的基本核心是:以实现消费者满意以及消费者和社会公众的长期福利作为企业的根本目的与责任。理想的营销决策应同时考虑到:消费者的需求与愿望的满足,消费者和社会的长远利益,企业的营销效益。

### 3) 现代市场营销观念与传统观念的区别

生产观念、产品观念、推销观念一般称之为旧观念,是以企业为中心、以企业利益为根本取向和最高目标来处理营销问题的观念;市场营销观念与社会营销观念称之为新观念,分别称为以消费者为中心的顾客导向观念和以社会长远利益为中心的社会导向观念。

推销观念:采用的是由内向外的顺序。它从工厂出发,以公司现存产品为中心,通过大量推销和促销来获取利润。市场营销观念:采用的是从外向内的顺序。它从明确的市场出发,以顾客需要为中心,协调所有影响顾客的活动,并通过创造性的顾客满足来获取利润(表 2-1)。

表 2-1　5 种市场观念的内涵、背景以及新旧观念的比较

| 市场观念 | 营销出发点 | 营销目的 | 基本营销策略 | 侧重的方法 |
|---|---|---|---|---|
| 生产观念（包括产品观念） | 产品 | 通过大批生产产品、或改善产品即刻获利 | 以增加产量、提高质量、降低价格竞争 | 坐店等客 |
| 销售观念 | 产品 | 通过大量推销产品获利 | 以多种推销方式竞争 | 派员销售广告宣传 |
| 市场营销观念 | 消费者需求 | 通过满足需求达到长期获利 | 以发现和满足需求竞争 | 实施整体营销方案 |
| 社会营销观念 | 消费者需求 | 通过满足需求达到长期获利 | 以获取消费者信任、兼顾社会利益影响消费等竞争 | 与消费者及有关方面建立良好的关系 |

## 2.1.4　现代营销观念的发展

### 1）绿色营销观念

绿色营销观念是在当今社会环境破坏、污染加剧、生态失衡、自然灾害威胁人类生存和发展的背景下提出来的新观念。20 世纪 80 年代以来，伴随着各国消费者环保意识的日益增强，世界范围内掀起了一股绿色浪潮，绿色工程、绿色工厂、绿色商店、绿色商品、绿色消费等新概念应运而生，不少专家认为，我们正走向绿色时代，21 世纪将是绿色世纪。在这股浪潮冲击下，绿色营销观念也就自然而然地应运而生。

绿色营销观念主要强调把消费者需求与企业利益和环保利益三者有机地统一起来，它最突出的特点，就是充分顾及到资源利用与环境保护问题。要求企业从产品设计、生产、销售到使用整个营销过程都要考虑到资源的节约利用和环保利益，做到安全、卫生、无公害等，其目标是实现人类的共同愿望和需要——资源的永续利用与保护和改善生态环境。为此，开发绿色产品的生产与销售，发展绿色产业是

绿色营销的基础,也是企业在绿色营销观念下从事营销活动成功的关键。

### 2)关系市场营销观念

关系市场营销观念是较之交易市场营销观念而形成的,是市场竞争激化的结果。传统的交易市场营销观念的实质是卖方提供一种商品或服务以向买方换取货币,实现商品价值,是买卖双方价值的交换,双方是一种纯粹的交易关系,交易结束后不再保持其他关系和往来。在这种交易关系中,企业认为卖出商品赚到钱就是胜利,顾客是否满意并不重要。而事实上,顾客的满意度直接影响到重复购买率,关系到企业的长远利益。由此,从 20 世纪 80 年代起美国理论界开始重视关系市场营销,即为了建立、发展、保持长期的、成功的交易关系进行的所有市场营销活动。

关系市场营销观念的基础和关键是"承诺"与"信任"。承诺是指交易一方认为与对方的相处关系非常重要而保证全力以赴去保持这种关系,它是保持某种有价值关系的一种愿望和保证。信任是当一方对其交易伙伴的可靠性和一致性有信心时产生的,它是一种依靠其交易伙伴的愿望。承诺和信任的存在可以鼓励营销企业与伙伴致力于关系投资,抵制一些短期利益的诱惑,而选择保持发展与伙伴的关系去获得预期的长远利益。

关系营销的本质特征可以概括为以下几个方面:

双向沟通。在关系营销中,沟通应该是双向而非单向的。只有广泛的信息交流和信息共享,才可能使企业赢得各个利益相关者的支持与合作。

合作。一般而言,关系有两种基本状态,即对立和合作。只有通过合作才能实现协同,因此合作是"双赢"的基础。

双赢。即关系营销旨在通过合作增加关系各方的利益,而不是通过损害其中一方或多方的利益来增加其他各方的利益。

亲密。关系能否得到稳定和发展,情感因素也起着重要作用。因此关系营销不只是要实现物质利益的互惠,还必须让参与各方能从关系中获得情感的需求满足。

控制。关系营销要求建立专门的部门,用以跟踪顾客、分销商、供应商及营销系统中其他参与者的态度,由此了解关系的动态变化,及时采取措施消除关系中的不稳定因素和不利于关系各方利益共同增长的因素。

此外,通过有效的信息反馈,也有利于企业及时改进产品和服务,更好地满足市场的需求。

关系营销与传统的交易营销相比,它们在对待顾客上的不同之处主要在于:

①交易营销关注的是一次性交易,关系营销关注的是如何保持顾客;②交易营销较少强调顾客服务,而关系营销则高度重视顾客服务,并藉顾客服务提高顾客满意度,培育顾客忠诚;③交易营销往往只有少量的承诺,关系营销则有充分的顾客承诺;④交易营销认为产品质量应是生产部门所关心的,关系营销则认为所有部门都应关心质量问题;⑤交易营销不注重与顾客的长期联系,关系营销的核心就在于发展与顾客的长期、稳定关系。关系营销不仅将注意力集中于发展和维持与顾客的关系,而且扩大了营销的视野,它涉及的关系包含了企业与其所有利益相关者间所发生的所有关系。

### 3)整合营销、4C观念与整合营销传播

(1)整合营销。菲利普·科特勒认为:企业所有部门为服务于顾客利益而共同工作时,其结果就是整合营销。整合营销发生在两个层次,一是不同的营销功能——销售力量、广告、产品管理、市场研究等——必须共同工作;二是营销部门必须和企业的其他部门相协调一致,形成工作整体。

市场营销组合(4P)概念强调市场营销中各种要素组合起来的重要性,整合营销则与之一脉相承,但更为强调各种要素之间的关联性,要求它们成为统一的有机整体。在此基础上,整合营销更要求各种营销要素的作用力统一方向,形成合力,共同为企业的营销目标服务。成功的营销依赖于各种要素、各种力量的协调整合。整合营销将成为中国企业赢得市场的有力武器。

整合营销观念改变了把营销活动作为企业经营管理的一项职能的观点,而是要求所有活动都整合和协调起来,努力为顾客的利益服务。同时,强调企业与市场之间互动的关系和影响,努力发现潜在市场和创造新市场。以注重企业、顾客、社会三方共同利益为中心的整合营销,具有整体性与动态性特征,企业把与消费者之间交流、对话、沟通放在特别重要的地位,是营销观念的变革和发展。

(2)整合营销中的4C观念。20世纪90年代以来,新的现实改变了世界局势,改变了企业获利的方式。而作为社会的细胞,家庭及每个家庭成员也都在改变。人们从传统家庭价值观的压力下解放出来,有更多的生活形态可以选择。家庭组成的变化,不仅意味着基本家庭用具、生活用品需求的增加,并且由于教育程度不断提高,人民更多地通过分析选择真正适合自己的物品,市场想要掀起某种消费热潮越来越难,消费者越来越具有个性。一方面,是产品的同质化日益增强;另一方面是消费者的个性化、多样化日益发展,于是日渐兴起的4C观念,强化了以消费者需求为中心的营销组合。

①Consumer(消费者):指消费者的需要和欲望。企业要把重视顾客放在第一

位,强调创造顾客比开发产品更重要,满足消费者的需求和欲望比产品功能更重要。不能仅仅卖企业想制造的产品,而是要提供顾客确实想买的产品。

②Cost(成本):指消费者获得满足的成本,或是消费者满足自己的需要和欲望所肯付出的成本价格。这里的营销价格因素延伸为生产经营过程的全部成本。包括:企业的生产成本,即生产适合消费者需要的产品成本;消费者购物成本,不仅指购物的货币支出,还有时间耗费、体力和精力耗费以及风险承担。新的定价模式是:消费者支持的价格－适当的利润＝成本上限。企业要想在消费者支持的价格限度内增加利润,就必须努力降低成本。

③Convenience(便利):指购买的方便性。与传统的营销渠道相比,新的观念更重视服务环节,在销售过程中,强调为顾客提供便利,让顾客既购买到商品,也购买到便利。在各种邮购、电话订购、网购、代购代送方式出现后,消费者不一定去商场,能在小区或坐在家里就能买到自己所需要的物品。企业要深入了解不同的消费者有哪些不同的购买方式和偏好,把便利原则贯穿于营销活动的全过程;在售前及时向消费者提供充分的关于产品性能、质量、价格、使用方法和效果的准确信息。售货地点要提供自由挑选、方便停车、免费送货、咨询导购等服务。售后应重视信息反馈和追踪调查,及时处理和答复顾客意见,对有问题的商品主动退换,对使用故障积极提供维修方便,大件商品甚至终身保修。

④Communication(沟通):指与用户沟通。企业可以尝试多种营销策划与营销组合,不能仅仅依靠加强单向劝导顾客,要着眼于加强双向沟通,增进相互的理解,实现真正的适销对路,培养忠诚的顾客。

(3)整合营销沟通。整合营销沟通也称整合营销传播。整合营销传播是指企业在经营活动过程中,以由外而内战略观点为基础,为了与利害关系者进行有效的沟通,以营销传播管理者为主体所展开的传播战略。即为了对消费者、从业人员、投资者、竞争对手等直接利害关系者和社区、大众媒介、政府、各种团体等间接利害关系者进行密切、有机的传播活动。营销传播管理者应该了解他们的需求,并反映到企业经营战略中去。应该首先决定符合企业实情的各种传播手段和方法的优先次序,通过计划、调整、控制等管理过程,有效地、阶段性地整合诸多企业传播活动。合格的营销传播管理者应该具备多方面的能力,即对新事物的适应能力、传播能力、组织能力、创造能力和调查分析能力,还要有广博的知识和兴趣。整合营销传播的理论内涵是:以利害关系者为核心重组企业行为和市场行为,综合协调地使用各种形式的传播形象,传递一致的产品信息,实现与利害关系者的双向沟通,迅速树立产品品牌在消费者心目中的地位,建立长期关系,更有效地达到广告传播和产品销售目标。

整合营销传播要求企业变单一传播手段为多种传播手段的综合;要坚持"一个观点,一个声音"的原则;要与消费者建立持久的关系,尤其是建立顾客品牌关系;要设法使企业价值链的各个环节、每位员工都参与传播。我们的社会已从口语传播社会跨入视觉传播社会,同时面临媒体分散化,人们越来越依赖符号、象征、图片、声音等传播形式获得信息。消费者认知远胜于客观事实的现状。因此,要提高传播效率,必须使传播的信息转化成概念、影像、声音或经验,并能清晰辨认及分类,这种分类必须和人们既有的认知分类系统相符合。任何一种传播方式都不再单独起作用,各种传播方式和途径交叉整合并发出同一种声音,才能够产生核裂变般的传播效果。

### 4)大市场营销

大市场营销,是指为了成功地进入特定市场,并在那里从事业务经营,在战略上协调使用经济的、心理的、政治的和公共关系等手段,以获得各有关方面如经销商、供应商、消费者、市场营销研究机构、有关政府人员、各利益集团及宣传媒介的合作及支持。

这个观点是美国著名市场营销大师菲利普·科特勒,针对现代世界经济迈向区域化和全球化,企业之间的竞争范围早已超越本土,形成了无国界竞争的态势,提出了"大市场营销"观念。对传统市场营销组合战略的不断发展,科特勒指出,企业为了进入特定的市场,并在那里从事业务经营,在策略上应协调地运用经济的、心理的、政治的、公共关系等手段,以博得外国或地方各方面的合作与支持,从而达到预期的目的。

大市场营销战略在 4P 的基础上加上 2P 即权力(Power)和公共关系(Public Relations),从而把营销理论进一步扩展。权力指大市场营销者为了进入某一市场并开展经营活动,必须能经常地得到具有影响力的企业高级职员、立法部门和政府部门的支持。比如,一个制药公司欲把一种新的避孕药打入某国,就必须获得该国卫生部的批准。因此,大市场营销须采取政治上的技能和策略。如果权力是一个"推"的策略,那么公共关系则是一个"拉"的策略。舆论需要较长时间的努力才能起作用,然而,一旦舆论的力量增强了,它就能帮助公司去占领市场。

大市场营销理论与常规的营销理论即"4P"相比,有两个明显的特点:其一,十分注重调和企业与外部各方面的关系,以排除来自人为的(主要是政治方面的)障碍,打通产品的市场通道。这就要求企业在分析满足目标顾客需要的同时,必须研究来自各方面的阻力,制订对策,这在相当程度上依赖于公共关系工作去完成。其二,打破了传统的关于环境因素之间的分界线。也就是突破了市场营销环境是不可控因素,重新认识市场营销环境及其作用,某些环境因素可以通过企业的各种活动施加影响或运用权力疏通关系来加以改变。

大市场营销是在一般市场营销基础上深化与发展,但大市场营销又具有与一般市场营销不同的特点和作用。从市场营销目标来看,对一般市场营销而言,市场已经存在,消费者已了解这种产品。大市场营销所面临的首要问题是如何打进市场,特别是进入封闭的市场,这势必要求国际及国内市场营销人员掌握更多的技巧,花费更多的时间。从参与市场营销活动的各种人员看,一般市场营销人员经常是同顾客、经销商、广告商、市场调研公司打交道。而大市场营销者除了与上述人员打交道外,还与立法机关、政府部门、政党、公共利益集团、工会、宗教机构等打交道,以争取各方的支持与合作,使这些力量不起阻碍作用。可见,大市场营销所涉及的人员更多、更复杂。从市场营销手段看,一般市场营销手段主要包括产品、价格、分销和促销。大市场营销除包括 4 大营销策略外,还包括政治权力及公共关系,即 6P。也就是说,大营销者不仅向顾客提供适销对路的产品或服务,还使用劝诱和赞助的手段取得对方的支持和合作。从诱导方式看,一般市场营销人员采用正面积极诱导以说服各方人员给予合作,正面诱导的基础是自愿交换的原则及等价交换的原则。大市场营销认为常规的诱导方式已不够,因为对方或提出不合理要求,或不接受正面诱导,因此,企业不得不借助政府采用政治权力迫使对方让步。从期限看,一般市场营销者将产品导入市场只需较短时间,大市场营销者将产品导入市场时间较长,而且还需打开许多封闭的国内及国际市场。从投入成本看,由于大市场营销需要持续较长的时间,并且需要许多额外的支出来取得各方的配合,因此,比一般市场营销支出更大。从参加的人员看,一般市场营销活动,由企业的营销人员诸如产品经理、广告专家、市场营销调研人员及推销人员等负责;大市场营销除上述营销人员外,还需要最高管理者、律师、公共关系等人员参加。

(5)服务营销。服务营销是企业在充分认识满足消费者需求的前提下,为充分满足消费者需要在营销过程中所采取的一系列活动。服务作为一种营销组合要素,真正引起人们重视的是 20 世纪 80 年代后期,这时期,由于科学技术的进步和社会生产力的显著提高,产业升级和生产的专业化发展日益加速,一方面使产品的服务含量,即产品的服务密集度日益增大。另一方面,随着劳动生产率的提高,市场转向买方市场,消费者随着收入水平提高,他们的消费需求也逐渐发生变化,需求层次也相应提高,并向多样化方向拓展。

同传统的营销方式相比较,服务营销是一种营销理念,企业营销的是服务,而传统的营销方式只是一种销售手段,企业营销的是具体的产品。在传统的营销方式下,消费者购买了产品意味着在一桩买卖的完成,虽然它也有产品的售后服务,但那只是一种解决产品售后维修的职能。而从服务营销观念理解,消费者购买了产品仅仅意味着销售工作的开始而不是结束,企业关心的不仅是产品的成功售出,更注重的是消费者在享受企业通过产品所提供的服务的全过程的感受。随着社会的进步,国民收入的提高,消费者需要的不仅仅是一个产品,更需要的是这种产品带来的特定或个性化的服务,从而有一种被尊重和自我价值实现的感觉,而这种感觉所带来的就是顾客的忠诚度。服务营销不仅仅是某个行业发展的一种新趋势,更是社会进步的一种必然产物。

(6)共生营销。共生营销的理论可以追溯到1966年,艾德勒(Adler)在《哈佛商业评论》上发表的《共生营销》文章中首次提出了共生营销的概念。共生营销是一种横向的合作经营系统,通过与水平方向相关或者不相关的企业建立营销方面的联盟来达到企业自身和联盟的目标,共同开拓营销机会。

随着时代的变迁,企业之间的竞争越来越激烈,消费者也越来越不容易被打动,谁能够拥有忠诚的消费者,谁就可能得到立足和发展。基于此,在企业价值的基础上,从顾客价值角度,将提高顾客价值的能力作为企业建立共生营销关系的出发点,通过合作更好的满足顾客要求,来在共生伙伴内部中形成一个向心力,增加相互之间的牵制来减少不稳定因素对共生营销的影响。

共生营销作为一种有效的竞争合作方式之所以越来越受到国内外企业的重视,可以从如下几方面来概括:共生营销可以最优化支配营销预算,提高营销效率并获得成本优势;共生营销可以实现跨行业交叉销售,促进企业产品销售量的增长;共生营销可以巩固已有的市场地位,有利于进入新市场;共生营销可以减少企业之间无益的竞争,通过联合增强企业的竞争实力;共生营销有助于企业的多角化战略,降低企业进入的市场风险。

(7)体验营销。体验营销通过看、听、用、参与的手段,充分刺激和调动消费者的感官、情感、思考、行动、关联等感性因素和理性因素,重新定义、设计的一种思考方式的营销方法。这种思考方式突破传统上"理性消费者"的假设,认为消费者消费时是理性与感性兼具的,消费者在消费前、消费中和消费后的体验才是购买行为与品牌经营的关键。比如星巴克真正的利润所在就是"体验":当咖啡被当成"货物"贩卖时,一磅卖300元;当咖啡被包装为商品时,一杯就可以卖25元;当其加入了服务,在咖啡店中贩卖,一杯就要35～100元;但如能让顾客体验咖啡的香醇与生活方式,一杯就可以卖到150元甚至好几百元。

## 学习任务 2 顾客满意及运用

**课堂游戏**

假如你是一个化妆品推销员,你将采取哪些措施让你的客户满意你的服务?

### 2.2.1　顾客满意

菲利普·科特勒认为,顾客满意"是指一个人通过对一个产品的可感知效果与他的期望值相比较后,所形成的愉悦或失望的感觉状态"。亨利·阿塞尔也认为,当商品的实际消费效果达到消费者的预期时,就导致了满意,否则,则会导致顾客不满意。

从他们的定义可以看出,满意水平是可感知效果和期望值之间的差异函数。如果效果低于期望,顾客就会不满意;如果可感知效果与期望相匹配,顾客就会满意;如果可感知效果超过期望,顾客就会高度满意、高兴或欣喜。

顾客是根据他们的价值判断来评价产品和服务的。从企业的角度来说,为顾客服务的目标并不仅仅止于使顾客满意,使顾客感到满意只是营销管理的第一步。在企业与顾客建立长期的伙伴关系的过程中,企业向顾客提供超过其期望的"顾客价值",使顾客在每一次的购买过程和购后体验中都能获得满意。每一次的满意都会增强顾客对企业的信任,从而使企业能够获得长期的盈利与发展。

对于企业来说,如果对企业的产品和服务感到满意,顾客也会将他们的消费感受通过口碑传播给其他的顾客,扩大产品的知名度,提高企业的形象,为企业的长远发展不断地注入新的动力。但现实的问题是,企业往往将顾客满意等于信任,甚至是"顾客忠诚"。事实上,顾客满意只是顾客信任的前提,顾客信任才是结果;顾客满意是对某一产品、某项服务的肯定评价,即使顾客对某企业满意也只是基于他们所接受的产品和服务令他满意。如果某一次的产品和服务不完善,他对该企业也就不满意了,也就是说,它是一个感性评价指标。顾客信任是顾客对该品牌产品以及拥有该品牌企业的信任感,他们可以理性地面对品牌企业的成功与不利。美国贝恩公司的调查显示,在声称对产品和企业满意甚至十分满意的顾客中,有

65%～85%的顾客会转向其他产品,只有30%～40%的顾客会再次购买相同的产品或相同产品的同一型号。

### 2.2.2　顾客让渡价值及运用

#### 1)顾客让渡价值

顾客让渡价值是菲利普·科特勒在《营销管理》一书中提出来的,他认为,"顾客让渡价值"是指顾客总价值与顾客总成本之间的差额。

(1)顾客总价值是指顾客购买某一产品与服务所期望获得的一组利益,它包括产品价值、服务价值、人员价值和形象价值等。

产品价值:产品价值是由产品的质量、功能、规格、式样等因素所产生的价值。产品价值是顾客需求的核心内容之一,产品价值的高低也是顾客选择商品或服务所考虑的首要因素。那么,如何才能提高产品价值呢? 要提高产品价值,就必须把产品创新放在企业经营工作的首位。企业在进行产品创新、创造产品价值的过程中应注意:①产品创新目的是为了更好地满足市场需求,进而使企业获得更多的利润。因此,检验某些产品价值的唯一标准就是市场,即要求新产品能深受市场顾客的欢迎,能为企业带来满意的经济效益,这才说明该产品的创新是有价值的。②产品价值的实现是服从于产品整体概念的,现代营销学认为产品包含3个层次的内容:核心产品(主要利益)、形式产品(包装、品牌、花色、式样)和附加产品(保证、安装、送货、维修)。3层次的价值,做到以核心价值为重点,3层价值一起抓。

服务价值:服务价值是指企业向顾客提供满意所产生的价值。服务价值是构成顾客总价值的重要因素之一。从服务竞争的基本形式看,可分为追加服务与核心服务两大类:追加服务是伴随产品实体的购买而发生的服务,其特点表现为服务仅仅是生产经营的追加要素。从追加服务的特点不难看出,虽然服务已被视为价值创造的一个重要内容,但它的出现和作用却是被动的,是技术和产品的附加物,显然高度发达的市场竞争中,服务价值不能以这种被动的竞争形式为其核心。核心服务是追加服务的对称,核心服务是消费者所要购买的对象,服务本身为购买者提供了其所寻求的效用。核心服务则把服务内在的价值作为主要展示对象。这时,尽管存在实体商品的运动,两者的地位发生了根本性的变化,即服务是决定实体商品交换的前提和基础,实体商品流通所追求的利益最大化应首先服从顾客满意的程度。而这正是服务价值的本质。

人员价值:人员价值是指企业员工的经营思想、知识水平、业务能力、工作效率与质量、经营作风以及应变能力等所产生的价值。只有企业所有部门和员工协调一致地成功设计和实施卓越的竞争性的价值让渡系统,营销部门才会变得卓有成效。因此,企业的全体员工是否就经营观念、质量意识、行为取向等方面形成共同信念和准则,是否具有良好的文化素质、市场及专业知识,以及能否在共同的价值观念基础上建立崇高的目标,作为规范企业内部员工一切行为的最终准则,决定着企业为顾客提供的产品与服务的质量,从而决定顾客购买总价值的大小。

形象价值:形象价值是指企业及其产品在社会公众中形成的总体形象所产生的价值。形象价值是企业各种内在要素质量的反映。任何一个内在要素的质量不佳都会使企业的整体形象遭受损害,进而影响社会公众对企业的评价,因而塑造企业形象价值是一项综合性的系统工程,涉及的内容非常广泛。显然,形象价值与产品价值、服务价值、人员价值密切相关,在很大程度上是上述 3 方面价值综合作用的反映和结果。所以形象价值是企业知名度的竞争,是产品附加值的部分,是服务高标准的竞争,说到底是企业"含金量"和形象力的竞争,它使企业营销从感性走向理性化的轨道。

(2)顾客总成本是指顾客为购买某一产品所耗费的时间、精神、体力以及所支付的货币资金等,因此,顾客总成本包括货币成本、时间成本、精神成本和体力成本等。

由于顾客在购买产品时,总希望把有关成本包括货币、时间、精神和体力等降到最低限度,而同时又希望从中获得更多的实际利益,以使自己的需要得到最大限度的满足,因此,顾客在选购产品时,往往从价值与成本两个方面进行比较分析,从中选择出价值最高、成本最低,即"顾客让渡价值"最大的产品作为优先选购的对象。

时间成本:是顾客为想得到所期望的商品或服务而必须处于等待状态的时期和代价。时间成本是顾客满意和价值的减函数,在顾客价值和其他成本一定的情况下,时间成本越低,顾客购买的总成本越小,从而"顾客让渡价值"越大,反之"让渡价值"越小。因此,为降低顾客购买的时间成本,企业经营者必须对提供商品或服务要有强烈的责任感和事前的准备,在经营网点的广泛度和密集度等方面均需作出周密地安排,同时努力提高工作效率,在保证商品服务质量的前提下,尽可能减少顾客为购买商品或服务所花费的时间支出,从而降低顾客购买成本,为顾客创造最大的"让渡价值",增强企业产品的市场竞争力。

精力和精神成本:精力和精神成本是指顾客购买商品时,在精力、精神方面的耗费与支出。在顾客总价值与其他成本一定的情况下,精力与精神成本越小,顾客为购买商品所支出的总成本越低,从而"让渡价值"越大。因此,企业如何采取有力的营销措施,从企业经营的各个方面和各个环节为顾客提供便利,使顾客以最小的成本耗费,取得最大的实际价值是每个企业需要深入探究的问题。

### 2)顾客让渡价值理论的运用

企业为在竞争中战胜对手,吸引更多的潜在顾客,就必须向顾客提供比竞争对手更高的满意度,提供具有更多"顾客让渡价值"的产品,这样,才能使自己的产品为消费者所注意,进而购买本企业的产品。为此,企业可从两个方面改进自己的工作:一是通过改进产品、服务、人员与形象,提高产品的总价值;二是通过降低生产与销售成本,减少顾客购买产品的时间、精神与体力的耗费,从而降低货币与非货币成本。

### 单元小结

市场营销观念是企业开展营销活动的基本指导思想,是企业正确处理与顾客和社会三者利益关系的指导思想和行为准则。市场营销观念的正确与否,关系到企业营销的成败和企业的兴衰。市场营销观念随着生产的发展、科学技术的进步、市场环境的变化,而不断发展变化,经历了生产观念、产品观念、推销观念、市场营销观念、社会营销观念等几个阶段。生产观念、产品观念、推销观念属于传统营销观念,市场营销观念、社会营销观念是现代营销观念。现代企业要结合市场营销活动的实际情况,树立以满足社会、消费者需求为己任的社会市场营销观念。

市场营销新观念的导入,给现代企业提出了更高的要求,推动着市场营销理论和实践创新的不断发展。

顾客满意及其运用充分体现了现代市场营销观念在实践中的运用。

### 案例分析

## 宝洁的宗旨

公司宗旨:

为现在和未来的世世代代,提供优质超值的品牌产品和服务,美化世界各地消费者的生活。作为回报,我们将会获得领先的市场销售地位、不断增长的利润和价值,从而令我们的员工、股东以及我们生活和工作所处的社会共同繁荣。

公司价值观:

宝洁公司价值观
领导才能
主人翁精神
诚实正直
积极求胜
信任

宝洁公司,就是宝洁人以及他们遵从的价值观。我们吸引和招聘世界上最优秀的人才。我们实行从内部发展的组织制度,选拔、提升和奖励表现突出的员工而不受任何与工作表现无关的因素影响。我们坚信,宝洁的所有员工始终是公司最为宝贵的财富。

领导才能

我们都是各自职责范围内的领导者,兢兢业业地在各自岗位上作出显著的成绩。

我们对我们的工作前景有清楚的认识。

我们集中各种资源去实施领导策略,实现领导目标。

我们不断发展自身的工作能力,克服组织上的障碍,实现公司的战略。

主人翁精神

我们担负起各自的工作责任,从而实现满足公司业务需要,完善公司体制和帮助其他员工提高工作成效的目标。

我们以主人翁精神对待公司的财产,一切行为着眼于公司的长远利益。

诚实正直

我们始终努力去做正确的事情。

我们诚实正直,坦率待人。

我们的业务运作恪守法律的文字规定和内涵精神。

我们在采取每一行为、作出每一决定时,始终坚持公司的价值观和原则。

我们在提出建议时,坚持以事实为依据,并正确估计和认识风险。

积极求胜

我们决心将最重要的事做得最好。

我们不会满足于现状,不断去寻求突破。

我们有强烈的愿望去不断完善自我,不断赢取市场。

信任

我们尊重公司的同事、客户和消费者,以我们希望被对待的方式来对待他们。

我们相互信任各自的能力和意向。

我们笃信,彼此信任才能使员工有最佳的工作表现。

公司原则

由公司的宗旨和价值观产生下列原则和行为依据:

我们尊重每一位员工。

我们相信每一位员工都能够,并且愿意发挥其最大潜力。

我们珍视每个员工的不同之处。

我们激发和帮助员工去实现更高的期望、标准和具有挑战性的目标。

我们如实反映个人的工作表现。

公司与个人的利益休戚相关。

我们相信诚实正直地为公司业务发展做正确的事,将为公司和个人带来共同的成功。我们对共同成功的追求将我们紧密结合在一起。

我们鼓励员工股份制,提倡主人翁精神。

有策略地着眼于我们的工作:

我们的业务运作基于明确并已取得共识的目标和策略。

我们只做,也只争取做促进业务的工作。

我们在任何可能的情况下简化和标准化现有的工作,提高工作效率。

创新是我们成功的基石:

我们极为重视重大的、全新的消费品创新意念。

我们挑战陈规,开拓新的工作方法,从而在市场上赢得更大的成功。

我们重视公司外部环境的变化和发展:

我们力求最好地了解消费者及其需要。

我们创造和提供一流的产品和包装,倡导全新的消费观念,树立成功的品牌形象。

我们发展与客户、供应商之间紧密互惠的关系。

我们的公司是有良好素质的法人。

我们将可持续性融入我们的产品、包装和运营。

我们珍视个人的专长:

我们相信不断完善自我并且发展他人是每一个员工的责任。

我们鼓励并且期望员工有出色的专业知识和精湛的工作技能。

我们力求做到最好:

我们力求在公司所有的策略重点上都做到最好。

我们对照公司内外的最高标准来认真衡量我们的工作表现。

我们善于从过去的成功和失败中吸取经验教训。

互相依靠、互相支持的生活方式:

我们的各个业务组织、部门、品类和区域之间相互信任,紧密合作。

我们对采用他人的建议及方法取得的成绩感到自豪。

我们与所有为实现公司宗旨作出贡献的各方,包括我们的客户、供应商、学校和政府,建立真诚友好的关系。

公司的远景目标与承诺

公司的远景目标:

成为并被公认为提供世界一流消费品和服务的公司。

公司的承诺:

每天,在世界各地,宝洁公司的产品与消费者有 40 亿次的亲密接触。为现在和未来的世世代代,宝洁人尽心尽力,确保我们的品牌实现我们对消费者的承诺:一点一滴,美化生活。

（资料来源:宝洁公司官网）

分析讨论:分析讨论宝洁公司的营销观念。

## 同步测试

1. 如何理解下列概念:市场营销管理、关系营销、服务营销、共生营销、整合营销、体验营销、顾客让渡价值、顾客满意。

2. 简述推销观念和市场营销观念的主要区别。

3. 以自己购买商品的亲身感受谈谈对顾客让渡价值的理解

4. 市场上有些粗制滥造的商品也有人购买,为什么?

## 实训项目

顾客满意运用

实训目标

1. 灵活运用现代市场营销观念。

2. 灵活运用顾客满意策略。

内容与要求

1. 登录某知名企业网站,查看企业相关资料,分析其营销观念。

2. 讨论企业顾客满意的相关策略。

3. 在班上组织一次现场交流演练,进一步对企业顾客满意策略进行补充。

単元 **3**

# 战略规划与市场营销管理过程

**案例导入**

### 三星电子公司的企业发展之路

　　韩国三星电子公司是主要生产半导体产品、手机、平面显示屏、计算机等电子产品的全球知名企业。它的诸多电子产品都在全球处于领先水平,且利润率一直高于绝大部分的竞争者,其中以手机最为著名。在全球品牌价值的竞争中超越了百事可乐、百威啤酒、盖普、宜家和星巴克等知名品牌。但在 10 年前,三星电子公司却面临崩溃的边缘。

　　在 1997—1998 年亚洲金融危机以前,三星的生产活动遍布所有领域,从消费电子产品、经纪人、保险到汽车、造船和石化产品。但在 1997 年的时候,三星已接近崩溃的边缘:背负巨额债务,半导体产业不景气,一连串的策略失误(最明显的是公司向客车产业领域"灾难性的开拓")。危急时刻,三星开始实施它的战略转变,即削减债务,关闭一些边际产业,如寻呼机和电子咖啡壶的生产,进行大刀阔斧的产业重组,从过去生产低端电子产品和日常存储芯片的产业模式转变到以生产移动电话、平板显示屏、数字媒体和特殊芯片(应用在数码相机、ipod 音乐、播放器及手机上的闪存卡)为主的产业模式;加大技术领域投资,强化产品设计风格等。

　　通过一系列的战略转变和战略调整,三星公司的全球品牌认可度快速提升。最终在运作设计独特、精美的手机产品中获得重大突破,2005 年,公司销售手机 1 亿部(约占全球手机销售量的 15%),直逼诺基亚和摩托罗拉,成为全球利润最高的手机生产商。三星的未来目标,是把三星品牌创建成一种成熟的标志,一种每一个人都渴望拥有的品牌。

## 学习任务 1　企业战略规划及一般步骤

### 3.1.1　企业战略规划概述

#### 1)战略的概念与特征

菲利普·科特勒的观点是,当一个组织清楚其目的和目标时,它就知道今后要往何处去。问题是如何通过最好的路线到达那里。公司需要有一个实现其目标的全盘的、总的计划,这叫作战略。企业的战略具有如下特性:

(1)全局性。它是以企业大局为对象的,根据企业整体发展的需要制订的。规定的是企业整体行动,所追求的是企业的整体效果。

(2)长远性。战略的制订要以外部环境和内部条件的当前情况为出发点,并对企业当前运行有指导、限制作用,但是这都是为了更长远的发展,是长远发展的起步。可以说,凡是为适应环境、条件的变化所确定的长期基本不变的目标和实现目标的方案,都属于战略的范畴。针对当前形势,灵活地适应短期变化、解决局部问题的方法,是战术的概念。

(3)抗争性。企业战略是关于企业在激烈竞争中如何与对手抗衡的行动方案,也是针对来自各方的冲击、压力、威胁和困难,迎接这些挑战的基本安排。

(4)纲领性。战略所规定的是企业整体的长远目标、发展方向和重点,应当采取的基本方针、重大措施和基本步骤。这些都是原则性的、概括性的规定,具有行动纲领的意义,必须通过展开、分解和落实等过程,才能变为具体的行动计划。

### 2) 企业战略的层次结构

(1)总体战略,又称公司战略。在大企业,特别是多种经营的企业,总体战略是最高层次战略。它需要根据企业使命,选择企业参与竞争的业务领域,合理配置企业资源,使各项经营业务相互支持、相互协调。总体战略的任务,主要是回答企业应在哪些领域进行活动。经营范围选择和资源合理配置是其中的重要内容。通常,总体战略是企业高层负责制订、落实的基本战略。

(2)经营战略,又称经营单位战略、竞争战略。在大企业,特别是企业集团,往往从组织形态上,把一些具有共同战略因素的二级单位(如事业部、子公司等),或其中的某些部分组合成一个战略经营单位(Strategic Business Units,SBU)。因此,经营战略是各个战略经营单位或者有关的事业部、子公司的战略。

(3)职能战略。即职能部门战略,又称职能层战略,是企业各个职能部门的短期性战略。职能战略可以使职能部门及其管理人员,更加清楚的认识本部门在实施总体战略、经营战略过程中的任务、责任和要求,有效的运用有关的管理职能,保证企业目标的实现。

通常需要的职能战略,包括研究与开发管理、生产管理、市场营销管理、财务管理和人力资源管理等。每一种职能战略,都要服从于所在战略经营单位的经营战略,以及为整个企业制订的总体战略。

### 3) 战略规划的一般过程

(1) 判定问题。通常经过3种基本的信息来源,判定在企业运行中即将发生的战略问题:企业外部环境的变化趋势,内部条件的演变趋势,经济效益的发展趋势。企业可以从相互依存、彼此影响的环境因素与各个职能领域之间的变化上寻找问题,并分析它对整个发展的影响程度。

(2) 评估问题的重要性。就是将战略问题整理、分类,依据轻重缓急的不同加以排序。最重要的战略问题,应由企业最高层详尽分析;一般重要的战略问题,可由战略经营单位研究分析;而一般性问题,只需加以注意,不一定详加分析。

(3) 分析问题。排序以后,应对重要问题进行分析。例如从过去、现在和将来等多个方面,分析问题的发展趋势,全面、综合地描述较大的问题;将战略问题逐层分解,针对性更强地收集有助于做出判断的数据,研究各个层次的问题以及它们对企业战略的影响,系统、深入地掌握战略问题;从相关利益群体的角度,对战略问题从正反方面提出种种假设,评定假设的重要性和可靠程度,将注意力集中在最为重要、可靠的假设上,供制订战略时参考。

(4) 提出与问题相关的战略。

(5) 发展战略计划和形成行动方案。

## 3.1.2 企业规划总体战略的步骤

### 1) 认识和界定企业使命

企业使命反映企业的目的、特征和性质。明确企业使命,就是对本企业是干什么的、本企业应该是怎么样的两个问题进行思考和解答。思考企业使命的结果,最后应当形成文字——撰写企业使命说明书。主要包括以下基本要素:活动领域、主要政策和远景及发展方向。

### 2) 区分战略经营单位

大多数的企业,包括规模较小的企业,都有可能同时或准备经营若干项业务。界定企业的活动领域,只是在大范围上说明了企业经营的总体范围。为了便于从战略上进行管理,有必要对组成企业活动领域的各项业务,从性质上区别开来,划分为若干个战略经营单位。战略经营单位就是企业值得为其专门制订一种经营战略的最小经营单位。有的时候,一个战略经营单位会是企业的一个部门,或一个部

门中的某类产品,甚至某种产品;有的时候,又可能包括几个部门、几类产品。战略经营单位通常具有这样一些特征:

(1)有自己的业务。可能是一项独立的业务;也可能是一组互相联系,但在性质上可与企业其他业务分开的业务。因为它们有着共同的任务,所以有必要作为一个单位进行管理。

(2)有共同的性质和要求。不论是一项业务还是一组业务,都有他们共同的经营性质和要求,否则无法为其专门制订经营战略。

(3)掌握一定的资源,能够相对独立或有区别地开展业务活动。

(4)有其竞争对手。这样的战略经营单位才有其存在的意义。

(5)有相应的管理班子从事经营战略管理工作。否则,这样的战略经营单位便形同虚设,没有实际作用。

区分战略经营单位的主要依据,是各项业务之间是否存在共同的经营主线。所谓"共同的经营主线",是指目前的产品、市场与未来的产品、市场之间的一种内在联系。

### 3)规划投资组合

如何把有限的人力、物力,尤其是财力资源,合理分配给现状、前景不同的各个战略经营单位,是总体战略必须考虑的主要内容。企业高层必须对各个经营单位及其业务进行评估和分类,确认它们的发展潜力,决定投资结构。在规划投资组合方面,有两种模式广为应用。

(1)波士顿矩阵——"市场增长率/市场占有率"矩阵。该矩阵是美国管理咨询服务企业波士顿咨询公司提供的一种分析模式(图3-1)。

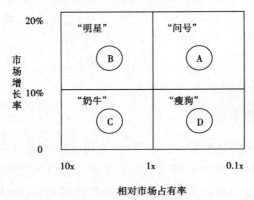

图3-1 波士顿矩阵

在矩阵中,纵坐标代表市场增长率,可以以年为单位。增长率高低可以视具体情况而定。假设以 10% 为分界线,则高于 10% 为高增长率,低于则为低增长率。横坐标为相对市场占有率,表示各经营单位与其最大的竞争者之间,在市场占有率方面的相对差异。某个经营单位的相对市场占有率为 0.4,说明它的市场占有率为最大竞争者的 40%;相对市场占有率为 2.0,说明比最大的竞争对数的市场占有率多一倍,自己才是市场的"老大"。矩阵中的圆圈,代表企业所有的战略经营单位。圆圈的位置表示各单位在市场增长率及相对占有率方面的现状。圆圈的面积,表示各单位销售额的大小。该矩阵有 4 个象限,经营单位因而可划分为不同类型。

一般来说,市场占有率越高,这个单位的赢利能力就越强,利润水平似乎与市场占有率同向增长;另一方面,市场增长率越高,经营单位的资源需要量也越大,因为它要继续发展和巩固市场地位。

①问号类:有较高增长率、较低占有率的经营单位或业务。大多数经营单位最初都处于这一象限。这一类经营单位需要较多的资源投入,以赶上最大的竞争者和适应迅速增长的市场。但是它们又都前程未卜,难以确定远景。企业必须考虑,继续增加投入还是维持现状,或减少投入,精简、淘汰。企业应该集中向一二个单位投入资源。

②明星类:市场增长率和市场占有率都很高,需要大量投入资源,以保证跟上市场的扩大,并击退竞争者,因此短时期内未必给企业带来可观的收益。但是,它们是企业未来的"财源"。企业一般应该有两个或两个以上的明星类业务,如果一个没有,则将是危险的信号。

③奶牛类:由于市场增长率降低,不再需要大量资源投入,又由于相对市场占有率较高,这些经营单位可以产生较高的收益,支援问号类、明星类或瘦狗类单位。如果企业只有一个奶牛类单位,说明它的财务状况比较脆弱。如果该单位的市场占有率突然下降,企业就不得不从其他单位抽回资源,以帮助其巩固市场领先地位;要是把它的收益全部用于支持其他单位,这个强壮的奶牛就会日趋瘦弱。

④瘦狗类:市场增长率和市场占有率都较低的经营单位。它们或许还能提供一些收益,但盈利甚少或有亏损,一般难以再度称为"财源"。

企业要看到现状,又要分析前景,将目前的矩阵与未来的矩阵两相比较,考虑主要的战略行动,并依据资源有效分配的原则,决定各单位将来应该扮演的角色,从整体角度规划投入的适当比例和数量并采取如下战略:

①发展。以提高经营单位的相对市场占有率为目标,甚至不惜放弃短期收益。比如对问号类单位,使其尽快成为"明星",就要增加投入。

②保持。维持经营单位的相对市场占有率。比如对奶牛类单位,可是它们提供更多的收益。

③收割。这种战略以获取短期收益为目标,不顾长期效益。比如较弱小的奶牛类单位,也可用于"问号"及"瘦狗"。

④放弃。目标是清理、撤销某些经营单位,减轻负担,以便把有限的资源用于效益较高的业务。这种战略尤其适合于没有前途或妨碍企业盈利的单位。

(2)"多因素投资组合"矩阵——通用电气公司方法。图3-2中,纵轴表示行业吸引力。行业的吸引力又包括:

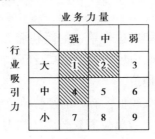

图 3-2 多因素投资组合矩阵

①市场规模。市场规模越大的行业,吸引力越大。

②市场增长率。市场增长率越高,其吸引力越大。

③利润率。利润率越高,吸引力越大。

④竞争程度。竞争越激烈,吸引力越小。

⑤周期性。受经济周期影响越小,吸引力越大。

⑥季节性。受其影响越小,吸引力越大。

⑦规模经济效益。单位产品成本随生产和分销规模的扩大而降低的行业,吸引力大;反之,则吸引力小。

⑧学习曲线。单位产品成本有可能随经营管理经验的增加而降低的行业,吸引力大;反之,如果其积累已经达到极限,单位成本不可能因此再下降的行业,则吸引力小。

图3-2中,横轴表示企业的战略业务单位的业务力量,由下列因素构成:

①相对市场占有率。业务力量与相对市场占有率成正比,即相对市场占有率越高,业务力量就越强。

②价格竞争力。业务力量与价格竞争力成正比,即价格竞争力越强,业务力量就越强。

③产品质量。产品质量较竞争者越高,业务力量就越强。

④顾客了解度。对顾客了解程度越深,业务力量就越强。

⑤推销效率。推销效率越高,业务力量就越强。

⑥地理优势。市场位置的地理优势越大,业务力量就越强。

企业根据上述两大类因素的各具体项目——评估打分,再按其重要性分别加以合计,得出行业吸引力和企业业务力量的数据,然后利用"多因素矩阵评价法"加以分析,分成 3 个区域。

1,2,4 为第 1 区,最佳区域;3,5,7 为第 2 区,中等区域;6,8,9 为第 3 区,两者均低的区域。

上述评估,划分区域,其目的是为了有针对性地进行投资决策。其策略包括以下 3 种:

①发展策略——对于第 1 区应该增加投资,促进其发展。(投资成长)

②维持策略——维持现有投资水平,不增不减。第 2 区应采取此策略。(选择性)

③收获·放弃策略——对两者均低的第 3 区应采取收获或放弃策略,不增加投资或收回现有投资。

### 4) 发展战略

企业要在动态的环境中求生存和发展,仅停留在现有业务组合上是远远不够的。"不创新即死亡",企业必须不断地发现新的市场机会,不断地更新其事业内容,对未来的事业发展方向作出战略计划,制订其发展战略。可提供选择的主要发展战略有 3 个类型,即密集性发展战略,一体化发展战略和多角化发展战略(表3-1)。

表 3-1　发展战略

| 密集性发展 | 一体化发展 | 多角化发展 |
| --- | --- | --- |
| (1)市场渗透 | (1)后向一体化 | (1)同心多角化 |
| (2)市场开发 | (2)前向一体化 | (2)横向多角化 |
| (3)产品开发 | (3)横向一体化 | (3)综合多角化 |

(1)密集性发展战略。密集性发展战略,是指某一特定市场上存在尚未被充分满足的需求,企业可以利用现有的生产,在现有的经营范围内谋求发展的战略。具体可采取 3 种策略:

①市场渗透。通过更加积极有效的营销措施,如增加销售网点,加强广告宣传,采取各种促销方式以及降价等,努力在现有市场上扩大现有产品的销售量。

②市场开发。通过开拓新市场,扩大市场范围来增加现有产品的销售。例如:

41

地方→全国;国内→国际;城市→农村。

③产品开发。通过向现有市场提供多种改型变异产品,如花色品种、规格档次、更新包装、改善服务等;或者增加新产品来扩大产品的销售,如由单一产品向系列产品转化。

(2)一体化发展战略。一体化发展战略,是指一个企业通过把自己的业务活动伸展到供、产、销不同环节或与同类企业联合来谋求发展的战略(图3-3)。有3种具体策略:

①后向一体化。通过各种形式向后控制供货商,使供产一体化,实现供产结合。但绝不是"大而全""小而全"。

②前向一体化。指企业向前控制分销系统,实现产销结合。如汽车厂家自设销售公司等。日本的流通系列化均属于前向一体化策略。

③横向一体化,又称水平一体化。兼并或控制竞争者的同类产品的企业,或与同类企业合资经营。

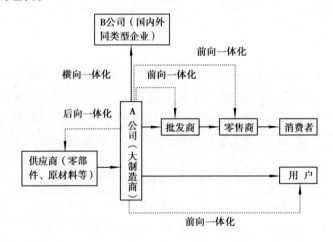

图3-3 一体化发展

(3)多角化发展战略。多角化发展战略,也称多样化或多元化。是指向本行业以外发展,扩大业务范围,实行跨行业经营。多样化发展战略也有3种具体策略:

①同心多角化。是指以现有业务为中心向外扩展业务范围,用企业现有物质技术力量开发新产品,增加产品的门类和品种,以寻求新的业务增长。这种策略有利于发挥企业原有的设备、技术和营销人员的优势。

②横向多角化,也称水平多角化。是指企业针对现有顾客对其他方面的需求,增加物质技术力量开发新产品,扩大业务经营范围,实现业务增长。

③综合多角化,也称集团式多样化。是指企业通过投资或兼并等形式,把经营范围扩展到多个部门,组成混合型企业集团,开展与现有技术、产品、市场无联系的多角化经营活动,以寻求新的增长机会。

## 学习任务 2　市场营销管理的一般过程

战略规划界定了公司的整体使命和目标。在各个业务单位内,市场营销在帮助实现整体战略目标方面起着重要作用。

目标消费者居于中心。企业的目标就是与其消费者建立牢固并且有利可图的关系。企业首先要界定整个市场,然后将其划分成若干更小的子市场,选择其中最有前景的子市场,然后集中力量重点为这些子市场服务并满足其需要。企业进而设计出由产品、价格、分销和促销这几个由企业控制的因素所构成的营销组合;为了找到最好的营销组合并付诸实施,企业致力于营销分析、计划、实施和控制。通过这些活动,企业观察并适应营销环境。

### 3.2.1　与消费者建立联系

企业必须首先了解消费者的需要和要求,才能使他们满意。所以正确合理的市场营销需要对消费者进行认真的分析。消费者的种类众多,他们需要的类型也是千差万别。一些企业在服务于某些特定子市场方面占据更有利的位势。所以,每个企业都必须对整个市场进行细分,从中选择最佳的细分市场,然后制订战略,使自己能够比竞争对手更有利可图地为选定的细分市场服务。这个过程包括 3 个阶段:市场细分、选择目标市场和市场定位。

#### 1)市场细分

市场由种类众多的消费者、产品和需要构成,营销人员必须确定哪些细分市场能为企业实现目标提供最好的机会。可以根据地理、人口统计、心理和行为因素对消费者进行分组,并采取不同的方法为这些消费者服务。将市场划分成为具有不同需要、特征或行为的用户的独特群体(每个群体都要求各不相同的产品或营销组合)的过程,叫做市场细分。

每个市场都有子市场,但是并非所有细分的方法都同样有效。细分市场由那些对于给定的一系列营销活动有相似反应的消费者组成。

### 2）选择目标市场

企业在明确了细分市场之后，就可以进入给定市场中的一个或多个细分市场。选择目标市场涉及评估各个细分市场的吸引力并选择进入其中的一个或几个。企业选择的细分市场应该使自己能够最大限度地创造顾客价值以有利可图，并且能够长期存在。

多数企业通过服务于一个细分市场来进入新市场，如果取得成功，再进入更多的细分市场。大企业最终谋求覆盖整个市场。居于主导地位的企业通常针对各个细分市场特定的需要而提供不同的产品。

### 3）市场定位

企业在决定进入哪些细分市场之后，必须决定自己在这些细分市场中要占据什么"位置"。一种产品的定位是指产品相对于竞争对手在消费者的头脑中所占据的位置。市场定位是相对于竞争对手的产品而言，在目标消费者心目中为自己的产品占据一个清晰、独特而且理想的位置。因此，营销人员对定位进行策划，使他们的产品与竞争对手的产品相区别，并且在其目标市场上给予企业最大的战略优势。在进行产品定位的过程中，企业首先要明确可能成为其定位依据的竞争优势。有效的营销从真正实现企业与竞争对手营销活动的差异化开始，以求与竞争者相比能向消费者提供更多的价值，企业一旦选择了理想的定位，就必须采取强有力的措施与消费者沟通，向他们传达这种定位。企业整体营销方案应当对选定的定位战略提供支持。

## 3.2.2 获得竞争优势的营销战略

为取得成功，公司必须在满足目标消费者方面比竞争对手做得更好。所以，营销战略必须适应消费者的需要，并且与竞争对手的战略相对应。

规划竞争营销战略始于详尽的竞争对手分析。

公司采用的竞争战略取决于公司在产业中所处的位势。

## 3.2.3 制订营销组合

目标市场一旦明确，就要考虑如何进入市场，并满足其市场需求的问题，那就是有机地组合产品、价格、渠道、促销等组合因素。

### 1）企业在进行市场营销组合时必须考虑以下几点

(1)要通过调查国内外优秀企业等来了解它们一般进行的市场营销组合。

(2)突出与竞争公司有差异的独特之处,充分运用能发挥本公司优势的有利性。

(3)市场营销组合是企业可以控制的,企业可以通过控制各组合因素来控制整个市场营销组合。

(4)市场营销组合是一个系统工程,由多层分系统构成(图3-4)。

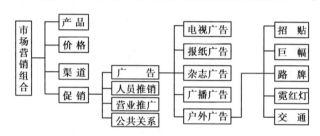

**图3-4   营销组合的层析结构**

(5)市场营销组合因素必须相互协调,根据不同的产品,制订不同的价格,选择不同的渠道,采取不同的促销手段。

(6)市场营销组合不是静态,而是动态的。产品生命周期分为4个阶段,当产品生命周期所处阶段发生变化时,其他组合因素也随之变化。就拿广告来说,导入期为通知广告;成长期为劝说广告;成熟期为提醒广告。

(7)在上述4种主要的组合因素中到底哪种最重要,这会因行业、业态不同而异,但一般来说,其中受到高度重视的是产品,企业提供的产品是否是市场所需产品,是否能满足消费者需求,解决消费者所要解决的问题,提供消费者希望获取的利益,这才是产品的关键所在。只有让消费者满意,消费者才会认可你的产品,接受你的产品。可是,我国不少企业不是以市场为导向,而还是停留在产品观念或推销观念上,从而造成了产品的大量积压。

一个企业的销售额下降,市场占有率下跌,其原因不只是推销人员的努力不够,而有必要在销售之前把销售中可能产生的一些问题都考虑到产品中去。要解决销售问题,还是应该首先解决产品问题,做到产品计划先行。例如,日本的朝日啤酒公司,其市场占有率连年下跌,在1985年跌到了9.6%,为扭转下跌不止的局面,1985年进行了大规模的消费者嗜好、口味调查,并根据调查结果研究开发了新产品。这种新产品投放市场的当年,销售额猛增,市场占有率止跌回升,到1989年

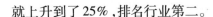

就上升到了25%,排名行业第二。

2)4P 与 4C

现代市场营销组合既不是单纯的4P,也不是单纯的4C,而应该是4P＋4C,其关系是:

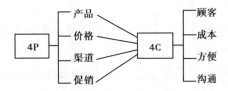

(1)产品与4C,即4C必须贯穿于产品从创意到开发甚至到最后使用的整个过程。①顾客,即企业不是生产自己能生产的产品,销售已经生产好的产品,而是应该从顾客出发,充分了解顾客的需求和欲望,开发他们真正所需要的并能完全满足其需求的产品。②成本,即不是企业考虑生产其产品花费了多少成本,而是应该在产品开发之前了解顾客愿意为其付出的成本,并在开发生产过程中将其成本控制在一定范围内,用公式表示为:愿意支付价格－适当利润＝成本。③方便,即企业从产品的设计开始就要考虑如何使顾客方便使用、方便搬运等,降低使用成本,如傻瓜照相机就是其中典型的例子。传统照相机对照相技术要求相当高,否则就很难照出好相来。可是,傻瓜照相机就不同了,它不需掌握专门的照相技术,无论大人还是小孩,无论会照相还是不会照相,都可以用傻瓜照相机照相,并还能照出较好的相来。这样,既可降低顾客的购买成本,又可减少使用成本,从而扩大了照相机市场。④沟通,即可以从两个方面来理解和把握:一是在产品开发前和开发过程中都必须通过沟通来了解顾客的需求和欲望,了解他们能付的和愿意付的成本,了解他们所认为的方便等;二是要使产品本身成为一种沟通的手段,可具体体现在品牌、质量、包装、特色等上面。

(2)价格与4C,即价格的决定不是以企业为中心,而是应该以顾客为中心。①研究顾客心理及其对产品价格的反应或他们理解的产品的价值及与之相适应的价格。②成本,不是指生产成本,而是指顾客为购买其产品能支付的成本和愿意支付的成本。

例如,福特汽车公司于1962年研制出一种"野马牌"轿车,为了了解消费者的想法,在新型车推出之前,福特公司选择了底特律地区52对夫妇,邀请他们到样品陈列室。其中每对夫妇都已拥有一辆标准型汽车,他们的收入是中等水平。公司负责人将他们分为若干小组,带进陈列室看汽车样品,并听取他们的感想。这些人当中,一部分是白领阶层,收入较高,对车的样式感兴趣;而另一部分蓝领夫妇则认为车过于繁华不敢问津。亚柯卡请他们估一下车价,几乎所有人都估计要 10 000 美元,并表示不购买这种车,因为家中已有。当亚柯卡宣布车价在 2 500 美元以下时,大家惊呆了,之后又欢呼起来,纷纷道:"我们要买这部车,我们把这车靠在我们自己车道上,所有邻居都会以为我们交了好运。"③方便,可以从两个方面来考虑,一是对产品的价值和价格理解的方便性;二是便于付款,等等。④沟通,一是对上述问题的了解和掌握需要沟通;二是有时在价格上存在较大障碍,其实都是因没有沟通或沟通不够所致,所以有必要在售前、售中加强与顾客的沟通,让顾客充分了解产品及其价值和价格,使其感到"一分钱一分货""价高优质""钱出得值"。

(3)渠道与4C,即渠道决策必须以4C为依据。①顾客,即企业在选择或决定渠道策略时,首先需要考虑什么渠道最能接近目标市场,目标顾客最愿意且经常利用的渠道是什么。②成本,即对目标顾客来说成本最低的渠道,它包括目标顾客为购买产品,接近其渠道所花费的金钱成本、精力成本、时间成本和体力成本。③方便,即目标顾客最容易接近和最方便购买的渠道,它包括交通便利,停车方便,购物环境好,看、选、购都方便。④沟通,即渠道不只是一个分销产品的机构或场所,而且还应该是相互沟通和情感交流以及获取相关信息和新知识的渠道。

(4)促销与4C,即在促销过程中或采取各种促销方式时都应该贯彻4C精神。①顾客,即促销的诉求对象必须明确,一定是目标顾客,诉求内容和诉求方法也应以目标顾客为出发点。②成本,即一方面要考虑企业为促销付出的成本,如何以较低的成本获取较大的促销效果。另一方面,也是更重要的方面,那就是要使目标顾客以最低的成本获得产品信息,包括产品功能、质量、使用方法、价格、售后服务等方面的信息,尤其是在信息泛滥的今天,顾客往往要为获取一条准确、可靠的信息付出很大的代价。③方便,既要考虑如何便于目标顾客获得信息、了解信息,又要便于顾客对同类产品进行比较,尤其是选购品,顾客一般都要货比三家。④沟通,即在促销过程中应尽量避免那种强加于人的促销活动,主张卖方和买方或制造商与消费者或用户进行对话式的沟通,做到既把企业及其产品信息传递给消费者或用户,又将消费者或用户的有关反应和意见等反馈给企业的双向沟通。

## 单元小结

战略规划是企业的首要工作。明确企业任务后,就要确定企业目标,合理安排企业业务组合。为保证整体任务的完成,还要制订新业务计划,这个环节包括3类战略,即密集型增长、一体化增长和多角化增长。每个战略又包含3种具体形式,有较强的可操作性。

把握市场营销管理过程,从分析市场机会入手,再选择目标市场。这个环节又分为3个步骤,即市场细分,选择目标市场和市场定位。这3部分内容在此仅作概括介绍,留后详解。请不要疏忽市场营销组合这个概念,它所提到的"4P"即产品、价格、分销、促销将是我们营销业务操作任务的核心内容,也待后详解。

## 案例分析

### 从"迷你星"看松下空调的本土化策略

从20世纪90年代初开始,随着中国人民生活水平的提高,空调器开始走进消费者家庭,中国家用空调市场由此得到了快速成长。从1991年到1999年,中国的空调市场增长了11倍,平均每年以37.5%的速度增长,空调器作为公认的朝阳行业,得到了越来越多的重视,许多国内企业着手空调项目,国外跨国家电企业也对中国空调市场这块"大蛋糕"垂涎欲滴,松下、惠而浦、夏普、LG和日立等世界知名企业先后在中国建立了生产基地,都想在这块"大蛋糕"上分得自己的一块。于是出现了国内外家电企业竞相投资中国空调行业的局面,中国空调的生产能力迅速扩大,到1997年,中国空调的生产能力已达到1 500万台,而同期的市场销量仅为750万台,生产能力已远大于市场销量,至20世纪90年代中、后期形成了中外家电企业激烈争夺中国空调市场的情形,在这场激烈的竞争中,以春兰、格力、海尔、美的、科龙等国产品牌迅速崛起,这些企业通过引进、模仿和吸收国外先进的技术,使产品的性能和质量得到了很大提高;在销售方面,合理地运用了广告的强力推广,加上通路、价格和服务上的优势,很快打破了进口机一统天下的局面,在竞争中脱颖而出,产销量迅猛增加,其中春兰、美的、格力、海尔的年销量已突破100万台,占领了大部分的市场,而实力雄厚的国外厂家却因为不熟悉市场,以及对中国迅速变化的市场规律准备不足,对中国市场的成熟程度和操作方式缺乏预期的认识,在国产品牌发展壮大的同时,国外空调品牌在中国市场均遭到不同程度的萎缩,松下也无例外。

作为世界著名的家电企业日本松下电器株式会社在1994年在中国成立了合资企业松下·万宝(广州)空调器有限公司(以下简称松下·万宝公司),并推出"National"品牌的"905"系列空调投放中国市场,该产品由松下空调器事业部开发,性能十分优良,具有制冷强、耗电省、噪声低等特点,但由于许多原材料仍需从国外进口,因而成本较高,价格也在同类空调器中最高,是属于空调器中的高档产品,以中国大、中城市的高档产品的消费者为目标消费者。但该产品在推出市场后,销售令人十分不满意,特别是在 1997 年,其销量不但没有增长,反而比 1996 年下降了 30% ,产品大量积压,企业陷入亏损。

在国内企业咄咄逼人的攻势下,松下·万宝公司并未轻易地退出中国市场,而是放平心态,着眼于长远的目标,利用自身资金、技术、品牌和管理的优势,实施了本土化战略,通过对营销组合的全面反省,采取了一系列符合中国国情的营销策略:

一、推出新一代产品"迷你星"

(一)虽然"905"系列空调产品性能十分优良,但在以下几个方面还存在问题:

1. 产品缺乏特色

"905"系列的主要优点表现在制冷强、耗电省、噪音低等几方面,在产品推广和宣传上也是围绕着这个主题,当时中国其他的几个主要空调厂家无论在技术改进还是产品推广上也都围绕这几方面做文章。

1997 年各主要厂家主要产品的宣传主题:

| 厂家 | 产品宣传主题 |
|------|------------|
| 春兰 | 超静节能、冷暖如意 |
| 格力 | 冷静王更冷更静更省电 |
| 海尔 | 海尔静音王 |
| 松下万宝 | 超低输入,制冷强劲,比以往的空调机省电 17% |
| LG | 彻底凉爽,够强,够安静 |

到 20 世纪 90 年代中后期,中国的主要空调厂的制造技术有了很大提高,与"905"系列空调相比,在性能方面的差异越来越小。

2. 产品的主要卖点对其产品的目标消费者的吸引力不大

"905"系列空调主要卖点是比同类普通空调省电 17% ,且制冷强劲,但是到 20 世纪 90 年代中后期中国已由电力紧张变成了电力过剩,而且作为高档产品的消费者对电费一般不是特别在意。

3. 随着空调产品性能质量的提高,空调产品的某些性能改良对于顾客的边际效用呈递减。

例如,在噪音方面,当空调噪音低于一般情况下的背景噪音时消费者就难以察觉了。

由此可以看出"905"系列空调的产品优势已经散失。

(二)1998 年推出适合中国居住环境的新一代产品"迷你星"系列空调。

在对先前"905"系列产品反思后,松下·万宝公司认为必须开发一种除性能优良外,空调的其他方面也能更好地满足中国消费者,而且能与竞争对手区别开来的

产品。为此,对中国市场做了细致的分析:

当时,中国的空调市场处于饱和状态供大于求,市场上可供消费者选择的品牌很多,此时的消费者特别是高档产品消费者就对产品更加挑剔,他们已不再满足于产品核心层次的需求,而且有了产品延伸层次和附加层次的需求,对于空调产品来说,就是消费者不仅要求空调性能优良,而且要求空调外形美观、轻巧、安装、维修、保养更加方便。而在当时市场的空调产品在外形上是千"机"一面,(很多国产机都是模仿"905"的外形),几乎所有的室外机都同一模式,而且又重又大,安装、维修需爬出窗外,十分不便,无法满足主要居住多层公寓式住宅的中国消费者的需求。

松下·万宝公司通过以上分析和对中国消费者进行深入地市场调查,认为如果能生产出一种小巧、美观的空调器,不仅能引起中国的消费者的注意,又能更好地满足消费者的需求,这也正好发挥松下高科技开发能力强的特长。于是松下·万宝公司利用松下强大的技术开发能力和几十年空调生产的经验。在1998年推出了适合于中国居住环境新一代产品——"迷你星"系列空调。

"迷你星"系列空调在保证性能优良的情况下对室外机的内部结构设计作了重大改变,它具有3大优点:①体积小,比普通空调小了1/3,是目前中国市场上室外机最小的一种空调,而且外形十分美观;②维修方便,空调器室外机上部采用"活动顶板"设计,维修时只需打开"顶板"即可做维护,被称为"戴帽子"的空调器;③安装简便,其安装架与空调融为一体,使安装变得十分简单,只需简单的3个步骤就可以完成,无须爬出窗外。松下万宝公司为"迷你星"申请了9项专利,以防止竞争者模仿。

"迷你星"上市后,立即以这些与众不同的优点在众多品牌的空调产品中脱颖而出,吸引了消费者的目光,它的外形很容易让人联想到日本产品精巧、质量好、高科技的特点,从而对"迷你星"产生好感,而它独特的"顶板"设计和简单的安装方法也确为消费者省去了许多烦恼。小巧而美观的外形配以鲜艳红色的品牌标记的室外机挂在住宅上,不但格外的引人注目,而且美化了消费者的居住环境。因此深受消费者欢迎,销势迅速增长。

针对"迷你星"空调的消费者主要集中在沿海的大、中城市,沿海地区空气潮湿室外机外壳容易生锈这一状况,于1999年在迷你星普通型的基础上,又推出专为沿海地区消费者量身订造的豪华防锈型"迷你星"系列空调,自然受到沿海地区消费者的青睐。

二、建立了有中国特色的区域代理制

为了更好地把"迷你星"销售出去,松下·万宝公司对销售通路也做了全面反思。在 1997 年以前,对经销商实行的政策与大多数空调企业一样——实行大户政策,即对经销商大户进行折扣奖励,销量越大折扣越多。从表面上看,这种政策鼓励商家多销售松下·万宝公司的产品,但从深层次的角度来看,这种政策却存在许多弊端。许多经销商大户从自身利益出发,操纵炒作市场,进行异地批发、低价销售。更有甚者,部分大户经销商利用承兑汇票的时间差,把低价倒买作为一种融资手段。导致市场上出现了零售价低于批发价,批发价低于出厂价的不正常情况,这严重地影响了中、小经销商和零售商的利益,从而导致了产品的销售不畅。

在痛定思痛之后,1998 年松下·万宝公司对销售渠道做了重大调整,采用了具有中国特色的区域代理制营销模式。具体做法是:在全国划分和限定销售区域,在各销售区域只选择一家信誉好,有潜力的经销商作总代理,其余经销商均从总代理进货,同时该公司还与各总代理签订了协议,以较为完整、严密的合同形式严格约束厂商双方的销售行为,规定总代理不准跨区销售;不准低于全国统一的最低零售价格销售。一旦发现违规行为,轻则被罚,重则取消总代理资格。为保证这套销售体系的有效执行,松下万宝制订了一系列相应的管理办法,如在每一台产品上都打上了代表指定销售区域的条形码;为更好地维护各地区代理商的利益,公司密切关注着市场价格,在 1999 年,松下·万宝公司对违反销售政策的商家采取了相应的措施,及时地进行了低价机的收购,并对违规的销售商提出了详细的处罚措施,这样既维护了地区经销商的利益,同时也使那些违规操作的市场行为在松下这一品牌上找不到立足之地。

这种新代理制出台后,获得了很大的成功,使经销商和厂家的利益都得到了保障,松下·万宝公司由被经销商控制变为了控制经销商,市场混乱的局面得到很快扭转,大大促进了销售。

三、实现了主要原材料供给的本地化

在 1998 年松下·万宝公司开展了“503”成本降低活动(即在 3 年内把产品的制造成本降低 50%)。由于迷你星体积小、结构紧凑,因此其本身的材料费也低于其他空调,加上对原先依靠进口的原材料在保证质量的情况下基本实现了本地化供给,这样就大大降低了“迷你星”系列空调的生产成本,其生产成本仅为同一类型“905”系列空调生产成本的 77%。大大缩短了“迷你星”空调在成本上与国产品牌的差距。

四、制订了符合中国消费者心理的合理价格

虽然“迷你星”系列空调的生产成本较低,在随着空调产品的整体市场价格的下滑也有所下降,但仍然定价在高价位,价格高于其他普通空调的 10% ~ 20%。这不仅与“迷你星”结构新颖、性能优良、质量稳定的高档产品形象相称,而且也完全符合其目标消费者(高档产品消费者)的购物心理。在中国的消费者(特别是高档产品的消费者)心里当中,历来有"便宜没好货的观念"。"迷你星"的这种高价定位,不仅给企业带来了丰厚的利润,而且增强了消费者对其质量的认知度,使消费者更加相信"迷你星"是利用高科技创新的优质产品,而不是偷工减料的产品,进一步强化了"National"品牌高质量的形象,同时也得到了众多原有"National"品牌的忠诚消费者的认同。

五、采用了符合中国空调市场状况的促销方法

"迷你星"在广告宣传上鲜明突出了"专为中国人居住环境设计的空调"这一主题。这一主题拉近了"迷你星"产品与中国消费者的距离,引起了许多中国消费者的兴趣。

空调是属于季节性销售产品,在销售旺季进行促销显得尤为重要。为此,松下万宝公司加强了原先比较薄弱的店头促销工作。针对中国消费者在选购商品的过程中容易受到推销人员影响这一特点,该公司在销售旺季特意聘请非常熟悉当地家庭情况的下岗女工为其产品进行促销,同时还派出该公司当年即将升职的优秀员工到店头进行辅助促销。

另外,公司还推出轻松、活泼的"迷你星"广告歌,聘请了青春靓丽、娇小玲珑的"清清""爽爽"两位小姐作为"迷你星"形象代言人,形象代言人的广告宣传画张贴在各个销售店头,加深了消费者对"迷你星"的好感和印象,特别吸引了众多年轻的消费者。

通过这一系列的努力,销售状况发生了根本的好转,1998年的销量比上年增加61%,1999年又在1998年的基础上又增加了59%,企业也在1998年扭亏为盈。1999年得了丰厚的利润。产品的市场占有率由1997年的2%上升到6%,在各合资企业中名列第一。

我们可以从松下"迷你星"系列空调在中国的成功销售得到许多启示:

1.本土化战略是跨国企业占领中国市场的必由之路。中国正是一个处于快速变革的时期,其市场有着与其他国家和地区不同的特征,只有充分了解把握这些特征并采取与之相适应的策略,才能在激烈的竞争中取胜。

2.差异化的产品,可以使企业获得竞争优势。"迷你星"产品正是以其与众不同的设计,更好地满足了目标消费者,从而在竞争中取胜,反映国内一些企业容易一哄而上,人云亦云,别人作什么样,自己就跟着做什么样的产品,这样是很难获得竞争优势。

3.规范有序的销售渠道比依赖销售大户更可靠。要想企业的销售稳定增长,规范、有序的销售渠道是必不可少的,中国空调行业中的许多企业从松下·万宝公

司的成功中认识到这一点,纷纷效仿其做法,松下·万宝公司也因此而受到广泛赞誉。

分析讨论:

1."迷你星"系列空调在中国成功销售的因素,除了以上几种外,还有哪些直接或者间接因素?

2.请你根据案例提供的资料,为"迷你星"空调设计一套可行的长期营销方案。

## 同步测试

1.规定企业任务为什么应当市场导向?

2.确定企业目标应当遵循哪些原则?

3.企业的市场营销管理过程包括哪些步骤和内容?

## 实训项目

调查某一企业(或根据二手资料),在掌握相关情况基础上,按照企业战略规划的步骤——规定企业任务,确定企业目标,安排业务组合和制订新业务计划等,为该企业制订一份战略方案。

实训目标规划企业战略

实训组织

1.学生分组,教师指导市场调查或收集整理材料。

2.结合材料,从某一角度规划企业战略。

# 市场营销调研与预测

 学习目标

1. 掌握市场需求的概念，影响市场需求的因素以及市场需求的计算。
2. 了解市场预测的相关概念，掌握各种不同的市场预测方法。

 能力目标

1. 掌握市场调研的基本程序，并学会运用其方法和技巧。
2. 掌握市场调研报告的撰写。

## 案例导入

### 李维公司，点纱成金

　　做好市场调查树立牢固的市场观念，按用户需要组织生产是李维公司成功的市场决策。

　　李维公司的创始人李维·施特劳斯是德国犹太人。他抛弃了国内的职业，追随哥哥到美国做杂货商。19 世纪 40 年代后期，美国加利福尼亚州发现了金矿，掀起了"淘金热"。这给李维·施特劳斯"点纱成金"造成了可贵的机遇。一次，他乘船到旧金山开展业务，带了一些线团这类的小商品和一批帆布供淘金者搭帐篷。下船后巧遇一个淘金的工人。李维·施特劳斯忙迎上去问："你要帆布搭帐篷吗？"那工人却回答说："我们这需要的不是帐篷，而是淘金时穿的耐磨、耐穿的帆布裤子。"李维深受启发，当即请裁缝给那位"淘金者"做了一条帆布裤子。这就是世界上第一条工装裤。如今，这种工装裤已经成了一种世界性服装——Levis 牛仔服。

　　牛仔裤以其坚固、耐久、穿着合适获得了当时西部牛仔和淘金者的喜爱。大量的订货纷至沓来。李维·施特劳斯于 1853 年成立了牛仔裤公司，以"淘金者"和牛仔为销售对象，大批量生产"淘金工装裤"。为了改进质量，以优质产品应市，他找到了法国涅曼发明的径纱为蓝、纬纱为白的斜纹粗棉布，这种新式面料坚固耐磨、美观大方。李维·施特劳斯还采用内华达州一位叫雅各布·戴维斯裁缝的建议，发明并取得了以钢钉加固裤袋缝口的专利。时至今日，Levis 牛仔裤上的钢钉，仍是结实和美观的象征。李维公司已有 140 年的历史了。当今，李维（Levis）牛仔裤已由最初的工装服装发展成为一种时尚服装，行销世界。在李维公司的发展历程中，始终坚持搞好市场调查，树立牢固的市场观念，按用户需要组织生产的市场决策。根据市场调查和长期积累的经验，李维公司认为，应该把青年人作为目标市场。为满足青年人的需要，李维公司坚持把耐穿、时髦、合体作为开发新产品的主攻方面，力争使自己的产品长期占领青年人市场。后来，他们了解到许多美国妇女喜欢穿男牛仔裤。根据这种情况，李维公司经过深入调查，设计出适合妇女穿的牛仔裤、便装和裙子，1978 年的妇女服装销售情况看好，销售额增加了 58%。

　　为了满足市场需要，李维公司十分重视对消费心理的分析。1974 年，为了拓展欧洲市场研究市场变化趋势，了解消费者爱好，向德国顾客提出了"你们穿李维的牛仔裤，是要价钱低、样式好，还是合身"的问题。调查结果表明，多数首是要

"合身"。于是,公司派专人在德国各大学和工厂进行全身实验,一种颜色的裤子,竟生产出了不同尺寸、不同规格和45种型号,大大拓展了销路。公司还根据市场调查获得的各种有关用户的信息资料,制订出5年计划和第二年度的计划。虽然市场竞争相当激烈,但由于李维公司积累了相当丰富的市场调查经验,所制订的生产和销售计划同市场实际销售量只差1%~30%,基本做到了产销统一。李维公司的销售网遍及世界70多个国家,他们对所属的生产和销售部门实行统一领导。他们认为产销是一个共同体,两者必须由一个上级来决定,工厂和市场之间要建立经常性的情报联系,使工厂的生产和市场的需求保持统一。为此,公司设立了进行市场调查的专门机构,在国内、外进行市场调查,为公司的决策提供依据。

正确的市场决策,带来了李维公司的大发展。公司在20世纪40年代末销售额只有800万美元,1979年增加到20亿美元,30年增加了200多倍。近20年来,李维公司已发展成为活跃于世界舞台的跨国企业,公司按地区分为欧洲分部、拉美分部、加拿大分部和亚太分部。各分部分管生产、销售、市场预测等项事宜。李维公司拥有120家大型工厂,设存货中心和办事处以及3个分公司(美国李维牛仔裤公司、李维国际公司和BSE公司)。分公司有规模庞大、设备先进的生产厂42家,最大的一家年生产能力达到1 600万条。1979年,李维公司在美国国内总销售额达13.39亿美元,国外销售赢利超过20亿美元,雄踞世界10大企业之列。

为有效地履行营销职责,成功地开展营销活动,企业需要大量信息用于营销决策。然而,企业却常常得到大量无效的、过时的、不可信的、零乱无序的信息。越来越多的企业意识到了这方面的问题,并采取实际措施建立、改进、加强它们的营销信息系统,并进一步将其提升为营销决策支持系统,建立起营销数据库。

市场营销调研是企业获取有用信息的重要途径之一。实际上,在企业市场营销决策过程中,每一步都离不开营销调研,因此,掌握进行营销调研十分必要。

## 学习任务1 了解市场营销信息系统

从市场营销的角度看,企业与市场的联系包含3种流程:①货物或劳务由企业流向买主;②货币由买主流向企业;③企业与市场、环境之间信息沟通。企业开展市场营销活动,不仅需要人、财、物诸多方面的资源要素,而且需要信息。可以认为,信息是营销活动的形成要素之一。

### 4.1.1　市场营销信息的重要性

在现代经济生活中,以下 3 种发展趋势使企业对市场营销信息的需求较以往任何时候都更为强烈:①市场地域的扩大。随着国内各地区之间乃至国际之间经济联系的加强,市场不再局限于本地区,市场营销从地区扩展到全国,甚至跨越了国家之间的界限。营销决策人员在不同地区市场或国际市场中面临着较为生疏的环境,需要收集、加工许多新的信息。②购买者的购买行为复杂化。随着购买者收入水平的明显提高,他们在购买中的挑选性越来越强,这使得购买行为复杂化,由此引起对购买者行为研究的相应细化。③竞争由价格竞争发展至非价格竞争。在较高收入水准的市场中,购买者对产品价格不再像过去那样敏感,价格高低对最终决定是否购买的影响力度大为削弱,由此,品牌、产品差异、广告和销售推广等竞争手段的作用日益凸显出来,但这些非价格手段能否有效运用,前提条件也在于能否获取正确的信息。

现代信息技术突飞猛进的发展为企业大规模收集、处理信息提供了手段。在过去 30 年中,计算机、复印机、扫描仪、传真机、摄像机、互联网、缩微摄影、闭路电视、移动通信系统和其他设施投入应用,使信息的收集和处理产生了重大的革命,但这并不等于企业就能有效地利用它们,及时获得企业所需的信息。相比之下,企业缺少的往往是与现代信息技术相配套的管理信息系统;或根本没有营销调研部门,即便有,其功能也仅局限于日常信息收集、销售分析和简单的需求预测。

上述情况表明,为了及时、有效地寻求和发现市场机会,为了对营销过程中可能出现的变化与问题有所预料,为了在日趋激烈的市场竞争中取胜,企业需要建立一个有效的营销信息系统,以便及时系统地收集、加工与运用各种有关的信息。

### 4.1.2　市场营销信息的特征

市场营销信息作为广义信息的组成部分,除具有一般信息所具有的属性外,还具有自己的特征,主要是:

(1)时效性强。市场营销活动与市场紧密联系在一起,信息的有效性具有极强的时间要求。这是由于作为国民经济大系统的中心位置的市场,受到错综复杂的要素的影响和制约,处于高频率的不断变化中,信息一旦传递加工不及时,就很难有效地利用。对此,日本的商业情报专家认为:一个准确程度达到百分之百的情报,其价值还不如一个准确程度只有 50% ,但赢得了时间的情报。特别是在竞争激烈之际,企业采取对策如果慢了一步,就会遭到覆灭的命运。可见,加强信息的收集能力,提高信息的加工效率,尽可能缩短从收集到投入使用的时间,对于最大限度地发挥营销信息的时效性是十分重要的。

(2)更新性强。市场营销信息随市场的变化与发展处于不断的运动中,这一运动客观上存在着新陈代谢。因此,市场活动的周期性并不意味着简单的重复,而必定是在新环境下的新过程。虽然新过程与原有的过程有着时间上的延续性,但绝不表明可以全部沿用原有的信息,企业营销者必须不断地、及时地收集、分析各种新信息,以不断掌握新情况,研究问题,取得营销主动权。

(3)双向性。在商品流通中,商品的实体运动表现为从生产者向消费者的单向流动,而市场营销信息的流动则不然,它带有双向性:一方面是信息的传递;另一方面是信息的反馈,因此,收集市场信息就显得格外重要。

### 4.1.3　企业对营销信息的要求

企业收集信息是为支持营销决策服务的。营销决策对所收集的营销信息有以下要求:①准确性。来源是否可靠?收集、处理的方法有无偏颇?信度如何?②及时。营销信息的时效性极强,因此对获得信息、传递信息和处理信息的速度有严格要求。③恰当。即信息恰为决策所需的信息量和传送频度。信息量太少,传递间隔过长固然不好;然而量太大造成无用信息过多,或庞杂而理不出头绪,报告过频而使管理者疲于应付也不行。④系统性。企业在营销活动中受到众多因素的影响和制约,如果仅仅得到一堆杂乱无章的信息是无济于事的。为此,企业必须对有关信息进行分析,分析它们之间的内在联系,提高它们的有序化程度。只有这样,才能得到有效的信息。⑤费用代价要合理。收集、处理信息必然涉及费用支出,一方面,支出水平受企业预算制约;另一方面,支出水平不应超出所获信息可能给企业带来的收益,否则,这一信息收集、处理过程就失去了其存在的价值。

### 4.1.4　营销信息系统的概念及构成

营销信息系统是由人员、设备和程序所构成的一个相互作用的连续复合体。其基本任务是及时、准确地收集、分类、分析、评价和提供有用的信息,供市场营销决策者用于制订或修改市场营销计划,执行和控制市场营销活动(图4-1)。

不同企业,其信息系统的具体构成会有所不同。但基本框架大体相同,一般由内部报告系统、营销情报系统、营销调研系统、营销决策支持系统这样4个子系统

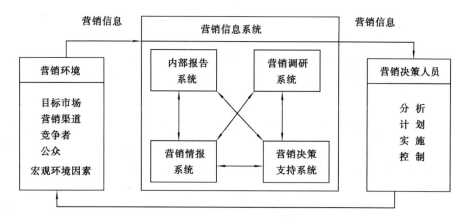

**图 4-1　营销信息系统的构成**

构成。

首先,由营销主管或决策者确定所需信息的范围;其次,根据需要建立企业营销信息系统内的各子系统,由有关系统去收集环境提供的信息,再对所得信息进行处理;然后,由营销信息系统在适当时间,按所需形式,将整理好的信息送至有关决策者;最后,营销经理作出的决策再流回市场,作用于环境。

下面分别阐述市场营销信息系统的 4 个子系统:

### 1)内部报告系统

内部报告系统是决策者们利用的最基本的系统。它的最大特点是:

①信息来自企业内部的财务会计、生产、销售等部门;②通常是定期提供信息,用于日常营销活动的计划、管理和控制。内部报告系统提供的数据包括订单、销量、存货水平、费用、应收应付款、生产进度、现金流量等。其中的核心是“订单—发货—账单”的循环,即销售人员将顾客的订单送至企业;负责管理订单的机构将有关订单的信息送至企业内的有关部门;有存货的立即备货,无存货的则要立即组织生产;最后,企业将货物及账单送至顾客手中。

企业应设计一个面向用户的内部报告系统、它提供给营销人员的应是他们想要的、实际需要的和可以经济地获得的信息三者的统一。在设计内部报告系统时,企业还应避免发生下述错误:一是每日发送的信息太多,以致决策者疲于应付;二是过于着重眼前,使决策者对每一微小的变动都急于作出反应。

### 2)营销情报系统

营销情报系统的主要功能是向营销部门及时提供有关外部环境发展变化的情

报。有的著作认为营销情报系统乃是营销人员日常搜集有关企业外部的市场营销资料的一些来源或程序。

营销情报人员通常用以下四种方式对环境进行观察：①无目的的观察，观察者心中无特定的目的，但希望通过广泛的观察来搜集自己感兴趣的信息；②条件性观察，观察者心中有特定的目的，但只在一些基本上已认定的范围内非主动地搜集信息；③非正式搜寻，营销情报人员为某个特定目的，在某一指定的范围内，作有限度而非系统性的信息搜集；④正式搜寻，营销人员依据事前拟定好的计划、程序和方法，以确保获取特定的信息，或与解决某一特定问题有关的信息。

营销决策者可能从各种途径获得情报，如阅读书籍、报刊，上网查询，与顾客、供应商、经销商等交谈，但这些做法往往不太正规并带有偶然性。管理有方的企业则采取更正规的步骤来提高所收集情报的质量和数量：①训练和鼓励销售人员收集情报；②鼓励中间商及其他合作者向自己通报重要信息；③聘请专家收集营销情报，或向专业调查公司购买有关竞争对手、市场动向的情报；④参加各种贸易展览会；⑤内部建立信息中心，安排专人查阅主要的出版物、网站，编写简报等。

### 3) 营销调研系统

营销调研系统的任务是：针对企业面临的明确具体的问题，对有关信息进行系统的收集、分析和评价，并对研究结果提出正式报告，供决策部门用于解决这一特定问题。

营销调研系统与内部报告系统和营销情报系统最本质的区别在于：它的针对性很强，是为解决特定的具体问题而从事信息的收集、整理、分析。企业在营销决策过程中，经常需要对某个特定问题或机会进行重点研究。如开发某种新产品之前，或遇到了强有力的竞争对手，或要对广告效果进行研究等。显然，对这些市场问题的研究，无论是内部报告系统还是情报系统都难以胜任，而需要专门的组织来承担。有时甚至企业自身也缺乏获取信息以及进行这类研究的人力、技巧和时间，不得不委托专业调研公司来完成。

例如，企业打算对产品大幅度降价，往往会责成一个精干的调研小组，对降价的可行性、利和弊、风险性以及预防性措施进行专题研究，并把调研结果呈决策人参考。

再如，某企业打算与外商合资，往往会责成一个调研小组对外商的真实背景、合资的可行性、利弊分析等进行专题调研，写成报告供决策人参考。

企业可以临时组成一个精干的调研小组来完成这种调研任务，也可以委托外部的专业调研公司来完成这种任务，大公司一般会设立专门的营销调研部门。

### 4)营销决策支持系统

营销决策支持系统(DSS)是由软件和硬件组成的对数据进行处理的系统。这一系统又被称作专家系统,它使营销管理者足不出户即可获得所需的信息。

营销决策支持系统包含各种统计软件,可帮助分析者深入了解数据之间的关系及其统计上的可靠性,如与销售额变化相关的因素有哪些?各自对销售额变动的影响有多大?如果将产品售价提高10%,同时增加20%的广告费,将会给销售额和利润带来什么影响等。每种统计方法的原理、适用范围和算法请参考有关专业教材,此处不再赘言。

该系统还包括除统计方法以外各种可帮助科学决策的数学模型。自20世纪60年代以来,管理学领域大量引进数学模型作为决策依据的做法也为市场营销学专家们所效仿。一些营销专家借助现代数学工具建立了大量的数学模型,用于营销决策,如确定最佳销售区域、零售网点配置、广告预算分配,是否开发新型号产品等。

在现代管理中,上述统计方法和决策模型都被编成程序,配置在计算机上,这大大提高了营销管理者做出更佳决策的能力。在我国,这方面的工作也已开始。未来将需要更多的管理科学家进入企业,与营销人员加强相互了解和配合,以提高企业科学决策的能力。

信息经分析处理后,在初次使用后便进入存储状态。还有一部分信息暂不直接使用而直接进入存储。这就提出了营销信息的存储问题,即将信息进行编码或做成数据库便成了主要的信息存储方式。近年来,营销决策支持系统中发展最快的就是数据库营销,即建立有关现有与潜在顾客个人信息及购买模式的大型计算机文件。通过数据库营销,我们可以准确地辨别出谁是最大量的购买者?哪个细分市场是最有利可图的?哪些产品或服务为公司带来了最大的利润等等,进而使公司能够将营销努力与最需要支持的产品、服务与细分市场对应起来,以获得最大的营销收益。

电子计算机作为一种有效的工具在企业营销管理中已得到了广泛的应用。我们甚至可以说,直至有了计算机,才有了现代的企业营销信息系统。

从发展过程看,计算机用于信息处理,大体上经历了3个发展阶段:①单项数据处理阶段。属于计算机用于信息处理的初级阶段。其特点是让计算机模仿手工处理程序,局部地代替营销人员手工处理信息,以在一定程度上提高处理效率。②综合处理阶段。企业人员开始将计算机用于子系统的信息处理中。这个阶段的特点是:在处理系统功能设计上,运用了信息反馈及控制理论;在计算机系统的资源的利用上,采用了面向终端的计算机网络和实时系统;在数据范围上,则扩展到与该子系统业务有关的各个方面。③系统处理阶段。这一阶段的特点是:企业依据决策对信息的需求,运用系统分析的方法,将企业各主要业务所涉及的数据处理工作全面纳入计算机系统,建立先进的企业信息系统。

我国大多数企业现已配备了计算机,但离有效地将计算机用于营销信息的系统处理还有相当距离。因此,重视并掌握将计算机用于营销信息处理的技术,仍是我国企业营销人员面临的重要课题。

 案例

## 武汉中商集团的市场营销信息系统

武汉中商集团股份有限公司是一家大型商业上市公司,连续 7 年效益居全国同行业前 10 名。中商集团能取得如此业绩,是与其现代化的市场营销信息系统密切相关的。

这个系统共分为以下 4 个子系统,对营销管理进行了有力的支持。

1. POS 系统

POS 系统的构成要件是商品条形码、电子收银机、扫描器、后台电脑和总部信息中心。POS 系统对每种商品的购、销、存状态进行记录,使得总部和门店管理者,可以随时掌握销售走势、要货补货数量、库存结构等。

具体地说,就是通过分布在各个卖场的 POS 前台收银机,收集即时的销售数据,汇总销售金额;然后通过后台的数据处理系统,分析上述销售数据,使得营销管理者可以随时掌握各种商品的销售走势和要货、补货数量,以调整商品的库存结构,减少不必要的费用支出,提高利润率和市场竞争力。

例如,各卖场对某类商品的各种单品的销售数据进行分析,以得出卖得好或不好的原因,归纳出畅销品和滞销品,将不同单品的数据汇总,即可得出该类商品的需求状况,以后进货就可以有的放矢了。

比如猪脊肉,可细分为肉丝、肉块、肉馅、肉丁等。肉块又可分为 500 克包装,300 克包装,200 克包装不等。如果 300 克肉馅卖得火,就多加工一些。经过一段时间的摸索,对于在不同时间、不同天气、不同摆放位置、不同包装的销售状况就可以用相应的数据做出描述。通过对各个单品的销售进行系统统计,既可以预测未来销售,又可以预测销售的高峰和低谷。有了相关的统计数据和相应参数作基础,可以真正掌握市场的需求,在此基础上重新安排店铺和商品,及时组织畅销货源,最大限度地避免商品滞销和脱销。

2. EDI 数据交换系统

EDI(Electronic data interchange),即"电子数据交换"。

EDI 系统在中商集团的应用主要是将中商的 ERP 系统和供应商的电脑系统进行链接(如,同海尔集团链接),通过电脑网络进行信息沟通,即时将中商集团商品的销售、库存等信息,直接反映给供应商,当库存不足时自动向供应商下订单。

供应商通过 EDI 系统能及时掌握其商品在中商集团的销售情况,及时调整自身的营销策略,根据中商集团的订单合理配送,使销售市场在保持货源充足的同时,最大限度地保持合理的库存量,使双方都能节约经营成本。

EDI 系统还能进行电子结算,自动支付货款,大大方便了供应商。

总而言之,EDI 系统是通过计算机网络传递商务信息,其优点在于加快信息传递,减少交易成本,避免有纸作业中的差错。系统主要是用来连接商业企业和供应商,从而快速及时地进行采购业务。

3. 企业内部网系统

企业网实际上是内部因特网,中商集团在湖北省许多城市都有连锁商场,这些商场与总部之间或用专线连接,或用微波通讯,实现资源共享。

通过这个庞大的电脑网络,中商集团建立了一个内部电子邮件系统。总部与门店之间,部门与部门之间,上级与下级之间,都可通过电子邮件通报情况、申请批准、传递审批指令和文件、报告工作情况等,甚至直接向总经理投诉,实行的是一种无纸化的办公沟通。

例如,门店在建议采购时,过去是采用传真方式将有关资料传到总部签字办手续,有时 1 份采购建议要用 2 米长的传真纸,既浪费了电话费用,也容易造成信息丢失或泄密。使用内部网后,不但提高了信息流通的速度和效率,而且大大节约了电话和传真费用。据统计,电子邮件实行的第一个月,就节省电话和传真费用 500 多元。

另外,在中商集团,每一位管理人员都可以利用不同权限的密码登录内部网,依据权限查看相关信息,极大地方便了管理。

4. "中国易商网"系统

中商集团还在因特网上建立了"中国易商网"系统(网址:www. Eshangchina. com)。

供应商通过中商集团给定的编码和密码可登录"中国易商网"网站。中国易商网为供应商提供了多种查询方式,使供应商在网上可直接查看其商品在中商集团系统内的销售情况、库存情况,及时修改自己的经营策略,根据库存情况合理配送商品。

中国易商网能提供多种查询,例如:

①单品日销明细。

②单品库存明细。

③供应商进货报表,等等。

中国易商网能实现供应商与零售商之间的远程零距离沟通,方便了供应商,双方在经营管理中都能节省费用,产生出更大的效益。

上述4个信息子系统相互补充,相互配合,相互依存,构成了一个比较完整的市场营销信息系统。它犹如中商集团的神经中枢,在营销管理中起着至关重要的作用。

总而言之,中商集团的市场营销信息系统具有以下特点:

1. 提供信息准确、及时,使企业的管理者来得及采取行动。

2. 能提供营销管理人员所必需的有关信息。

3. 能对信息数据进行科学的分析和处理,从而使管理者推导出有利于营销决策的准确结论。

4. 提供的数据简明、清晰、扼要,营销管理人员容易理解、消化、吸收。

5. 能对信息进行甄别和选择,剔除一些没有价值的信息,使管理人员从一大堆数据资料中钻出来,抓住最重要的东西。

6. 费用较省,以较少的费用最大限度地支持了企业的营销决策和营销管理。

7. 操作使用上比较方便。

8. 发生故障的频率很低;即使发生故障,也能迅速排除。

9. 保密安全性能良好。

分析讨论:市场营销信息系统涉及计算机技术和数学统计方法,是本章理论中的一个难点和重点。这一实例通过具体生动的事实,把市场营销信息系统的结构、原理、功能、操作方法一一剖析在我们面前,使我们对这一难点问题有一个比较直观地了解。

## 学习任务2 市场营销调研过程

每个企业或多或少地都需要进行市场调研。现在,甚至许多非营利组织也开始运用市场调研的原理和方法为自己服务。

从最一般的意义上讲,市场营销调研是以营销管理和决策为目的,运用科学方法,对有关信息进行有计划、有步骤、系统地收集、整理、分析和报告的过程。

市场营销调研应用的范围很广,企业中常见的一些调研项目有:宏观环境调研、市场需求分析、销售分析、市场占有率分析、竞争产品研究。价格研究、广告研究、分销渠道研究、消费者购买行为分析等。过去,中国的企业不重视市场调研,企业家们更相信自己的经验和直觉,而不愿为收集信息支付高额费用和付出等候时间。现在,已有越来越多的企业主管们意识到了市场调研的重要性。

## 4.2.1　营销调研的类型

根据调研目的的不同,营销调研的类型有所不同。

### 1) 探测性调查

当企业对所需研究的问题不甚清楚时,可通过探测性调查帮助确定问题的关键或产生的原因,为进一步的调查做准备。例如,管理部门发现某产品销量一直在稳步上升,但市场占有率却似乎在下降。通过探测性调查,营销人员确定了该产品市场占有率确实在下降,原因可能有以下几种:①产品质量下降,②竞争对手推出了具有明显优势的新产品,③消费者的兴趣发生转移,④原有的经销商推销不力。

探测性调查通常是一种非正式的、在利用二手资料基础上的小范围的调查,往往为正式调查中初步调查或明确问题阶段所采用。

### 2) 描述性调查

这是一种对客观情况进行如实描述的调查。回答诸如消费者要买什么、什么时间买、在哪儿买、怎样买之类的问题。描述性调查注重对实际资料的记录,因此多采用询问法和观察法。

### 3) 因果调查

因果调查主要回答为什么,通常是在收集、整理资料的基础上,通过逻辑推理和统计分析方法,找出不同事实之间的因果关系或函数关系。因此,因果调查最理想的方法是采用实验法收集数据,再运用统计方法或其他数学模型进行分析,这样得出的结果最为可靠。当然,在调研实践中,难度也较大。

### 4) 预测性调查

在收集了历史和现在数据的基础上,对事物未来发展的趋势作出预测。人们有时把这类调研归入预测范围,正如预测方法中有"市场调查法"一样。

在正式调查过程中,为保证调查结果的准确、可靠及不至花费过高,遵循科学的调查程序和掌握必要的调研技术实属必要。下面先就调研程序作简单介绍。

**思考**

下列这些市场营销调研行为各属于哪种调研类型?

(1)请若干专家来讨论电子商务未来的发展趋势。

(2)请市场营销专家对公司近年的广告效果作一分析和评价。

(3)向公司销售人员了解本公司价格水平是否比竞争对手高。

(4)请小朋友回忆本公司的广告用语。

【答案】(1)属于预测型调研;(2)属于因果关系调研;(3)属于探测型调研;(4)属于描述性调研。

## 4.2.2 营销调研程序

典型的市场营销调研大都可分为3个阶段:调查准备阶段、正式调查和结果处理阶段。这3个阶段又可进一步分为5步(图4-2):①明确问题,②制订调研计划,③组织实施计划,④分析调查资料,⑤提出研究报告。

**图4-2 营销调研的程序**

### 1)明确问题

企业总会面临这样或那样的问题,但一项调研的目标不能漫无边际;相反,只有将每次调研所要解决的问题范围限定在一个确切的限度内,才便于有效地制订计划和实施调研。而且,问题提得越明确,越能防止调研过程中不必要的浪费,将信息采集量和处理量减至最低。如前述探测性调查的例子,列出了产品市场份额下降原因的4种假设,如果能通过初步调查将这4种假设进一步减少到两个,调研工作量自然会进一步大大减少。

在明确调研问题时,要避免调研的问题过于宽泛。例如,"怎样才能全面提高企业的竞争力",这个问题范围大大,影响企业竞争力的因素太多,不是一次调研能解决问题的。也要避免调研的问题过于狭窄。可口可乐公司仅仅经过对消费者口味品尝的调查,就在1985年3月宣布改变已有1999年历史的配方,把新口味的可口可乐推上市场。初上市时人们尚觉新鲜,但很快销量骤减,人们纷纷写信、打电话给可口可乐公司总部,抗议再也喝不到正宗的可口可乐,最后不得不恢复旧配方可口可乐的生产。这一失误使公司损失了几亿美元,原因就在于调研范围定得太狭窄,没有考虑到传统可口可乐已经成为美国文化的一部分,在消费者中有很深的心理需求,因此造成了灾难性的后果。

美国通用汽车公司在一次调研活动中较好地解决了这一问题,他们将调研问题定义为:"在汽车中安装全球卫星定位系统(GPS)是否能为公司带来更多的利益?"

为了回答这个问题,这次调研活动拟定了以下具体的调查内容:

①公司各个目标顾客群体对GPS的了解程度;

②GPS对不同的目标顾客群体的作用;

③不同的顾客群体对GPS系统可以接受的价格水平;

④哪些类型的顾客最有可能购买安装有GPS系统的汽车;

⑤向顾客提供——系统对公司在各个目标市场中的市场份额有何影响,如在面包车中以2 000美元的价格安装GPS系统可以使公司的市场份额提高4%左右,等等。

一般而言,企业的营销管理人员最了解有哪些问题需要调研,市场调研人员则知道具体调研的方法,两者结合,才能对所要调研的问题范围做出准确的界定。

所谓初步调查,主要是利用二手资料或通过与企业内有关人员进行讨论获得信息。目的有两个:①已经提出的调研目标可能还嫌分散,可通过初步调查进一步集中和明确;②有些问题通过初步调查就能作出回答了,从而可免去进行正式调查的复杂过程。

明确问题阶段提出的假设或目标,即是正式调查阶段所要验证或解决的。

**思考**

一个休闲服装企业要了解目前在市场上最为流行的休闲服装样式,应收集和分析哪些信息?

(1)市场上销售的各种休闲服装样式。

(2)各种休闲服装样式的销售量资料。

(3)消费者对各种休闲服装样式的看法。

(4)各种样式休闲服装的销售增长率。

【答案】(2)(3)(4)

### 2)制订调研计划

调研方案须包含以下内容：

(1)确定所需要的信息。这是整个计划的基础。如某公司打算向市场推出家用电脑,在研究这种产品是否能很快达到一定的销售规模时,可能需要收集以下信息:有多少家庭的收入和储蓄水平已足以支付购买家用电脑的费用? 人们购买家用电脑的主要目的是什么? 哪部分人群对购买家用电脑更可能感兴趣? 有多少人近期有购买家用电脑的打算? 有哪些因素可能阻止人们的购买决心?

(2)信息来源。信息可分为一手资料和二手资料。一手资料又称原始资料,是为当前某种特定目的直接从调查对象那里获取的信息;二手资料则是已由别人收集、整理、且通常是已经发表过的信息,如各种公开出版物,各类咨询单位、信息公司和网上数据库服务商提供的信息,企业营销信息系统内储存的各种数据。一般来说,专业调查人员应掌握主要二手资料的提供源,以尽可能利用二手资料(也称案头调查),因获得二手资料相对来说较容易且快捷。特别是互联网的发展为企业收集二手资料提供了极大的方便。不过,在正式的营销调研中,收集一手资料(也称实地调查)往往必不可少,一是一手资料对解决特定的问题针对性更强;二是二手资料可能存在可获得性、时效性和准确性不强等方面的问题。实际上,营销调研的核心之一就是如何有效地收集到必要、充分且可靠的一手资料。

(3)调查方法。要有效地组织市场调查,必须按照市场调查目的、对象和项目内容的不同特点,选择合适的调查方法。市场调查的方法主要有两类,一类是间接资料调查法,一类是直接资料调查法。间接资料调查法是指从各种文献档案中收集信息资料的方法,又称资料调查法。直接资料调查法是指通过实地调查收集市场第一手资料的方法,又称实地调查法。调查方法选择正确与否,直接关系到调查活动的成败。

①资料调查法。利用公开资料进行市场调查的方法,称为资料调查法,也叫二手资料调查法。资料调查法是一种常用的调查方式方法,具有省时、省人工、省费用的特点。资料调查法应围绕调查目的,收集一切可以利用的现有市场信息资料。信息资料的来源非常广泛,存在于各种相关的资料源里。从企业经营的角度来讲,资料调查法的市场信息资料包括企业内部资料和企业外部资料。

A. 企业内部资料。企业内部资料是与企业生产经营活动有关的各种资料,包括订货单、进货单、发货单、合同文本、发票、销售记录、业务员访问报告等。通过对这些资料信息的收集和分析,可以掌握本企业生产和经营商品的供应情况,各地区、各用户的需求变化情况等。企业内部资料可以分成以下 3 类:

a. 企业内部统计资料。主要包括企业内部的各类统计报表,企业生产、销售、库存等各种数据资料,各类统计分析资料等。企业统计资料是研究企业经营活动数量特征及规律的重要定量依据,也是企业进行预测和决策的基础。

b. 企业财务资料。是企业财务部门提供的各种财务、会计核算和分析资料,包括生产成本、销售成本、各种商品价格及经营利润等。通过对这些资料的研究,可以考核企业的经济效益,确定企业的发展前景。

c. 企业的其他内部资料。主要有日常简报、经验总结、各种调查报告、顾客意见建议、同业卷宗及有关照片和录像等。这些资料都对市场研究有一定的参考价值。

B. 企业外部资料。企业外部资料是存在于企业外部的资料,既包括外部机构,也包括各种书籍、杂志等出版物方面的资料。企业外部资料主要有以下 3 类:

a. 国际组织与政府机构资料。国际组织资料是指国际组织的统计调查报告等资料。例如,国际贸易中心的《产品及国家的市场调查分析性目录》,联合国一年一本的《统计年鉴》,经济合作与发展组织、世界银行的年度和季度报告等。政府机构资料是指国家政府机构所发布的有关资料。例如,政府普查机构定期调查获得并发布的普查材料,政府颁布的方针、政策、法律、法令和发表的声明,党和国家领导人的指示、讲话,党和国家重要的决议、党报党刊的重要社论以及其他有关国家政治、外交、财经、工农业生产、交通运输、文教卫生、体育运动等方面的重大事件和重要文件资料等。

b. 行业协会资料。行业协会资料主要是指大量为本行业或协会内部服务的信息资料。例如,一般的行业文献以及各企业的年度报告,各种专业及贸易协会的内部或公开出版资料,还有个别企业(特别是上市公司)的财务报告等。

c. 书籍、杂志等资料。图书馆的部分专业书籍、杂志能提供大量的有关本国和外国的市场背景资料,提供贸易统计数字资料等;工商业名录能提供地区所有工商企业的名录和某个特定专业的名录,如《世界工商行业名录》《国际银行名录书目》《中国企业登记年鉴》等。

此外,研究机构、高等学校的各类专业研究报告和专著、论文,国内外博览会、交易会,各地电台、电视台、互联网等,可以提供有关调查课题的大量资料,对企业市场调查也有重要参考价值。

利用第二手资料,可以进行市场供求趋势的分析,市场相关因素分析,市场占有率的分析等。比如,我们可以根据某一县城的人口数量、人口结构、性别结构、收入水平等资料进行卷烟消费需求量的调查分析。

在一手资料和二手资料之间,如果时间和财力条件许可,当然应以一手资料为主。但是,二手资料因其经济、快捷也是企业市场调查的一个重要组成部分。科学合理地利用二手资料,可以帮助企业提高市场调查的效率。但是,由于资料调查法存在时效性差的缺点,所以资料调查法一般要和其他调查方法结合使用。

②实地调查法。实地调查法是根据市场调查的目的、要求和调查对象的特点,采用直接接触调查对象取得第一手材料的方法,它具有针对性强、适用面广、材料真实的特点。实地调查的主要方法有询问法、观察法、实验法。

A. 询问法。询问法是指调查人员通过各种方式向被调查者发问或征求意见来收集所需市场信息资料的一种调查方法。这种方法一般要对所要了解的问题列出调查表或问卷。采用此法时,调查人员应注意:所提问题确属必要,被询问者有能力回答,询问时间不宜太长,并注意询问时的语气、措辞、态度、气氛等方面的问题。这种方法的优点是调查人员与被调查者之间可以直接进行沟通,信息直接来自于被调查者,消除了调查人员主观因素的影响。缺点是当被调查者不愿配合调查时,调查效果较差。

询问法根据调查人员和被调查者之间的接触方式又可具体分为访问调查、电话调查、邮寄调查、留置调查和互联网调查等。

a. 访问调查。访问调查,又称派员调查或面谈调查,它是通过调查人员与被调查者之间面对面的交谈来取得所需资料的调查方法。这是市场调查中最通用和最灵活的一种调查方法。访问调查按被调查者人数不同可划分个人面谈和小组座谈两种。个人面谈即通过调查人员和被调查者个人交流获得信息,如入户访谈、街头拦截访谈、经理访谈等。小组座谈通常是一个小组的被调查者共同出席座谈会,在座谈过程中集思广益,调查人员从中获得信息。

访问调查的优点是:可以马上得到调查结果;可以随时解释或纠正偏差,避免答非所问;可以同时收集调查问题以外的重要资料;具有弹性;具有激励效果。这种方法的主要缺点是:成本高;调查效果与调查人员的素质关系密切;调查对象有时缺乏代表性;调查人员独立工作,难以控制。

 案例

## 面谈法的使用

某小区内一家卷烟零售店老板想了解一下到他店里购买东西的顾客对他的店

印象如何。同时他还想了解,顾客对他的竞争对手(小区内另外3家卷烟零售店)印象如何?他拨少量经费,要求在3周内得到结果。你将推荐哪一种调查方法?为什么?

分析提示:推荐拦截访谈法(对小区内光顾过他商店的顾客进行拦截询问),理由:针对性强、灵活、时效性好、费用不高。

b. 电话调查。电话调查,是由调查人员根据事先确定的抽样原则抽取样本,用电话向被调查者提出问题,以收取信息资料的一种方法。这种方法速度快,省时间,费用低,但由于通话时间不宜过长,因而不易收集到深层次的信息。

通过电话询问时,因时间不宜过长,故应多采用两项选择法,即需求被调查者从两项选择中选择其一,回答是或否,如通过电话向被调查者提问:"春节期间你是否准备购买香烟?""您是否喜欢×××香烟的口味?"等问题。

 案例

## 电话调查

某厂家生产一种低价卷烟,主要面向月收入不满600元的消费者,为了解这些消费者对这种烟的看法,厂家决定采用电话调查法,你认为是否妥当?

分析提示:不妥当,因为这类消费者电话使用量相对较小。

c. 邮寄调查。邮寄调查,是将设计好的询问表、信函、征订单、订货单等通过邮局寄给被调查者,请其填好后寄回的一种方法。这种方法的优点是:调查的区域广泛,凡邮政所能达到的地区皆可列入调查的范围;被调查者可以有充分的时间来回答询问;调查的成本比较低;因为调查样本确定,适宜采用随机抽样的方法,故抽样误差较其他方法要低;能避免个人访问中可能产生的调查人员偏见的影响。缺点是:询问表、征订单的回收率较低,回收的时间也较长,被调查者有时还会误解问卷的意义。

d. 留置调查。留置调查,是指将设计好的问卷由调查人员当面交给被调查者,并说明填写的方法和要求,由其自行填写,再由调查人员定期收回,借以收集所需资料的一种方法。它实际是访问调查法与邮寄调查法的结合。

e. 互联网调查。互联网的迅速发展正在改变人们的生活方式和工作方式,给很多行业带来了深远的影响,也带来了新的发展机遇。同样作为一个交互性很高的工具,互联网为市场调查方法带来了重大变革。随着烟草行业计算机的普及和人员素质的提高,发展应用互联网调查将成为行业未来的发展方向。

互联网调查法的概念及作用:互联网调查法是利用互联网将问卷在网上发布,征询网络访问者,并将各种反馈资料运用预先设定的程序进行数据处理的一种调查方法。这种方法的整个调查过程都通过电脑来完成。互联网调查法作为一种较新的方法,是由电脑辅助调查演变和升级而来的。这种方法因其特有的优点,深受调查者欢迎。

互联网调查的优点包括:互联网调查大大缩短了调查时间,提高了调查的效率;可避免某些人为因素造成的误差;调查成本低;易于收集数据;问卷的资料较全面。互联网调查的缺点主要有:调查范围受到限制;调查也可能突然中断,造成资料的不完整。在调查时有可能遭到电脑病毒的干扰和破坏,或者网络访问者在回答过程中自动放弃,都会产生这样的结果;调查结果的准确性难以验证,结果的准确性,一方面受调查者对互联网技术和操作方法的熟练程度影响,另一方面也受调查者的态度影响。

B. 观察法。观察法是指调查人员到调查现场,直接或借助观察仪器观察、记录被调查者的行为和表情,从而获得有关市场信息的一种调查方法。这种方法的特点是不直接向被调查者发问,在其没有察觉的情况下,从旁观察。其优点是被调查者的意见不受外在因素的影响,收集的信息来自客观实际,准确性较高,成本低,用途较广,技术要求不高。缺点是观察到的只是一些现象,了解不到被调查者内在因素的变化。调查人员根据观察到的现象作出的判断,往往又受调查人员主观因素影响。

观察法可用于有特定目的的调查,也可作为询问调查法的一种补充。其应用主要有以下几方面:

a. 产品设计观察。有的产品设计可根据观察的资料来完成。例如,对卷烟产品包装的设计或对已投放市场的产品包装进行设计改进等,可由调查人员观察专卖店或零售店中消费者在挑选产品时的倾向反应等情况,然后进行综合分析,对产品进行设计或改进,从而满足消费者需求。

b. 新产品试销观察。新产品试销时可观察顾客的喜爱程度或顾客作何评价。如对新推出的卷烟品牌的消费情况进行调查,可用观察法。在观察时,要把几方面的情况通过不同观察手段详细地加以记录。经过研究分析,可对新产品的定位、存在什么缺点和采用何种促销方式作出判断。

c. 顾客行为观察。当设计新的营业场所时应研究采用何种吸引顾客的方式或环境才是最佳的。可由调查人员观察并记录同业营业场所内的有关情况,或用摄像机录下顾客在店内的活动情况,获得此资料可供设计新的营业场所时参考。

d. 营业员和顾客态度的双重观察。为了调查营业员的服务态度和顾客对该店的惠顾及对某些商品的偏好情况,可由调查人员或用仪器对营业员和顾客的态度进行观察,从而为该店提高服务质量和选择购进某些商品提供依据。

 **案例**

## 双重观察

某卷烟厂有一种新烟的产品质量和价格都非常有竞争力,但上市后销量一直不理想。厂家决定用观察法进行调查寻找原因。

实施方法

使用隐蔽的摄像机在卷烟零售店进行现场观察。

观察结果及分析见下表。

| 观察现象 | 分　析 |
| --- | --- |
| 卷烟购买过程正常在 4 分钟内完成 | 购买决策为快速决策,产品外包装及外观(材质、颜色、亮度等)的新颖性对购买决策起重要作用 |
| 购买者购买前视线在诸产品上停留的时间不超过 1 分钟 | 购买者不会费时精心挑选,诸产品外包装及外观同质化严重的情况下,产品不仅要包装精美,而且要强调在诸产品中的突出感 |
| 72% 的购买者购烟后会马上拿一支抽,对新烟会先闻一闻 | 烟支的外包装和外观很重要,烟支的香气很重要 |
| 84% 的购买者第一次接触新烟时,会问销售者:"这支烟怎么样?" | 销售者的意见很重要 |

解决方案

厂家根据观察现象和分析,改进了产品盒装包装(注重突出感)和烟支外观(注重精致感),调整了外香配方(注重愉快感),并召开新烟上市信息发布会,向零售户介绍新烟特点及销售奖励措施。采取以上措施后,产品销量有明显上升。

C. 实验法。实验法是指通过实际的、小规模的实验性营销活动来获取关于某一产品或某项营销措施执行效果等市场信息的一种调查方法。实验内容包括产品的品质、品种、商标、外观、价格、促销方式和销售渠道等。最常见的实验是新产品试销或展销,借此检验消费者对新产品的欢迎程度。这种方法的优点是方法客观,真实感强,准确性高。缺点是组织费时,费用高,困难大。

实验法被用于市场调查,其原理是把市场当作实验室,研究产品品质、包装、设计、价格、广告、陈列方法等因素的改变对市场销售量及其他因变量的影响。例如,在其他因素不变的情况下,要测定某一商品的价格变化对销售量的影响,可先进行小范围实验,通过价格调整看消费者的反应和销售量的变化,然后根据实验结果判定价格调整的可行性。

实验法的应用范围主要有:

a.市场反应调查。即找两个在人口数量、购买力水平、销售类型等方面近似的细分市场,将改变了产品品质或价格的产品在其中一个市场推出,然后对比观察市场的反应,了解其对市场销售的影响。

b.产品试销实验。即将企业新开发的产品投放到某一市场,对消费者的态度和反应进行测试,了解消费者对产品的接受程度以及意见和要求,以决定是否大批量生产经营,制定企业相关的产品推广计划。

c.市场饱和度调查。即当企业某种产品出现滞销时,企业随即推出一种更多功能的产品投放市场,同时提高市场价格,以测试市场的反映。如果发现改进后的产品吸引了大量消费者购买,说明该产品市场仍有较大的发展潜力。

d.产品展销调查。如对于品牌、规格复杂的卷烟以及新牌号卷烟的需求情况的调查可以通过展销方式,从购买数量来计算各种商品的选中率;也可以在展销过程中设立评选箱,让消费者和参观者投票评选出自己最喜欢的商品;也可以让每个消费者填写调查表来调查统计市场需求情况。

e.市场营销组合实验。即在某一地区市场上改变现有的营销组合策略,包括包装、口味、价格、促销,以测试其对企业销售的影响。当企业现有的营销策略不理想,经过努力后始终达不到预期的目标时,企业就应采取这种方法对市场进行实验,然后根据测试结果,整体改变或调整企业的营销策略。

(4)抽样计划。这一计划要解决下述3个问题:谁是抽样对象? 调查样本有多大? 样本应如何挑选出来? 抽样方法常见的有随机抽样和非随机抽样两大类。在随机抽样中包括单纯随机抽样、分层抽样、分群抽样和地区抽样等几种具体方法;在非随机抽样中包括任意抽样、判断抽样和配额抽样等几种具体方法。这些方法各有利弊,需根据实际情况权衡之后选择使用。

另外,只要在调查中采用的是样本,就会产生两种类型的误差:测量误差和抽样误差。前者发生于被调查者未能根据要求提供事实时;后者则发生于样本不能代表目标顾客群时,包括随机误差和非随机误差(关于样本数量的确定和抽样程序请参考有关专业书籍)。

(5)调研工具。在收集原始数据时,有两类可供选择的调研工具:一是前面已提到的问卷;二是某些机械工具,如录音机、照相机、摄像机。收视测试器、印象测试机、交通流量计数器等。其中,最常用的是问卷。

问卷由一组请被调查者回答的问题组成。如果决定了使用问卷,还有一个问卷的设计问题,而这是一项须认真谨慎、小心对待的工作,并且,经验和技巧也必不可少。例如,怎样将开放式(被调查者可以任意回答)、封闭式(被调查者只能从列出的有限的答案中作出选择)和程度测量式3种基本类型的问题结合使用?怎样排列问题顺序?怎样防止误解和遗漏等。这方面亦请参考专业的教科书。

除以上内容外,调查计划还应包含实施的时间、人力安排和预算。

### 3)组织实施计划

计划报上级主管部门批准后,就要按计划规定的时间、方法、内容着手信息的收集工作了。这一阶段的实际工作量最大,支出费用最大,且最容易出错。包括根据调研任务和规模要求建立调查组织或外请专业调查公司,训练调查人员,准备调查工具,实地展开调查等。

### 4)分析调查资料

收集来的信息必须经过分析和处理才能使用。这一阶段包括:①检查资料是否齐全;②对资料进行编辑加工,去粗取精,找出误差,剔除前后矛盾处;③对资料进行分类、制图、列表,以便于归档、查找、使用;④运用统计模型和其他数学模型对数据进行处理,以充分发掘从现有数据中可推出的结果,在看似无关的信息之间建立起内在联系。

### 5)提出研究报告

调研的目的显然不是让大量的统计数字、表格和数学公式搅乱决策者的头脑,而是要对决策者关心的问题提出结论性的建议。正规的市场调研必须就它所研究问题的结论提出正式的报告。报告应包括这样几项内容:

(1)引言,说明调研的目的、对象、范围、方法、时间、地点等;

(2)摘要,简明概括整个研究的结论和建议,这也许是决策者有时间读的唯一部分;

(3)正文,详细说明调查目标,调查过程,结论和建议;

(4)附件,包括样本分配、数据图表、问卷附件、访问记录、参考资料目录等。

报告交出后,调研人员的工作并未结束,他们还须跟踪了解该报告的建议是否被决策者采纳?如果没有采纳,是因为什么?如果采纳了,采纳后的实际效果如何?是否需要提出进一步的补充和修正意见?

营销调研过程中,有些常见的错误应引起注意:

(1)收集资料过多,或过分强调原始资料,使整个调查耗时长,费用大,花费了很多时间在访问或阅读计算机输出的冗长报告上,却难以从数据中找出有意义的结论。

(2)访问人员缺乏训练。研究人员耗费许多时间设计出了可行的计划和问卷,却由于访问人员对调研目标和问卷的理解不当而误事。此外,调研人员素质的参差不齐,导致某些调研结果不甚理想,也会加深主管人员对调研工作的偏见,以为市场调研不过是设计问卷,选择样本,进行访问,然后报告结果这么一项信息收集工作,不能为决策部门提出有意义的建议。

(3)不注意利用外部力量,过于相信自己。专业调研公司一般比企业附设的调研部门有更充足且训练有素的专业调研人员,能根据客户的要求在较短时间内完成调研课题,更能减少企业内部人员主观因素对调研结果的干扰,但很多企业却不善于利用这一力量。

## 学习任务3 市场营销预测

市场营销预测是在市场营销调研的基础上,运用预测理论和方法,对决策者关心的市场变量、未来发展趋势以及可能水平作出估计和预算,进而为决策者提供决策依据的过程。预测本身并不是目的,而是服从于企业营销活动的需要。

预测和调研都是企业市场信息工作整体中的有机组成部分,两者既有联系也有区别。两者的联系是:调研是预测的基础,预测是调研的延续。市场营销预测的基本原理是事物发展的内在规律性。事物的发展在过去、现在和未来之间必然存在着某种内在联系,未来是过去和现在的延续和发展,即使有突变,也有着一定的缘由和先兆。两者的区别是:出发点不同——调研是了解历史,认识现状;预测是依据现状,预计未来;结果不同——调研是获得各种历史和现状的信息;预测则是获得市场未来的发展趋势信息;运用的方法也不同——调研主要是运用调研设计、资料收集、资料处理等方法以及抽样、态度测量、资料分析等技术方法;而预测主要是运用定性分析法的经验判断、意见集合以及定量分析法的数学模型技术等方法。

### 4.3.1　市场需求概述

市场营销预测,从最终结果来说,就是预测市场需求。

#### 1)市场需求和市场潜量

市场需求不是一个固定的数值,而是一个在一组条件下的函数。因此,它也被称为市场需求函数。如图 4-3 所示。

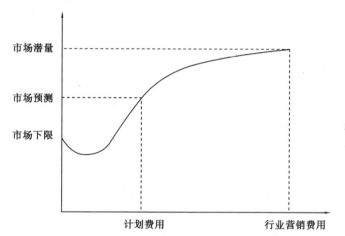

**图 4-3　市场需求预测**

在图 4-3 中,横轴表示在一定时期内市场营销费用,纵轴表示受市场营销费用影响的市场需求的大小。曲线描绘出市场需求的估计水平与企业营销费用变化水平的关系。其市场下限表示没有任何需求刺激,也没有促销费用发生的市场需求,此时的销售额称为基本销售量也叫市场最小量。高水平的营销费用会产生报酬率递减的高水平需求,当营销费用超过一定的水平后,即使营销费用进一步增加,但市场需求却不再随之增长。因此,可对市场需求假设一个上限,并称为市场潜量。

显然,市场营销环境的变化深刻地影响着市场需求的规模、结构以及时间,也深刻地影响着市场潜量。例如,对于某种产品来说,市场潜量在经济繁荣时期就比在萧条时期高。企业一般无法改变市场需求曲线的位置,因为这是市场营销环境决定的,企业只能根据市场营销费用水平,确定市场预测在曲线上的位置。

#### 2)企业需求和企业潜量

企业需求就是企业在市场总需求中所占的需求份额。可以表示为:

$$Q_i = S_i \times Q$$

式中　$Q_i$——企业的需求；

　　　$S_i$——企业的市场占有率；

　　　$Q$——市场总需求。

同市场需求一样，企业需求也是诸多因素的函数，称为企业需求函数或销售反映函数。企业的市场需求份额取决于该企业的产品、服务、价格、沟通等与竞争者的关系。

企业潜量是当企业的市场营销力量相对于竞争者不断增加时，企业需求所能达到的极限。绝大多数情况下，企业潜量低于市场潜量，因为每个企业都有自己的忠实购买者，他们一般不会转而购买其他企业的产品。当企业成为市场独占者时，企业潜量等于市场潜量。企业的营销努力也不可能无限增加，企业在估算出企业需求后，需要选择营销努力的水平。

企业以其选定的营销计划与假定的市场环境为基础所预期的企业销售水平称企业销售预测值。有两个与企业销售预测有关的概念：一是销售定额。它是企业针对某一产品、企业部门或推销人员所确定的销售目标。制订销售定额是企业管理和激励员工的一种手段。二是销售预算。它是对预期销量的一种保守估计，是企业编制生产预算、材料预算、人工预算等业务预算和现金预算等财政预算的基础。它主要为采购、生产和现金流量等业务决策服务。

### 4.3.2　市场预测方法

市场预测方法有粗略的估计法，也有精确的计算法，各有特点，互有长短。运用时把握适用的原则，注意取舍。

#### 1）购买者意向调查法

购买者意向调查法是指通过调查购买者在未来某个时间内购买某种商品意向的基础上，对该商品需求量或销售量作出推断的方法。这种方法可以集中购买者购买商品的决策经验，反映他们未来对商品的需求情况。由于购买者最了解自己所需的商品和数量，只要调查方法恰当，推断合理，预测结果比较正确可靠。一般而言，此法比较适用于产业用品或耐用品，而不大适用于一般消费品，原因在于影响消费者日常购买的随机因素较多。具体方法大多采用抽样调查及典型调查，根据调查资料推断总体。如采用"购买概率"调查表，提出"你打算现在购买……吗？"这种问题，调查购买者的购买意向。如表 4-1 所示。

表 4-1　购买意向概率表

| 0.0 | 0.1 | 0.2 | 0.3 | 0.4 | 0.5 | 0.6 | 0.7 | 0.8 | 0.9 | 1.0 |
| --- | --- | --- | --- | --- | --- | --- | --- | --- | --- | --- |
| 绝对不买 | 不太可能 | 或许会买 | 尚有可能 | 有点可能 | 有些可能 | 可能 | 较大可能 | 颇为可能 | 非常可能 | 一定要买 |

### 2) 销售人员意见综合法

销售人员意见综合法是指由企业销售人员根据预测期的市场形势或参考有关未来经济环境变化的资料,发表今后一定时期内对商品销售情况的看法,并提出一个最佳的预测数字。企业再将全部销售人员的预测进行综合,作为企业的销售预测结果。这种方法简便易行,多在一些资料缺乏或不全面的情况下采用。其优点是由于销售人员对市场情况比较熟悉,是商品的直接销售者,了解所负责销售的产品及其销售地区的情况,所以预测销售额一般比较接近实际。缺点是销售人员的判断总会有某些偏差,受其最近推销绩效的影响,其判断可能会过于乐观或过于悲观,常常走极端。同时由于销售人员所处岗位的局限性等原因,往往对宏观经济的发展趋势以及本企业的全面情况不甚了解,容易带有一定的片面性;再就是在销售人员的个人利益和推销业绩直接挂钩的情况下,销售人员可能为了升迁或奖励的机会,对未来的市场需求会故意压低其预测数字。所以对销售人员做出的预测结果必须进行必要的识别和修正。

### 3) 专家意见法

专家意见法,又称德尔菲法,是指按规定的程序,背靠背地征询有关专家对企业的技术和市场问题的意见,然后进行预测的一种方法。这种方法一般是在缺乏客观数据的情况下,依据专家有根据的主观判断,逐步得出趋向一致的意见,为企业决策提供可靠依据。1946 年兰德公司首次采用德尔菲法预测应用技术,此后被广泛应用于新产品、新技术与新市场开发等方面。德尔菲法具体程序如下:

(1)选定预测课题。企业必须拟定预测提纲,明确预测目标。

(2)选择专家。按课题需要的专业范围,选择有关专家。

(3)设计咨询表。围绕预测课题,以表格形式提出有针对性的问题。

(4)逐轮咨询和信息反馈。这是德尔菲法的主要环节,由工作人员将预测提纲及有关信息资料、征询表格送交专家,专家按照提纲要求作出自己的主观估计,填好征询表格,定期交给工作人员汇总整理。咨询和信息反馈一般进行 3 ~ 4 轮。

(5)采用统计分析法对预测结果进行数据处理、定量评价和表述。

德尔菲法优点是在进行函询调查过程中,各专家彼此互不知晓,不受权威的约束,也不受能言善辩者的左右,可以充分发表各种不同意见;从参加应答的专家反馈的咨询表中,可以得到集体的意见和咨询状况,便于作出新的判断;通过逐轮咨询后专家的意见会相对集中,得到一个相对较好的预测结果。缺点是采用函询调查,因信件往返及整理需要较长时间,因而使预测周期较长。

### 4)销售实验法

销售实验法是指采用试销手段向某一特定区域或对象投放新产品或改进的老产品,在新的分销途径中取得销售资料,用以进行销售预测的方法。当购买者不准备认真地制订他的购买计划,或者购买者实施的购买行为和他以前的购买意向不一致,或者专家们提出的意见也并不十分可靠时,该法比较适用。该法的优点是能够真实的反映市场需求情况,因为市场试销要求顾客直接付款进行购买,预测结果比较准确。

预测模型如下:

$$Y = Q \cdot N \cdot D\%$$

式中　$Y$——下期的预测销售量;

　　　$Q$——每单位用户平均消费量;

　　　$N$——总用户数;

　　　$D\%$——重复购买的比重。

### 单元小结

本单元围绕着市场营销信息的重要性,以及如何获得营销信息而展开。

现代企业必须建立运转良好的营销信息系统,这是参与市场竞争必不可少的基础。营销信息系统一般由内部报告系统、营销情报系统、营销调研系统、营销决策支持系统这4个子系统构成。

一般市场营销调研程序包括5个步骤:明确调研的问题;制订营销调研计划;实施数据收集;分析、整理数据;准备并沟通调研报告。

市场营销预测主要是预测需求。常见的市场需求预测方法:购买者意向调查法、销售人员意见综合法、德尔菲法、销售实验法等。

### 案例分析

## 加拿大 Jell-O 的制胜秘密

Jell-O 这一年正好"60 大寿",也正处于如日中天的时期。第二次世界大战刚过,这个品牌被它的制造厂商——美国通用食品公司,打入加拿大市场。它的广告在媒体上频频露面,向人们不停地重复介绍着樱桃、木莓、橘子、柠檬以及酸橙口味的饼干。通过这种大力宣传,Jell-O 成为北美大陆上一个家喻户晓的品牌。几十年来它为公司赚了大笔的利润。

这个品牌有许多特征是竞争对手比不过的,因而成为其他袋装食品公司嫉妒的目标。它形状多样,色彩清新,吃法也多种多样。它可以成为一道甜点,也可以做沙拉的主料。对男女老少都有一种魅力,即使小孩子也喜欢它。它的含热量低,不会使人发胖,也不含添加剂(或许蔗糖例外)。它的定价也不高,许多人都说它很便宜。

非常讨人喜欢的新口味 Jell-O(葡萄、黑木莓、红樱桃,以及苹果味道的)不断地从美国传入加拿大,加拿大的分公司也不断开发出新口味的产品。新推出的桃子味道、香蕉—橙子味道、草莓味道以及热带植物味道的产品获得了巨大的成功,进一步提高了这个品牌的知名度,也大大刺激了销售。

对这个品牌来说,一切都似乎是称心如意的。这时,该公司决定采取一种新的、双倍量的包装,但实践证明这可不是个好主意。让 3 种销量最好的红颜色品种(草莓、木莓和樱桃型)采用新包装,可销售量只是预期的 85%。为什么会出现这样的结果? 显然产品的质量是不成问题的,肯定是别的什么原因。究竟是什么影响了双倍量包装的销路?

在 Jell-O 发展史上,这个品牌一直都是靠自身的质量以及广告和促销活动打开市场的,而没有进行过顾客调查。现在公司遇到了麻烦,第一次需要顾客的参与来调查这个包装方案是否合适。

1. 调查方案的设计和实施

调查方案的设计是由 3 名市场营销专家来完成的。他们组成市场调查设计与管理小组(以下简称"调查组"),决定了调查方法、样本选择等事项。

2. 决定选用的基本方法

在选择调查方法时,一个非常重要的问题就是能从每个顾客那里得到多少信息。以过初步了解(在对顾客采访时顾客的建议),调查组发现需要和每位调查对象接触 45 分钟,而且只能采用的收集信息方法。

当时,在加拿大,装有电话的住户居住得极为分散;而且利用电话采访方式还处在刚刚起步的阶段,极不成熟。因此,电话采访——今天极为平常的收集信息方式——在当时却还不能用来收集顾客的意见。基于类似原因,采用信件问卷调查的想法也被否决了。

调查组为怎样得到一个比较高的信息反馈比例大伤脑筋。为提高顾客参与的兴趣和释放内心讯号,调查组决定采用动画片的方式。利用这个技术的好处在于调查对象在对问题进行考虑时不受时间限制,最后从容地整理了她们自己的感触。调查组希望通过让人们谈论动画片的观后感,获得几个研究项目所需的数量较多的信息。

3. 样本的选取

决定在加拿大选取 800 名女士作为主要们样本。之所以选取女士,是因为她们是 Jell-O 的购买决策的决定者,假如她们经常在家中存放一些 Jell-O 备用就更好了。选择 800 名女士这样一个样本量,也能够把样本误差限制在足够小的范围内,准确地说,在 +4% 左右。

另外还决定选取 400 个小孩子作为样本,因为他们是这种食品最主要消费者。为孩子们设计的调查问卷自然要比给大人们设计的问卷要短得多,一个原因是他们的注意力能够集中的时间较短,另一个原因是对从他们那里得到的信息数量要求不高。

4. 调查问卷的设计和完善

通过 6 个专门小组(3 个在安大略省,3 个在魁北克省)来设计和完善调查问卷,有两个基本要求:

(1)确保调查问卷能够包括所有信息,主要是关于顾客对这种产品的认识和印象。

(2)确保问卷的措辞在不同的地区不会被误解,即调查对象对它的含义的理解一致。因为在魁北克省的顾客往往具有法国背景,而在加拿大的安大略省这个地区,人们往往说英语。语言和文化背景的差异可能对同一术语产生误会。

下一步就是调查问卷的测试。在说英语的安大略省进行了 25 次面对面采访,在加拿大的蒙特利尔采访次数也为 25 次。

因为问卷调查要求采用私人采访的形式,这里又要防止人员自作聪明误导被采访者,所以决定雇佣一批智力平常的员工作为采访人员。

5. "出售"调查信息

在进行这次调查之前,调查征求了公司主要负责人意见,还有那些把市场研究结果转化成为促销活动的部门;忙于产品销售的销售部门和广告代理商那里的相关人员,他们提出了很宝贵的意见。

把这项调查付诸实践,需要 10 000 美元。这在当时的加拿大是一笔庞大的费用,还没有一个加拿大的公司会为这样一个调查花费甚至 1 美元。而在通用食品公司,花费这样一笔数目在市场研究上,需要公司总裁的批准。由于这次调查很重要,总裁没有犹豫就批准了调查计划。

6.动画片制作

根据调查计划制作动画片,实际上相当于一部形象推广的广告需要一群人的通力合作。参与动画片制作的成员,都是公司的顶尖人物,包括总裁先生本人和市场研究部门主管。这可真是兴师动众,甚至要总裁先生亲自出马。但是想想这次调查的重要性和为它支付的巨额资金,这样做又是必要的。

这是一个可爱的声音并茂的动画片,还有一些轻音乐作背景,包括风靡一时的名曲"生活只是一盘 Jell-O"。展现的是一次工作餐时的场景。在休息时,公司拿刚刚从美国引进来的苹果口味的 Jell-O 作为便餐供应同工享用。涂上辣酱,然后加热,做成一道简单的自助餐,最后由就餐者自己从一个玻璃大海碗中舀到玻璃杯中。一切程序都经过了严格的测试,这些都在动画片中表现了出来,即使是装在玻璃杯中的美味是热腾腾的细节也没有忽略,一个戏剧性的场面是在公司总裁急不可待的要享受一顿美味时,他的杯子突然炸开了,热腾腾的汁液淌满他全身。这个场面观众是永远不会忘记的,它会永远地留在人们的记忆中。

7.测试结果是否有用

购买各种口味的组合:

调查的结果是让人高兴的。之后该系列产品销售量大幅度增加,就是因为调查发现了这样一个秘密:顾客喜欢购买那些多种口味混合在一起的产品。

尽管 3 种红色口味只占了 1/2 的销售量,但顾客们很少是只购买这几种口味。在平时她们的购买中,只有 10% 的次数只购买这几个品种,而 90% 的场合是选取颜色不同的组合产品。一次购买的,可能包括草莓、橘子、樱桃型;另一次可能换成草莓、柠檬、酸橙型。

了解这些信息之后,剩下的事情就好办了。为了解救双倍量包装的窘境,所要做的事情就是在其中加入更多的口味:通过加上橘子型、柠檬型、酸橙型,公司就能销售 80% 以上的产品。

8.其他发现

这项调查还表明女士们在家里准备 Jell-O 食品时往往把不同口味混在一起(如酸橙和草莓口味)。这样就导致了一种新的口味产品:菜蔬混合型的诞生。它取得了极大的成功。

9.广告策略

后来公司创作广告的策略基本上建立在3个词上,即风味、家庭、情趣。这些字眼就是顾客的需要,也是顾客对Jell-O的感觉。

调查结果没有改变媒体组合。公司还是采用过去那些媒体规划,既要使想传递的广告信息最大限度地让消费者了解到,还要保持合理的收视率。电视最适合发布新闻、进行烹饪演示和表现家庭情趣(多半是小孩子)。印刷媒体主要利用报纸的周末增加增刊和杂志。这些方式表现出了产品的诱人颜色和口味吸引力,而且,还提供足够时间和空间来解释烹饪方法和表现整个家庭快乐的细节。

调查结果尤其影响到了电台广告。调查结果表明,传统的家庭主妇往往是在上午就准备好家庭食用的Jell-O,这样在晚餐时就可以摆上餐桌。从这点出发,调查组建议。电台特写广告在上午播出,而这个时候女士们一边听电台,一边考虑如何做晚餐。这个电台广告用来提醒她们在晚餐中是不是做一道Jell-O。有时候,这个特定广告还提醒听众,货架上Jell-O正在降价,您把它列在购物单上就不会记忆。公司要做到不失去任何销售机会,更不会让家庭主妇们在需要本产品时却发现罐中空空如也。

分析讨论:

1.根据本案例材料,你认为一个公司要成功进行市场调研,必须从哪几个方面加强管理?

2.从本案例材料中,你认为调查组哪些决策对于市场调研取得成功具有关键性的作用? 理由是什么?

3.本次调研对Jell-O公司来说,将会从哪些方面改善市场营销职能?

### 同步测试

1.为什么说信息是一种资源? 市场营销信息系统的主要构成有哪些?

2.在现代市场经济条件下,企业如何改进市场营销信息工作?

3.根据市场营销调研程序,如何制订市场调查方案?

4.阐述市场营销预测方法有哪几种? 各有什么优缺点?

5.举例说明市场调研与预测对企业营销的重要性?

## 实训项目

市场调研能力训练

实训目标

1. 掌握市场调研的基本程序,并学会运用其方法和技巧。

2. 掌握市场调研报告的撰写。

内容与要求

1. 以所在学校同学为调查对象,对我国家庭消费结构做一次调查和研究。

2. 针对此次调查的结果完成一份市场调查报告。

# 单元 5

# 市场营销环境分析

**◈ 学习目标**

1.掌握营销环境分析的内容与方法,赢得机会,避免或减轻威胁。

2.对市场营销环境的变化采取对策。

**◈ 能力目标**

1.灵活分析市场营销的微观环境和宏观环境。

2.科学分析和评价市场机会和环境威胁。

3.对市场营销环境的变化采取对策。

## 案例导入

### 联想集团在向海外发展过程中的环境分析

联想集团在向海外发展的过程中,曾经对其所处的环境成功地进行了分析,从而制订出有针对性的营销战略,获得了快速发展。

宏观环境分析

1.技术背景:以中国科学院为依托的新兴电脑企业

联想集团的前身是中国科学院计算机公司,是 1985 年由中国科学院计算机技术研究所 20 多名科研人员投资 20 万元创办的,而香港联想公司是由中国科学院联想集团与香港导远公司合作创办的。中国科学院计算技术研究所拥有 1 800 多名各类计算机专业人才,技术实力雄厚,在计算机技术研究领域代表国家最高水平,被称中国计算机技术的"发源地"。

2.政策背景:对外开放政策和科技体制改革的产物

中国科学院有 100 多个研究所,基本上是 20 世纪 50—60 年代按照前苏联模式建立起来的经院式的研究学府,偏重基础研究,忽视应用研究,科研工作与国民经济脱节。另外,由于过去国家实行对外封闭政策,使中国的计算机技术研究与发达国家拉开了距离。

3.经济背景:走向欧美市场是双方经济发展的共同需要

香港是国际贸易中心,商品经济发达,信息灵敏,渠道畅通,加上市场竞争机制和行之有效的企业管理方式,使它在吸收、消化最新技术,尽快取得经济效益方面具有突出的优势。如香港导远公司的优势就在于它了解市场行情,熟悉出口渠道。

行业环境分析

几年来在国内计算机行业的竞争中,通过技术服务产生增值的流通领域内的公司,可能会发迹一时,但实质上时刻被危险的阴影所笼罩。鉴于以上情况,联想公司就用汉卡作为促销微机的手段,努力建设销售网点并做好培训服务工作,使自己在计算机流通领域内站稳了脚跟。完全由自己开发并具有多种效益的产品,就是联想汉字系统,这部分产品占公司营业额的 30% 左右。公司的主营产品之一是微机,尽管它占公司营业额最大,但是微机的硬件部分全部依靠进口,于是,公司按照工价政策,同时也为自己能继续发展下去,决心研制自己的微机。

市场环境分析

1988 年,整个世界计算机市场已进入一个高速成长期,信息产业在全球呈现爆炸性增长,高技术产品更新换代和价格下降极快,生产成本对价格影响很大。此时要用战略眼光抓住市场,联想发现电脑主机板在整个电脑制造业中是个市场需求量大、利润率不高的产品,这就要求制造企业具有相当的技术实力,同时,电脑主机板在电脑行业中又属于劳动密集型产品,由于利小,国外企业一般不把主要精力和人才投放在这里。联想看报准了这个机会,没有选择从电脑整机入手,与发达国家竞争对手正面交锋,而是选择了配套制造业,把我国计算机技术的精锐部队投向电脑板卡制造业。于是联想借助香港导远公司了解市场行情、熟悉出口渠道的优势,与其合作组建了香港联想公司,这成为联想又一个飞跃的起点。

## 学习任务1 市场营销环境及其特征

### 5.1.1 营销环境的含义

公司的营销环境是指在营销活动之外,能够影响营销部门建立并保持与目标顾客良好关系的能力的各种因素和力量。营销环境既能够提供机遇,也能造成威胁。成功的公司都知道持续不断的观察并适应变化着的环境是非常重要的。

识别环境的重要变化主要由公司的营销部门负责。与公司其他部门不同,营销部门必须能够跟踪发展的趋势、寻找市场机会。尽管公司所有的管理者都应该了解外部环境,但营销部门有两个专长。他们有科学的办法——市场情报和市场调研——来收集关于营销环境的信息,而且他们在顾客和竞争环境上也花费更多的时间。在对市场作了系统地调查后,营销部门能够将其战略加以改进,以适应市场新的挑战和机遇。

营销环境由微观环境和宏观环境组成。微观环境(Micro-Environment)指与公司关系密切、能够影响公司服务顾客的能力的各种因素——公司自身、供应商、销售渠道、顾客、竞争对手及公众。宏观环境(Macro-Environment)是指能够影响整个微观环境的广泛社会性因素——人口因素、经济因素、自然环境因素、技术因素、政治因素和文化因素。

### 5.1.2　营销环境的特征

#### 1) 客观性

企业总是在特定的社会经济和其他外界环境条件下生存、发展。这种环境并不以营销者的意志为转移,具有强制性与不可控性的特点。也就是说,企业营销管理者虽然能分析认识营销环境,但无法摆脱环境的约束,也无法控制营销环境,特别是间接的社会力量,更难以把握。企业不可能改变人口总量,也不能改变社会文化,企业在客观的环境面前,只能研究它,适应它。

#### 2) 差异性

不同国家和地域之间,社会文化、人口、政治等因素存在很大差异,企业面对不同国家或区域市场,就得面对这种环境的差异性;而且同样一种环境因素,对不同企业的影响也是不同的。例如,海湾危机,造成国际石油资源市场的供给和需求极大的波动,对消耗油料的相关产业,如石化系统的企业影响十分大,面对那些与石油关系不大的企业,影响就小。

#### 3) 相关性

营销环境的相关性是指各种环境因素间的相互影响和相互制约。这种相关性表现在两个方面:

(1)某一环境因素的变化,会引起其他因素的互动变化。如在第十届人民代表大会上,国家提出了解决"农业、农村、农民"的三农问题,相继制订了加强农业建设的一系列方针政策,这些政策的实施,势必影响农业产业结构的调整,拉动对农业的投资,并为农业产业的发展提供了新的机遇,也为以农产品为原料的制造企业提供了开发产品、调整产业结构的契机。

(2)企业营销活动受多种环境因素的共同制约。企业的营销活动不仅仅受单一环境因素的影响,而是多个环境共同制约。如企业的产品开发,就要受制于国家的环保政策、技术标准、消费者需求特点、竞争者产品、替代品等多种因素制约的,如果不考虑这些外在的力量,生产出来的产品进入市场也是不可能的。

## 学习任务2 微观市场营销环境

企业的微观营销环境是指对企业服务其目标市场的营销能力构成直接影响的各种因素的集合。包括企业内部环境、顾客、供应商、营销中介、竞争者和社会公众等与企业具体营销业务密切相关的各种组织与个人,见图5-1。

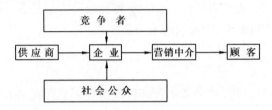

**图 5-1　企业微观环境的主要因素示意图**

图中供应商、企业、营销中介、顾客这一链条构成企业的核心营销系统。企业市场营销活动的成败,还直接受到另外两个群体的影响,即竞争者和社会公众。

### 5.2.1　企业内部环境

企业为开展营销活动,必须设立某种形式的营销部门,而且营销部门不是孤立存在的,它还面对着财务、采购、制造、研究与开发等一系列职能部门。市场营销部门与这些部门在最高管理层的领导下,为实现企业目标共同努力着。另一方面,企业市场营销部门与这些部门之间既有多方面的合作,也存在争取资源方面的矛盾。例如在产品品质方面,营销部门从顾客需求出发,会对产品品质提出更高的要求;而生产部门从成本的角度出发,可能会降低对品质的要求。再如,对营销推广费用的核定,营销部门与财务部门往往会不一致。因此这些部门的业务状况如何,它们与营销部门的合作以及它们之间是否协调发展,对营销决策的制订与实施影响极大。营销部门在制订和实施营销目标与计划时,要充分考虑企业内部环境力量,争取高层管理部门和其他职能部门的理解和支持。

### 5.2.2　顾客

顾客是企业服务的对象,同时也是产品销售的市场和企业利润的来源。理所当然是营销活动的极其重要的营销环境。企业要投入很多精力去研究顾客的真实需求情况,在产品营销的方方面面都要充分考虑到他们的要求,并尽可能去满足他们的需求。否则企业的营销活动就会陷入"对牛弹琴"的局面。企业营销活动本质上就是围绕顾客需求而展开的。如连锁经营之所以发展如此迅速,是因为他解决了顾客对企业信誉不放心的消费心理。

### 5.2.3　供应商

供应商是指向企业及竞争者提供生产经营所需资源的企业或个人。供应者对企业营销活动有重要影响,其所供应的原材料数量和质量将直接影响企业产品的数量和质量,所供应原材料的价格会直接影响产品的成本、利润和价格。特别是在现代化生产方式下,企业的许多成品、半成品都是由许多企业合作生产的。

企业与供应商的关系,既是一种合作关系,也是一种竞争关系。竞争关系主要表现在交易条件方面的竞争。如供应商得利多了,企业得利就少了。在这种竞争关系中,谁处于优势,谁处于劣势,不同的企业、不同的供应商是不同的。如当某种产品供不应求时,供应商就处于优势地位,他所获得的交易条件会更有利一些。再如随着连锁企业的市场声誉不断扩大,对零售渠道的控制能力也不断增大,连锁企业在双方关系中的优势也会不断增强,除不断要求降低进货价格外,可能对有些知名度不高的产品还要求增加诸如进场费之类的费用。供应商也只能接受。

### 5.2.4　营销中介

营销中介是协助企业促销和分销其产品给最终购买者的个人或组织。包括中间商(批发商、代理商、零售商),物流配送公司(运输、仓储),市场营销服务机构(广告、咨询、调研)以及财务中介机构(银行、信托、保险等)。这些组织都是营销所不可缺少的中间环节,大多数企业的营销活动都需要他们的协助才能顺利进行。商品经济愈发达,社会分工愈细,中介机构的作用愈大。例如,随着生产规模的增加,降低产品的配送成本就显得越来越重要。于是适应这种需求的生产性服务行业就得到了发展。企业在营销过程中,必须处理好同这些中介机构的合作关系。

### 5.2.5　竞争者

一个行业只有一个企业,或者说一个企业能够控制一个行业的完全垄断的情况在现实中很不容易见到。因此与同行的竞争是不可避免的。我们可以将企业的竞争对手分为4个层次：

### 1) 产品品牌竞争者

产品品牌竞争者是指品牌不同，但满足需要的功能、形式相同的产品之间的竞争。如轿车中的"奔驰""宝马"以及"别克"等品牌之间的竞争。这是企业最直接而明显的竞争对手。这类竞争者的产品内在功能和外在形式基本相同，但因出于不同厂家之手而品牌不同。有关企业通过在消费者和用户中培植品牌偏好，而展开市场竞争。

### 2) 产品形式竞争者

产品形式竞争者是指较品牌竞争者更深一层次的竞争者，即各个竞争者产品的基本功能相同，但形式、规格和性能或档次不同。例如，自行车既有普通轻便车，又有性能更优良的山地车，厂家通过在顾客中发掘和培养品牌偏好，来展开市场竞争。

### 3) 平行竞争者

平行竞争者是潜伏程度更深的竞争者，这些竞争者所生产的产品种类不同，但所满足的需要相同。例如，汽车、摩托车或自行车都能满足消费者对交通工具的需要，消费者只能择其中一种。这属于较大范围的行业内部竞争。

### 4) 需求愿望竞争者

需求愿望竞争者是潜伏程度最深的竞争者，不同竞争者分属不同的产业，相互之间为争夺潜在需求而展开竞争。如房地产公司与汽车制造商为争夺顾客而展开的竞争。顾客现有的钱如用于汽车购买则不能用于房子购买，汽车制造商与房地产公司实际是针对购买者当前所要满足的各种愿望展开争夺。

在上述4个层次的竞争对手中，品牌竞争者是最常见、最外在的，其他层次的则相对比较隐蔽、深刻。正是如此，在许多行业里，企业的注意力总是集中在品牌竞争因素上，而对如何抓住机会扩大整个市场、开拓新的市场领域，或者说起码不让市场萎缩，经常被忽略不顾。所以，有远见的企业不会仅仅满足于品牌层次的竞争，关注市场发展趋势、维护和扩大基本需求优势更加重要。

案例

## 美国吉列刀片公司

多年以来,美国吉列公司在剃须刀行业中一直占据霸主地位。20 世纪 50 年代末,公司推出的新品种超级蓝牌吉列刀片,销量非常好,是市场抢手的拳头产品,1962 年,其利润超过公司全部利润的 113。此时,英国的威尔森刀具公司在一个偶然的机会下,开始生产不锈钢剃须刀片,虽然产品的成本高,售价高于吉列的系列刀片,但由于它的刀片锋利、不生锈、寿命长,很快以不可阻挡之势走俏市场,其零售存货很快销售一空。面对此情此景,美国吉列公司的竞争者们虽然规模小、经营状况也不如吉列,但他们对威尔森公司的刀片所引起的公众注目没有掉以轻心,而吉列却对这一事件反应冷淡。吉列害怕引进不锈钢刀片的生产会削弱或抢走赚头很好的超级蓝牌刀片的销售量,因而固执地拒绝了这一新产品。公司的头号人物卡尔·吉乐伯特和二号人物布恩·格罗斯等决策者们,制订了“决不另起炉灶”的市场战略,从而给自己的对手打开了有机可乘的缺口,使他们能赶在吉列之前推出不锈钢刀片。当时资产只有 2 000 万美元的埃费普公司很快利用这一缺口推出不锈钢刀片。另一个对手是菲利普·莫里斯公司下属的美国安全剃须刀分公司也在利用不锈钢刀片带来的市场突破大举进攻。此时,两家公司的紧锣密鼓并没有唤醒吉列。直到这两家公司拼命推出产品足足 6 个月后,吉列才在犹豫不决中向市场推出不锈钢刀片,为此,公司动用了 400 万美元的广告促销费。但由于是最后进入不锈钢刀片市场的,公司付出极大代价。在接下来的两年中,公司的利润急剧下降,最大的损失是市场份额的减少。吉列从原来占有剃须刀片市场的 70% 降到 55%,双刃刀片的市场份额从 90% 降到 70%。虽然公司不懈努力,但其不锈钢刀片市场也只占有 45%。而希克公司取得了 35%,美国安全剃须公司占了 15%,小小的威尔森也占了 5%。吉列的霸主地位由于其战略上的失误,受到了严重冲击,在以后的竞争中,再也没有夺回失去的市场份额。

（资料来源:傅浙铭,刘莉《企业营销战略》）

## 5.2.6　社会公众

社会公众是指对企业实现营销目标的能力具有实际或潜在利害关系和影响力的团体或个人。公众对企业的感觉和与企业的关系对企业的市场营销活动有着很大的影响。所有的企业都必须采取积极措施,保持和主要公众之间的良好关系。

通常,企业周围大致有 7 类公众:

### 1)金融界

他对企业的融资能力有重要的影响。主要包括银行、投资公司、证券经纪行、股东。

### 2)媒介公众

媒介公众指那些刊载、播送新闻、特写和社论的机构,特别是报纸、杂志、电台、电视台。他们主要通过社会舆论来影响其他公众对企业的态度。特别是主流媒体的报道,对企业影响极大,甚至可以达到"一条好的报道可以救活一个企业,一个负面的报道可以使一个企业破产"的程度。企业对待媒体要慎之又慎。

### 3)政府机构

企业管理当局在制订营销计划时,必须认真研究与考虑政府政策与措施的发展变化。

### 4)公民行动团体

一个企业营销活动可能会受到消费者组织、环境保护组织、少数民族团体等的质讯。

### 5)地方公众

每个企业都同当地的公众团体,如邻里居民和社区组织,保持联系。

### 6)一般公众

企业需要关注一般公众对企业产品及经营活动的态度。虽然一般公众并不是有组织地对企业采取行动,然而一般公众对企业的印象却影响着消费者对该企业及其产品的看法。

### 7)内部公众

企业内部的公众包括生产一线的职工、职能部门员工以及中高层管理人员、董事会成员等。大公司还发行业务通信和采用其他信息沟通方法,向企业内部公众通报信息并激励他们的积极性。当企业雇员对自己的企业感到满意的时候,他们的态度也就会感染企业以外的公众。

## 学习任务3 宏观市场营销环境

市场营销的宏观环境,是指某一国家、某一地区所有企业都面临的环境因素。在一般情况下,宏观环境以微观营销环境为媒介去影响和制约企业的营销活动,在某些场合也可以直接影响企业的营销活动。如某企业在产品生产过程中造成对环境的污染,法律对实施制裁就是一例。

在理解宏观营销环境时,以下5个因素必须特别关注:

### 5.3.1　人口环境

市场营销的人口环境,是由人口总数、人口增长率、人口构成等因素构成的。人口环境的变化,直接影响市场的发展,因为市场的需方是由具有购买能力的消费者所构成的,这样的消费者越多,市场规模和容量也越大,企业营销的机会就越多。但由于人口中的年龄结构、地理分布、人口密度等不同,使消费结构、消费方式等均有显著的差异,进而影响营销活动。所以仅从人口量的角度来分析和认识人口环境是不够的,还必须从质的角度予以认识。

#### 1) 人口总量

随着科学技术进步、生产力发展和人民生活条件的改善,世界人口平均寿命延长,死亡率下降,全球人口持续增长。据联合国估计,世界人口每年将以8 000万~9 000万的速度增长。同时,世界人口的增长呈现出极端不平衡。发达国家的人口出生率下降,有些国家人口甚至出现负增长。人口增长最快的是发展中国家,世界人口的80%在发展中国家,而且人口增长最快的往往是那些落后、欠发达的国家。

人口的急剧增长,对企业营销有重大意义。人口增长意味着市场需求的增长,如果人们有足够的购买力,则人口增长表示市场的扩大。另一方面,如果人口的增长对各种资源的供应形成过大的压力,生产成本就会上升而利润则下降,发达国家出生率下降,则导致儿童市场的萎缩,旅游、娱乐、餐饮、休闲等市场则相应扩大。

#### 2) 地理分布

人口的地理分布指人口在不同地区的密集程度。任何一个国家和地区的人口分布绝不是均匀的,我国的人口分布主要集中在东南沿海一带,人口密度向西北逐减。

人口的地理分布一般表明了不同的消费习惯及需求特征。我国不同地区的食物结构就有很大的不同,如南方人以大米为主食,北方人以面粉为主食,江、浙人喜甜,四川、湖南人喜辣即为一例。

人口的地理分布是一个动态概念,从全球范围看,人口流动有这样的趋势:

(1)向阳光地带迁移。以美国为例,1980—1990 年 10 年中,西部人口增长17%,南部人口增长 14%。英国企业认为,如果这样的趋势加剧的话,御寒用品、取暖设备需求下降,而制冷产品的需求则会上升。

(2)从农村向城市迁移。这一趋势已经持续了一个多世纪,这是由于都市生活具有交通方便、收入较高、文体活动丰富、易得到商品和服务等优势,对乡村人口形成一定的吸引力。城市人口、农村人口对商品交换的依赖程度是不同的,城市人口所需商品几乎全部依赖到市场购买,而农村人口则有一部分需求可以通过自给来解决。所以,在人口总量不变的条件下,城市人口比重的增加,往往会加大市场需求量。

(3)向城市郊区迁移。由于市中心拥挤、空间小、污染重,而郊区清新的空气、安静的生活环境对市民有一定的吸引力,加上交通日趋方便,导致城市人口流向郊区。近些年来,我国一些大城市市中心百货商场等零售机构销售额下降,而处在城郊结合部的一些商业机构销售额剧增,这种状况证实了这一趋势。

### 3) 年龄结构

人口年龄结构指一定时期不同年龄构成。不同年龄层次的消费者因为生理和心理特征、人生经历、收入水平和经济负担状况的不同,他们的消费需要、兴趣爱好和消费模式也就存在不同的特征。

(1)儿童阶段(0~6 岁)。其生理需要是基本的,主要消费品是婴幼食品、尿布、童装、简单玩具等。儿童期消费不能算作能够进行独立购买决策的消费,其消费一般通过儿童亲戚的消费行为得以反映。一般来讲,儿童期消费行为有 3 个特征:第一,从纯粹生理需要开始向具有社会内容的需要发展,其消费行为中逐渐加入了意识的成分。第二,从消费情绪极不稳定向稍有稳定性转变,即随着年龄的增长和对外界事物认识的提高,儿童控制自己情感的能力有所增强。第三,从模仿性消费开始向具有个性特点的消费过渡。

(2)少年阶段(7~14 岁)。除生理需要之外,也具有一定的心理需要,消费品也有了显著变化。这一阶段的主要消费品有营养食品、新颖服装、较为复杂的玩具(如电子游戏机)、启迪性的文化娱乐品、书籍等。少年阶段消费者,无论是其生理,还是心理特征,都处在急剧变化状态中。具体特征是:第一,强烈渴望自己在消费过程中不断提高独立性和自觉性,渴望具有成人的消费决策地位和权利。但是由于主客观条件的限制,他们还不能摆脱消费方面的依赖性。第二,购买行为的态度趋向稳定,有意识的消费行为明显增多。第三,消费的社会内容明显增多,所受社会影响也日益增强。

(3)青年阶段(15~25岁)。这一阶段生理需求和心理需求各占一半,主要消费品为有时代感的服装、发型、装饰品、饮料、学习用品、运动器械、书报杂志,影视娱乐等。其特征是:第一,追求新颖。代表潮流,对传统观念敢于挑战。第二,消费过程中追求独立的个性显示,自我意识强,喜欢独立自主地支配自己。第三,消费过程中情感色彩浓厚,选购商品中,感情作用大于理智,受商品的心理功能因素和商业推销宣传的影响较明显,容易出现冲动性购买行为。

(4)成年阶段(26~60岁)。这一时期其心理需求更加旺盛,生理需求的差别化特征也日趋明显。第一,消费者个人消费行为一般是自主的、独立的,外在因素虽可以施加一定影响,但其影响作用有限。第二,消费目的性明显,当消费价值观和定势形成后,消费行为具有一定的持续性。

(5)老年阶段(61岁以上)。这一阶段的消费特征是:第一,需要范围缩小,结构有所改变,由于精力、体力上的衰退,使他们的活动范围变得狭小,消费行为更加集中。第二,追求消费的方便和实用,强调舒适和安全,不追求华而不实的东西。第三,相信消费经验,习惯性强,对于不了解的商品不愿轻易购买和使用。国际上把60岁以上人口占总人口的10%,或65岁以上人口占总人口的7%的国家和地区称为老龄社会,我国目前已经进入老龄社会。中国目前60岁以上老年人口已达1.26亿,占世界老年人口的1/5,居世界第一位。据统计,目前中国老年人各项收入和家庭资助合计有3 200亿~4 000亿元的购买力,到2025年将达到14 000亿元购买力。这个巨大的潜在消费市场无疑是今后扩大内需的一个经久不衰的经济增长点。

然而,据中国老龄协会对20家商场的调查显示,专门向老年人提供的商品不足3%,即使在那些"老年商品专卖店",老年服装和用品不是颜色灰暗,就是规格不齐,款式过时。老年人饮食、起居、医疗等领域也不尽如人意,不少领域甚至还是一片空白,这与目前发达国家红红火火的"银发浪潮"形成鲜明反差。

老年人对日常生活有特殊的需求,今后适合他们使用的餐具、量杯、假牙等日用品以及容易消化的低糖、低脂类食品将会广受青睐;对可升降的卧床、床垫和药枕、浴盆、尿袋及助听器、按摩器、功能手杖、坐式淋浴器、自动血压仪等一定情有独钟;而紧急报警器、自动灭火器和防盗装置等都会给商家带来可观的利益。老年人最关心的是疾病和保健,于是老年病特效药和滋补品、有专长的护理工、家政服务等必定大有市场。其他如适合老年人居住的老年公寓、老年教育、老年旅游、老年金融保险等,都有待于我们悉心去开发。

### 4) 家庭单位及家庭规模

有些商品不是以个人为销售对象,而是以家庭为销售对象的,譬如电冰箱、洗衣机、电视机、微波炉、家具等。据美国人口理事会的一项调查表明,进入 20 世纪 90 年代中期,世界普遍呈现家庭规模缩小的趋势,这意味着家庭单位数量在不断增加。调查还表明,越是经济发达地区,家庭规模也越小,如欧洲、北美国家的家庭规模基本上维持在 3 人左右,亚非拉地区的发展中国家每户家庭人口平均为 5 人左右。这一趋势一方面引起对家庭用品总需求的增加,另一方面,产品的规格、结构不同于几世同堂大家庭对产品的要求,企业应对此作出积极的反应。

### 5) 性别

人口的性别构成与市场需求的关系密切,由于两者在生理与心理上存在着差异,决定了他们不同的消费内容和特点。一些产品有明显的性别属性,但随着社会的发展,男女性别角色也在悄然变化,使市场需求也随之变化,市场上也出现了女性香烟、女性牛仔服、女性领带和男性香水、男性化妆品等商品。

## 5.3.2  经济环境

经济环境指企业营销活动所面临的外部经济因素,其运行状况及发展趋势会直接或间接地对企业营销活动产生影响。

### 1) 消费者收入

购买力是市场形成并影响其规模大小的决定因素,它也是影响企业营销活动的直接经济因素。消费者的购买力来自消费者的收入,但消费者并不是把全部收入都用来购买商品或劳务,购买力只是收入的一部分。因此,在研究消费收入时,要注意以下几点:

(1)国民生产总值。它是衡量一个国家经济实力与购买力的重要指标。从国民生产总值的增长幅度,可以了解一个国家经济发展的状况和速度。国民生产总值增长越快,对商品的需求和购买力就越大。

(2)人均国民收入。这是用国民收入总量除以总人口的比值。这个指标大体反映了一个国家人民生活水平的高低,也在一定程度上决定商品需求的构成。一般来说,人均收入增长,对商品的需求和购买力就大,反之就小。

(3)个人可支配收入。这是在个人收入中扣除税款和非税性负担后所得余额,它是个人收入中可以用于消费支出或储蓄的部分,它构成了实际的购买力。

(4)个人可任意支配收入。这是在个人可支配收入中减去用于维持个人与家庭生存不可缺少的费用(如房租、水电、食物、衣着等项开支)后剩余的部分。这部分收入是消费需求变化中最活跃的因素,也是企业开展营销活动时所需要考虑的主要对象。因为这部分收入主要用于满足人们基本生活需要之外的开支,一般用于购买高档耐用消费品、旅游、储蓄等,它是影响非生活必需品和服务销售的主要因素。

### 2) 消费者支出

随着消费者收入的变化,消费者支出模式会发生相应的变化,进而影响到消费结构。经济学家常用恩格尔系数来反映这种变化。

$$恩格尔系数 = \frac{食物支出变动百分比}{收入变动百分比}$$

恩格尔系数是衡量一个国家、地区、城市、家庭生活水平高低的重要参数。食物开支占总消费量的比重越大,恩格尔系数越高,生活水平越低;反之,食物开支所占比重越小,恩格尔系数越小,生活水平越高。

消费结构是指消费过程中人们所消耗的各种消费品及服务的构成,即各种消费支出占总支出的比例关系。优化的消费结构是优化产业结构和产品结构的客观依据,也是企业开展营销活动的基本立足点。我国目前经济发展水平与发达国家相比还有很大的差距,特别在广大的农村现行消费中衣食等必要消费所占比例还相当大。随着社会主义市场经济的进一步发展以及国家在住房、医疗等制度方面改革的深入,人们的消费模式和消费结构都会发生明显的变化。

### 3) 消费者储蓄和信贷

消费者的购买力还要受储蓄和信贷的直接影响。当收入一定时,储蓄越多,现实消费越少,而潜在的消费量就越大;反之,储蓄越少,现实消费量就越大,而潜在消费量越小。另外,储蓄的目的不同,也往往会影响到潜在需求量、消费模式、消费内容和消费发展方向的不同。这就要求企业营销人员在调查、了解储蓄动机与目的的基础上,制订不同的营销策略,为消费者提供有效的产品和服务。

消费者信贷对购买力的影响也很大。消费者信贷,指消费者凭信用先取得商品使用权,然后按期归还贷款,以购买商品。信贷消费允许人们购买超过自己现实购买力的商品,创造了更多的需求。我国现阶段的信贷消费还停留在初级阶段,信贷商品基本上局限于住房、汽车等,但较以前已有了较大的发展。

#### 4) 社会经济发展水平

企业的市场营销活动还要受到整个国家或地区的经济发展水平的制约。经济发展阶段不同,居民的收入不同,顾客对产品的需求也不一样,从而会在一定程度上影响企业的营销。如在经济发展水平比较高的地区,消费者更注重产品的款式、性能及特色,品质竞争多于价格竞争。而在经济发展水平比较低的地区,消费者往往更注重产品的功能及实用性,价格因素显得比产品质量更为重要。因此,对于不同的经济发展水平的地区,企业应采取不同的市场营销策略。

另外,经济发展阶段,经济体制,地区与行业发展状况,城市化程度都会给企业的营销活动带来一定的影响。

### 5.3.3 文化环境

文化环境是一个复杂的系统,从广义看,由物质文化、制度文化和精神文化构成(图5-2)。

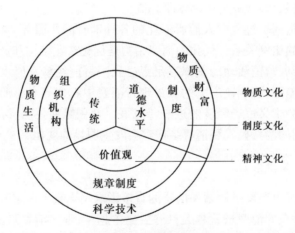

**图 5-2 文化基本框架图**

物质文化是人们改造自然世界的物质成果,它具体表现为人们物质生产的进步、物质财富的积累和物质生活的改善。精神文化是人们在改造客观世界的过程中的精神成果,它具体表现为价值观、传统、道德水平等状况。而制度文化则是一种中介文化,它是通过制度、组织机构、规章制度等将物质文化内容影响和制约精神文化发展的规模、方向和速度。同时,精神文化和制度文化也制约物质文化的发展。

有人认为,在营销环境的诸多因素中,文化因素对市场营销的影响相对要小一些。其实,文化因素的影响在其影响深度和广度要超过其他因素。

### 1) 传统

传统是文化环境中一个重要组成部分,它是在长期的历史过程中逐步形成和发展起来的。它作为一个相对稳定的环境因素,对人们的消费心理和消费行为都有着不可低估的影响。例如,在我国,每逢农历新年都要进行大扫除,除旧迎新,并大量购买过年用的各种商品。西方人每逢 12 月 25 日就会大量购买圣诞节用品(如圣诞树),互送圣诞卡等。在一定的文化传统影响下,人们形成一定的风俗习惯。它在饮食、服饰、居住、婚丧、节日、人际关系等方面,都表现出独特的心理特征、道德伦理、行为方式和生活习惯。中国有句古语:“入境而问禁,入国而问俗,入门而问讳。”了解目标市场消费者的禁忌、习俗、避讳、信仰、伦理等,是企业开展市场营销活动的重要前提。如日本人有独特的礼节,当他们洽谈生意时千万不可在这方面造次;和沙特阿拉伯商人谈判,绝不能问候对方的妻子,因为沙特阿拉伯的男子歧视女性;如果和墨西哥人洽谈生意,问候对方是必需的礼貌。所以,营销人员必须分析、研究和了解目标市场的历史传统和风俗习惯,因为这是市场定位和营销策略组合的基础。

### 2) 价值观

价值观是指生活在某一社会环境下的多数人对事物的普遍态度、看法或评价。一般而言,生活在相同的社会环境中,人们的价值观念就相近;相反,生活在不同的环境中,人们的价值观就不同。消费者对商品的需求和购买行为深受价值观念的影响,对于不同价值观念的消费群体,市场营销就应该采取不同的策略。例如,对于乐于变革、喜欢猎奇、富有冒险精神的消费者,应重点强调产品的新颖和奇特;而对一些注重传统、喜欢沿袭传统消费方式的消费者,企业在制订促销策略时最好把产品和目标市场的文化传统联系起来。

案例

### 黄杨木刻

过去,我国出口的黄杨木刻一向用料考究,精雕细刻,以传统的福禄寿星或古装仕女图案行销亚洲一些国家和地区。后来出口到欧美一些国家,发现他们对中国传统的制作原料、制作方法和图案不感兴趣,因为他们与亚洲人相比,欧美人的价值观、审美观大不一样。所以,我国工艺品进出口公司一改过去的传统作法,用一般杂木作简单的艺术雕刻,涂上欧美人喜爱的色彩,并加上适用于复活节、圣诞节、狂欢节的装饰品,很快在西方市场打开销路。

（资料来源:MBA 智库文档）

### 3）宗教

宗教信仰对市场营销活动也有一定影响,特别是在一些信仰宗教的国家和地区,其影响更是不可低估。据统计,全世界共有基督教徒 10 亿人,伊斯兰教徒 7 亿多人,天主教徒 5.8 亿人,印度教徒 4.7 亿人,新佛教徒 3.4 亿人,佛教徒 3 亿人。每一种宗教都有自己的教义,每一个教徒都有自己的信仰和禁忌。市场营销必须尊重教徒的信仰,不能触犯其宗教禁忌。

### 4）语言文字

语言是人类重要的交际工具,也是不同文化间最明显的标志。要想进入某个市场,就必须掌握市场所在地区的语言,通过用当地语言交流,向顾客介绍自己的产品和服务。了解顾客的需求,来刺激顾客的购买欲望。不懂当地语言并不能做出正确的翻译,就会影响营销活动,这在国际营销中尤为重要。例如,美国百事可乐公司著名的广告"Come Alive with Pepsi"被译成德文后是"从坟墓中复活"。美国通用汽车公司的雪佛莱品牌车"神枪手"的英文"NOVA"译成西班牙语成了"跑不动"的意思,结果在使用西班牙语的国家营销受到了很大影响。

### 5）社会组织制度

社会组织制度包括一个社会的制度、组织体系、政治结构等。在不同的制度和组织中,个人扮演了一定的角色,相应也有着不同的消费行为模式。这是由于不同的制度和组织结构决定了不同的政治环境、教育体系和社会组织的管理方式,而这些条件制约下,消费者对产品的鉴别能力、接受能力也各不相同。

## 5.3.4 政治法律环境

在任何社会制度下,企业的营销活动都必定要受到政治与法律环境的强制和约束。这种政法环境是由强制和影响社会上各种组织和个人行为的法律、政府机构、公众团体等所组成的。企业时时刻刻都能感受到这方面的影响,或者说,企业总是在一定的政法环境下运行的。

### 1）政治体制

政治体制指国家政权的组织形式及其有关制度,它包括国家结构、政治组织形式、政党体制及相关的制度体系。不同的国家结构(即中央集权制还是联邦制)、政治组织形式等,决定了不同的国家管理方式。中央集权制国家,各地方必须绝对服从中央政府的领导,全国有统一的宪法、法令,各种贸易法规、商业政策较为统一,对于市场营销策略制订较易把握。在复合制国家里,各种法规、政策琐碎、繁多,地方之间也有很大差异,具有较大的易变性和不可控性,这在一定程度上增加了营销的难度。

### 2）法令法规

为了建立和维护一定的社会经济秩序、保护正常的社会竞争和保护消费者的权益,政府都会十分重视法令法规的发布和调整,而每一项新的法令法规的颁布,或者原有法令法规的调整,都会影响企业的营销活动。

在我国,与企业营销有关的法令法规主要有以下一些(表5-1):

表 5-1　　与企业营销有关的法律

| 名　　称 | 主要内容 |
| --- | --- |
| 中华人民共和国经济合同法 | 法人间经济合同的订立和执行、变更与解除、合同当事人的责任与权利,以及纠纷的解决等 |
| 中华人民共和国价格管理条例 | 价格的制订和管理、价格管理职责、企业的价格权利与义务、价格监督检查等 |
| 中华人民共和国食品卫生法 | 食品的卫生、食品添加剂卫生、食品卫生标准和管理办法,食品卫生监督、法律责任 |
| 中华人民共和国消费者权益保护法 | 消费者的权利、经营者的义务、国家对消费者合法权益的保护、消费者组织、争议的解决、法律责任等 |
| 关于禁止侵犯商业秘密行为的若干规定 | 商业秘密的定义、商业秘密内容、商业秘密认定、处罚等 |
| 中华人民共和国商标法 | 商标注册的必要性;商标注册程序、商标的使用管理等 |
| 中华人民共和国专利法 | 保护发明创造专利权、发明创造的鼓励及推广等 |
| 中华人民共和国广告法 | 广告准则、广告活动、广告审查、法律责任等 |
| 中华人民共和国反不正当竞争法 | 不正当行为、监督检查、法律责任等 |

续表

| 名　　称 | 主要内容 |
| --- | --- |
| 中华人民共和国产品质量法 | 产品质量的监督管理、生产者和销售者的产品质量责任和义务,损害赔偿等 |
| 中华人民共和国海关法 | 海关的权力,进出口运输工具的海关规定,进出口货物和物品的海关规定、关税、法律责任等 |
| 中华人民共和国公司法 | 有限责任公司的设立和组织机构、股份有限公司的设立和组织机构、股份有限公司的股份发行和转让,公司财务会计、公司合并,公司破产 |

### 3) 政府的方针政策

如果说法令法规是相对稳定的,那么政府的方针政策则有一定的可变性。政府出于对宏观经济发展的需要,经常要制订年度计划、五年计划及更长期发展规划,为了保证各类计划完成,还得有一系列的产业结构政策、价格政策、财政——货币政策等,政府的方针政策会对企业营销产生直接或间接的重要影响。

### 4) 公众团体

为了维护社会成员的利益而组织起来的各种公众团体,旨在影响立法、政策和舆论。随着社会进步,这样的公众团体不仅越来越多,而且在社会经济生活中的地位越来越重要。这些公众团体的活动,也会对企业营销活动产生一定的压力和影响。

## 5.3.5　科技环境

科学技术是影响人类前途的最大力量,有人称它是"历史发展总过程的精华",是"最高意义的革命力量"。每一种科学技术的新成果都会给社会生产和生活带来深刻的变化。营销人员应准确地把握科技的发展趋势,密切注意科技环境变化对市场营销的影响,并及时地采取适当的对策。

### 1) 科技发展新趋势

(1)技术变革步伐加快。今天市场上供应的许多商品是前几年闻所未闻的,新构思与成功应用之间的时间差正在迅速缩短,技术引入期至生产高峰之间的时间差正在大大缩短。

(2)科技开发的范围大大扩大。科研人员正在从事范围惊人的新科技研究。第二次世界大战以后,微电子技术、电子计算机技术、生物技术、激光技术、航天技术等都在一定程度上摧毁旧市场和创造新市场。

(3)科研研究与开发预算越来越大。由于科技的意义远较我们所感受到的更为广泛和深刻,因而各国政府和有远见的企业都花巨资从事科研与开发。据上海市外经委对发达国家和跨国公司的调查,美国每年在研究与开发方面的投入约740亿美元,日本也达到300亿美元;欧美跨国公司在研究与开发方面的投入,基本上都达到其销售额的10%以上。

(4)对科技的各种规定越来越多。随着产品越来越复杂,消费者需要在产品使用中能保证安全,因此,政府在安全、健康、环境保护等方面有了一系列的新规定和条例,用于监督和规范企业行为。

**2)科技环境对市场营销影响**

科技环境的迅猛发展,给企业营销提出了新的要求,营销人员不仅要通晓科技,而且要清楚科技给营销带来什么影响。

(1)由于科学技术迅猛发展,一些旧行业受到冲击、新产品不断涌现,新的市场替代旧市场,如激光唱盘技术夺走了磁带市场,复印机伤害了复写纸行业等,营销人员要注意寻找新科技源,寻找新的市场机会。

(2)在一些经济发达国家,越来越多的消费者更乐于进入互联网空间浏览自己需要的信息。同时,个性化需求变得越来越明显,他们可以从网络间搜寻他们感兴趣的任何东西。电子商务技术的发展,使新的传播促销方式出现成为可能。营销人员应认真研究沟通效率,降低促销成本,研究更新的促销组合方案。

(3)人们工作、生活方式变化和科技进步,使分销策略发生巨大变化。因为人们生活方式、购物行为变化,消费者直接对商品款式、价格、功能等提出要求,使部分商品的分销环节变得更短,一些生产企业必须加强直复营销。即使通过中间商进行分销的商品,也要求中间商提供方便、舒适的购物条件。因而,各种超级市场、快餐店、便利店、大卖场等得到足够发展。另外,由于新技术的发展,引起物流的一系列革命,快速、低成本、高服务的物流方式和技术被越来越多的企业所接受。

## 5.3.6　自然环境

一个国家、一个地区的自然地理环境包括该地的自然资源、地形地貌和气候条件,这些因素都会不同程度地影响企业的营销活动,有时这种影响对企业的生存和发展起决定的作用。企业要避免由自然地理环境带来的威胁,最大限度利用环境变化可能带来的市场营销机会,就应不断地分析和认识自然地理环境变化的趋势,根据不同的环境情况来设计、生产和销售产品。

### 1) 物质自然环境

物质自然资料是指自然界提供给人类各种形式的物质财富,如矿产资源、森林资源、土地资源、水力资源等。这些资源分为3类:一是"无限"资源,如空气、水等;二是有限但可以更新的资源,如森林、粮食等;三是有限但不可再生资源,如石油、锡、煤、锌等矿物。

### 2) 地理环境

一个国家或地区的地形地貌和气候,是企业开展市场营销所必须考虑的地理环境因素,这些地理特征对市场营销有一系列影响。例如,气候(温度、湿度等)与地形地貌(山地、丘陵等)特点,都会影响产品和设备的性能和使用。

案例

## 日本汽车在加拿大

日本汽车最初进入加拿大市场时,汽车时常生锈,加拿大消费者对汽车质量产生了怀疑,原来加拿大冬天天寒地冻,常常需要在道路上撒盐来融化冰雪,小汽车在路上跑的时间一长,受盐的腐蚀,导致车身锈迹斑斑,日本汽车制造商调查后,改进了车身的喷漆配方,添加了抗盐防锈漆,很好的解决了这个问题。

(资料来源:王峰《市场营销》)

## 学习任务 4　环境分析与营销对策

### 5.4.1　营销环境的二重性——威胁与机会

市场营销环境通过对企业构成威胁或提供机会而影响营销活动。

环境威胁是指环境中不利于企业营销的因素的发展趋势,对企业形成挑战,对企业的市场地位构成威胁。这种挑战可能来自于国际经济形势的变化,如 1997 年爆发的东南亚金融危机,给世界多数国家的经济和贸易带来了负面影响。挑战也可能来自于社会文化环境的变化,如国内外对环境保护需求的提高,某些国家实施"绿色壁垒",对某些生产不完全符合环保要求的产品的企业无疑也是一种严峻的挑战。还有像近期,面临国际上主要是美国要求提高纺织品关税和人民币升值,对国内这些行业的企业无疑就带来了很大的威胁。

市场机会指对企业营销活动富有吸引力的领域,在这些领域,企业拥有竞争优势。环境机会对不同的企业有不同的影响力,企业在每一特定的市场机会中的成功的概率,取决于其业务实力是否与该行业所需要的成功条件相符合,如企业是否具备实现营销目标所必需的资源,企业是否能比竞争者利用同一市场机会获得较大的"差别利益"。如我国政策允许个人从事外贸进出口业务,这对那些需要对外营销的企业提供了很大的便利。

### 5.4.2　威胁与机会分析

市场营销环境变化给企业营销带来的影响,集中地表现为威胁机遇两种情况。威胁是市场营销环境变化给企业带来的不利局面和压力,造成消极影响;机遇是市场营销环境变化给企业营销带来的有利条件和新的机会,发生积极影响。威胁和机遇是同时存在的,企业不仅要看到市场营销环境变化带给企业营销威胁的一面,还要发掘它所给予企业营销机遇的一面。要具体分析环境威胁是什么,有哪些表现;环境机遇是什么,有哪些表现;哪个是主要的,哪个是次要的;是威胁大于机遇还是机遇大于威胁,或是机遇与威胁等同。只有全面分析市场营销环境因素,才能对企业营销所处的市场营销环境作出准确地判断。

### 1) 分析营销环境威胁的方法

（1）环境扫描法。并不是所有市场营销环境因素与该企业的营销活动相关，企业也不可能一一详细评析。因此，企业有必要首先从各种市场营销环境因素中找出与本企业营销活动密切相关的那些重要因素，以便缩小范围。分析有关市场营销环境因素的实用方法是环境扫描法，即由熟悉环境的专家和企业营销人员组成环境扫描小组，将所有可能出现的与企业营销活动有关的因素都列举出来，最后把比较一致的意见作为环境扫描的结果，即得出相关的主要环境因素。

例如，某烟草公司通过信息系统和市场营销调查了影响企业营销的一些相关环境因素，最后确定以下这些因素足以影响企业业务的动向：

①有些国家的政府颁布了法令，规定所有的香烟广告和包装上都要印上关于吸烟危害健康之类的严厉警告。例如，在美国，里根总统1984年签署了一项新法令，规定在所有的香烟广告和包装上要印上"吸烟会引起肺癌、心脏病、肺气肿并危害孕妇"；"戒烟可以使健康免受严重危险！""孕妇吸烟可能导致胎儿受伤、早产和新生儿体重不够！""香烟内含有一氧化碳毒气"4条警告。

②有些国家的某些地方政府禁止在公共场所吸烟。例如，英国伦敦地铁从1984年7月9日起开始禁止吸烟。北京市环境保护局规定从1985年6月1日起，在局级机关办公室、会议室等公共场所禁止吸烟。

③许多国家吸烟人数下降。例如，据统计，美国成年人吸烟的比例1982年为37%，1983年为29%，这一年美国人少吸了311亿支香烟。据日本国营烟草专卖局调查，1983年日本约有200万人戒了烟。

④这家烟草公司的研究实验室发明了用莴笋叶制造无害烟叶的方法。

⑤发展中国家的吸烟人数迅速增加。据估计，我国目前有3亿多人吸烟，其中青年人中所占比例最高。

显然，上述①～③条环境因素给这家烟草公司造成环境威胁；

（2）矩阵图法。研究市场营销环境对企业的威胁，一般分析两方面的内容，一方面分析威胁对企业影响的严重性，即影响程度，另一方面是分析威胁出现的可能性，即出现概率。可用分析矩阵方法来进行，如图5-3所示。

出现的概率
高低

图 5-3　威胁分析矩阵图

第Ⅰ象限内,环境威胁的严重性高,出现的概率也高,表明企业面临着严重的环境危机,面对危机企业应处于高度戒备状态,积极采取相应的对策,避免威胁造成的损失。例如,污水排放量很大的造纸厂在国家政府提倡环境保护而限制排污量的时候,企业面临的环境威胁就很大了,甚至面临着倒闭的危险。对此,企业就需要转变经营策略,或者把污水治理外包给污水处理公司,或者工厂自己加大其治污力度。

第Ⅱ象限,威胁严重性高,但出现的概率低,企业不可忽视,必须密切注意其发展方向,也应制订相应的措施准备面对,力争将危害降低。这种情况也有,例如,流行性病毒对于餐饮行业的打击是惨重的,像 Sars 这样的病毒出现的时候,这时餐饮行业只能选择加大消毒和宣传力度或者是创新,否则只能关门。但是,这种情况出现的概率是很低的。

第Ⅲ象限,营销环境威胁影响程度小,但出现的概率高,虽然企业面临的威胁不大,但是,由于出现的可能性大,企业也必须充分重视。这样的情况也经常见到。

第Ⅳ象限,环境威胁严重性低,出现的概率也低,在这种情况下,企业不必担心,但应注意其发展动向。这样的情况很多,也有很大一部分情况是随机的,所以企业也不能一有什么风吹草动就草木皆兵,这样不仅使企业员工和消费者无所适从,也会使得企业丧失很多机会。

### 2)分析环境机会的方法

(1)环境扫描法。与上述威胁分析类似,企业要首先从各种市场营销环境因素中找出与本企业营销活动密切相关的那些重要因素,以缩小范围,然后由熟悉环境的专家和企业营销人员组成环境扫描小组,将所有可能出现的与企业营销活动有关的因素都列举出来,最后把比较一致的意见作为环境扫描的结果,从而得出相关的主要环境因素。

仍然利用上例说明,则经过环境扫描分析企业就可以得出结论:上例中④~⑤

条环境因素则给这家烟草公司带来市场机会,使这家公司可能享有"差别利益"。

(2)矩阵图法。研究营销环境机会应从潜在的吸引力和可能性两方面进行分析。分析的矩阵图,如图5-4所示。

成功的可能性

大　　小

| | 大 | 小 |
|---|---|---|
| 机会潜在的吸引力 | I | II |
| | III | IV |

**图5-4　机会分析矩阵图**

第 I 象限营销的机会,机会潜在吸引力和成功的可能性都很大,表明营销机会对企业发展有利,同时,企业有能力利用营销机会,企业应采取积极的态度,分析把握。比如说,当 SARS 来临时,导致板蓝根、84 消毒液和纱布都供不应求,很多销售板蓝根、84 消毒液和纱布的商家就面临着很大的机遇,而且成功的把握很大。企业就可以利用这次机会实现短期利润的增长。

第 II 象限营销的机会,机会潜在吸引力很大,但是可能性很小,说明企业暂时还不具备利用这些机会的条件,应当放弃。面临着国人对健康的追求和渴望,企业可以开发出保健功能的产品,这对企业无疑是有很大潜在吸引力的,但对有的企业来说实现的可能性太小。这时,企业就应该好好分析当前的形势,尤其要注意企业的微观条件是否能够支持。

第 III 象限营销的机会,机会潜在吸引力很小,成功的可能性大,虽然企业有利用机会的优势,但不值得企业去开拓。这样的情况很多,比如说更换或改进产品的包装会对消费者形成新的刺激,但这种刺激的程度往往是有限的,虽然说成功的可能性很大,但要考虑成本和收益的比较。

第 IV 象限营销的机会,机会潜在吸引力很小,成功可能性也小,企业应当主动放弃。这种情况企业就应该有所取舍了。

找出主要环境因素后,还必须确定其重要程度。因为并不是所有的市场威胁因素对企业的威胁程度都一样,也不是所有的市场机会对企业具有同样的吸引力。因此,企业可以用市场"威胁—机会"矩阵图加以分析、评价。

## 3) 综合分析

在营销的过程中,当某一环境发生变化时,往往既是威胁,又是机会,这需要将两者结合起来进行分析,得出"机会—威胁分析矩阵图",根据"机会—威胁分析矩阵图",可得到四种不同类型的业务,即理想业务、冒险业务、成熟业务、困难业务。

SWOT 模型,定性分析微观环境的一个常用工具,SWOT 4 个英文字母分别代表 Strength、Weakness、Opportunity 和 Threat。意思分别是:S:强项、优势;W:弱项、劣势;O:机会、机遇;T:威胁、对手。该方法将企业所属的环境,从优势、劣势、环境、威胁等四个角度进行分析,用以评价企业面临的状况。从整体看,SWOT 可以分为两个部分:第一部分为 SW 分析,主要用来分析内部条件;第二部分为 OT 分析,主要用来分析外部条件。

### 5.4.3　企业营销对策

市场营销环境变化给企业营销带来的影响是多样、复杂的。企业应持全面、具体的评价原则,运用环境扫描法、"威胁—机会"矩阵图法,对影响企业营销的相关环境图案及其权重做出准确评估和分析,并在环境分析与评价的基础上,企业对威胁与机会水平不等的各种营销业务,要分别采取不同的对策。

对理想业务,应看到机会难得,甚至转瞬即逝,必须抓住机遇,迅速行动;否则,丧失战机,将后悔莫及。

对冒险业务,面对高利润与高风险,既不宜盲目冒进,也不应迟疑不决,坐失良机,应全面分析自身的优势与劣势,扬长避短,创造条件,争取突破性的发展。

对成熟业务,机会与威胁处于最低水平,可作为企业的常规业务,可以维持企业的正常运转,并为开展理想业务和冒险业务准备必要的条件。

对困难业务,要么是努力改变环境,走出困境或减轻威胁,要么是立即转移,摆脱无法扭转的困境。

分析评价市场营销环境,目的是为了制订应变对策。由于各个企业的具体情况不同,在同样的市场营销环境变化中,应变对策也不能一样,因此很难确定一种固定模式。这里仅根据威胁与机遇两种情况,为企业适应环境变化,选择合理的对策提供几种思路,供参考。

#### 1) 应付环境威胁的对策

一是促变。即企业采取措施抑制或扭转不利因素的发展,化不利为有利,促进环境因素转变。例如,因木材资源减少,威胁到木器加工企业的生产,企业可主动与林业部门联营,实现林业生产—木材供应—木器生产一条龙。木器加工企业扶植林业生产,增加木材资源供应,就是一种促变对策。

二是减轻。即企业主动调整营销计划,改变经营战略,去适应市场环境变化,减轻环境威胁的严重程度。例如,面临木材资源短缺的企业,还可以改进木材加工工艺,增用辅料或代用材料,减少木材消耗;也可以开展综合利用,提高木材利用率,以减轻资源短缺带来的困难。

三是转移。即企业抽出部分资金转移到其他部门,实行多元化经营;也可以全部转产,或者全部采用新材料代替木材作原材料,等等。

### 2)把握市场机会的对策

一是准确把握时机选择。如果看准了市场环境趋势,就应当机立断,尽早做出决策,不能等到停工待料时,再去寻找市场机遇。

二是慎重行事。美国著名市场学学者李维特曾告诫企业家们,要小心地评价市场营销机会。他说:"这里可能是一种需要,但是没有市场;或者这里可能是一个市场,但是没有顾客;或者这里可能有一个,但没有推销员。"他的告诫说明,机会决策必须准确地预测市场需要和估价企业的能力,不然,从表象出发,难免导致决策失误。

三是逐步到位。实施决策应分步骤,边试验、边总结,以进一步摸清市场环境,然后全面实施。

### 单元小结

企业在进行市场营销活动时,会受到各种环境因素的影响。营销环境不仅包含了广泛、复杂的内容,而且各个方面因素相互影响、相互作用,对企业营销活动产生制约和影响。

企业与营销环境的关系最应关注的是营销环境的变化性与企业的适应性。强调企业对营销环境的不可控制,并不意味着企业对营销环境无能为力,现代营销理论强调企业对营销环境的反作用。

营销环境分为宏观环境和微观环境。

对企业发生直接影响作用的是微观环境,主要有:企业内部环境、供应商、营销中介、顾客、竞争者和社会公众。市场营销的宏观环境由政治与法律环境、经济环境、人口环境、社会文化环境、自然环境、科学技术环境6大要素组成,这些环境要素主要是以间接的形式作用于企业的营销行为。

环境对企业营销活动的影响,可分为威胁环境与机会环境,企业通过环境分析来评估环境威胁与环境机会。企业只有重视对营销环境变化的监测并加强营销战略的可调整性,才能把握环境机会,避免环境威胁对自身造成损失。

案例分析

## 老牌子遇到新问题

提起国酒茅台,中国人都有一种特殊的感情。1915年,茅台酒代表中国民族工商业进军巴拿马万国博览会并荣获殊荣,从此跻身世界三大蒸馏名酒行列,奠定了中国白酒在世界上的地位,亦将其自身确立为中国白酒之至尊。新中国成立后,茅台酒又被确定为"国酒",一直处于中国白酒领头羊地位的茅台酒,更因其在日内瓦会议、在中美、中日建交等外交活动中发挥了独特作用而蜚声海内外。改革开放后,茅台酒业获得长足发展,自1985年至1994年又在国际上荣获多项荣誉。茅台酒厂在全国同类企业中率先跨入国家特大型企业行列。

1. 中国贵州茅台酒厂集团

中国贵州茅台酒厂集团即中国贵州茅台酒厂(集团)有限责任公司是贵州省政府确定的22户省现代企业制度试点企业之一。1996年7月,贵州省政府批复同意贵州茅台酒厂改制为国有独资公司,更名为中国贵州茅台酒厂(集团)有限责任公司,同时,以该公司为核心企业组建企业集团,并命名为中国贵州茅台酒厂集团。全国白酒行业唯一的国家一级企业,全国优秀企业(金马奖),全国驰名商标第一名,是全国知名度最高的企业之一。贵州茅台酒与苏格兰威士忌、科涅克白兰地同列为世界3大名酒。自1915年巴拿马万国博览会获得国际金奖以来,连续14次荣获国际金奖,并获得"亚洲之星""国际之星"包装奖、出口广告一等奖,蝉联历次国家名酒评比之冠,是中华人民共和国国酒。

企业分布在北京、上海、海南、深圳等地,分别从事酒店业、包装材料制造、内外贸易等跨行业经营管理;先后开发了43%(V/V)、38%(V/V)、33%(V/V)茅台酒、汉帝茅台酒、茅台女王酒、茅台不老酒、贵州醇、贵州特醇、茅台醇等系列产品,形成了多品开发、多种经营、多元发展的新格局,各项经济技术指标均呈两位数增长。1994年,茅台酒厂质量管理一次性通过GB/T 19002—ISO 9002质量体系认证,在白酒行业中率先与国际质量标准接轨;1995年,在美国纪念巴拿马万国博览会金奖80周年名酒品评会上,茅台酒再次夺得特别金奖第一名。

2. 质量求生存,管理出效益

改革开放以后,与其他许多传统品牌一样,茅台酒遇到了老牌子如何跟上飞速发展的新形势的问题,首先是如何对待产品质量。在产品质量问题上,茅台酒确定

并坚持了"质量第一,以质促效"的方针。在这个方针指导下,茅台人从3个方面诠释"质量":

(1)质量就是企业的长远效益。领导班子对此保持高度共识。茅台酒是世界名酒,中国国酒,自从1915年夺得巴拿马万国博览会金奖后,在海内外市场上一直是"奇货可居""皇帝女儿不愁嫁",特别是在市场经济中,在茅台的金字招牌下,只要企业愿意增加产量,就意味着随时可增加效益。但是,集团党委书记兼董事长季克良和总经理袁仁国说:"面对来自市场的各种诱惑,国酒人始终头脑清醒。茅台酒之所以近百年金牌不倒,创造出如此的市场信誉度,根本原因即在于其拥有卓尔不群的品质。酒是陈的香,如果目光短浅,丢掉这个根本去杀鸡取卵,无疑最终反过来会葬送企业长远效益。"

(2)质量先于产量、效益和发展速度。强烈的质量意识已浸入每个国酒人血脉。近20年间,茅台集团生产能力由原来不足千吨攀升至5 000余吨,但是,产品必须经过5年以上的酿造窖藏周期才能出厂的规定,以及相应的质量否决制却不折不扣地得以执行。每道工序、每一环节的质量都要与国酒、"中国第一酒"的身份地位相符合。当产量、效益、发展速度与质量发生矛盾时,都要服从于质量。茅台酒厂借助于现代化的科学仪器,从辅助材料、原材料、半成品到成品;对几十个项目要作科学严密的分析检验,使每一个项目都符合产品质量要求的指标。与此同时,不丢掉在长期实践中形成和传授下来的品评茅台酒的绝招,使用"眼观色,鼻嗅香,口尝味"的传统方法,凭人的感觉器官检验产品质量。现代科学检测手段与专家品评绝招相结合,恰似给茅台酒质量检测上了双保险。

(3)质量的稳定和提高需要创新。茅台人很重视先进质量管理方法和手段的引进、创新。早在20世纪80年代中期,茅台酒厂就引进了日本全面质量管理办法,一改长期以来主要靠师傅把质量关的管理方法为全体员工都参与,经过全员培训,规范操作程序和操作工艺,使质量有了全面提高。继20世纪80年代中期推广了全面质量管理方法,90年代又通过了ISO 9000国际标准产品和质量保证体系认证,结合企业特点建立起一套行之有效的质量检评制度。迄今,集团一直坚持每年按季度作内部质量审核,每年主动接受权威质量保证机构的审核。生产工艺基本上变成机械化、现代化的操作;同时,发挥技术中心的作用,大量更新科研管理设备,加大科技成果转化力度,为产品质量的稳定、提高,提供了坚实的基础。

3. 及时转观念

从1997年开始,白酒市场格局发生了新的变化,形成了多种香型、多种酒龄、不同酒度、不同酒种并存,各种品牌同堂竞争、激烈争斗的格局,我国酒业的生产也进入了前所未有的产品结构大调整时期,啤酒、葡萄酒等发展迅猛,风头甚劲。一批同行企业异军突起,后来居上,产量和效益跃居同类企业前列;同时,消费者消费习惯也发生了改变,传统的白酒生产面临着严峻的挑战。面对这种市场经济条件下严峻的竞争现实,白酒产量总体过大等因素的影响,全国白酒行业市场情况呈现了总体下滑的趋势,到1998年形势更加严峻,1—7月,茅台酒全年销售任务只完成33%。酒还是那个酒,但前所未有的困难却蓦然而至,根子到底在哪里?关键时刻,茅台酒厂集团领导班子进行了大调整。一次次决策会议上,领导班子成员展开了热烈的讨论,最后得出的结论让人并不轻松:排除宏观因素不说,就企业内部的微观原因而言,还是在于上上下下思想解放不够,观念还没有真正转变到市场经济的要求上面来,整个运作方式、思维模式事实上依然处于计划经济的状态。如果这种自以为"皇帝女儿不愁嫁"的状态没有及时而根本的改变和突破,企业的未来将会非常危险。就这样,以季克良带头的领导班子将大部分的时间都花在了市场调研上,马不停蹄地跑遍了全国许多有代表性的地方,一方面为自己"洗脑",吸收新鲜气息,一方面寻求市场决策的突破口。稍后不久,一系列大气魄的面向市场的举措便在茅台酒厂集团接踵出台了。首先的一项举措是大力充实销售队伍,在全厂范围内公开招聘了一批销售员,经过1个月的培训,迅速撒向全国各地。紧接着,集团就破天荒地在全国10个大城市开展了多种形式的促销活动,季克良等领导带头出现在商场、专柜,亲自宣传自己的产品,一下拉近了与消费者的距离,效果极佳。半年的奋斗下来,年终盘点,茅台酒厂(集团)公司本部不但弥补了上半年的亏空,而且全年实现利税4.41亿元,销售收入8.16亿元,比上年又有大幅度的上升。

4. 该出手时就出手

然而,"在有些人眼里,茅台酒这块金字招牌,却成了块不吃白不吃的肥肉",茅台酒厂集团董事长季克良道出了茅台人内心深处的苦衷。自1984年在武汉发现第一批假茅台酒起,茅台酒成了我国最早一批被侵害的名酒。随着市场经济体制的逐步建立,茅台酒所遭受的商标、企业名称等知识产权的侵犯也呈现出不同的演变趋势:20世纪80年代,市场刚刚启动,各种直接盗用茅台酒包装、打茅台酒牌子的"茅台酒"横行于市,以致造成了人们爱茅台而不敢买茅台的恶劣局面,"假茅台"成了茅台酒厂集团的心腹大患。进入20世纪90年代以后,茅台酒厂集团依靠各级政府支持,加大打击假冒的力度,并理顺销售渠道,采用一系列防伪技术,使得假冒"茅台"猖獗的气焰得以有效遏制。但是,不法分子又"暗渡陈仓",改而在"侵权"上做文章,打起了茅台商标的"擦边球",并纷纷由"阵地战"转为"游击战",公开转入地下,省内转向省外,由固定制售转向流动产销,制造商、经销商相互勾结,打一枪换一个地方,需要什么牌子就包装什么,日益狡猾。茅台酒厂集团法制处负责人称,"李鬼"暗箭难防,已成为茅台酒最可怕的敌人。集团副总经理戴传典向会议作的报告,将不法商贩的种种侵权现象作了如下归纳:其一,侵犯"茅台"注册商标专用权;其二,伪造带有"茅台"二字的企业名称,或者把未经工商登记的名称使用在产品包装装潢上,用以误导消费者;其三,仿冒茅台酒包装外观图形;其四,在宣传上有意进行误导,如某些企业生产的产品,将茅台酒厂集团全貌作为广告照片印在酒盒上;其五,玩书法游戏,如产品名称取名与"茅台"十分相近等,包装上再刻意写成接近"茅台"的字样。面对假冒侵权产品对茅台酒厂集团权益的侵害和市场的蚕食,季克良忧心忡忡:"假冒侵权产品不根除,老祖宗千年留下的国宝,就可能要毁在我们这代人手中。""如果任其发展下去,就会断送我国的民族工业。"总经理袁仁国如是说。为了最大限度击退假冒侵权;为了保护名牌、保护企业和消费者的合法权益,茅台酒厂积极主动地打假,抓大案要案,同时大力协助各地工商、公安部门打假。在打假的同时,防假方面走出了几大步:第一步用激光防伪,第二步使用条码,第三步进口日本瓶子,第四步进口意大利瓶盖,第五步不惜高代价采用美国3M的防伪技术。茅台酒厂集团每年为此的花费都在千万元以上。

当前,我国白酒产大于销、供过于求成为主要矛盾。1996年白酒产量达到我国白酒产量最高水平,超过了800万吨。1997年全国白酒生产开始出现负增长,为780多万吨,1998年大幅下挫为600万吨。白酒总量下降,据专家分析原因有多种:国家对白酒行业实行限制发展政策,对葡萄酒、啤酒的饮用进行建议和推崇,造成市场的分流;由于白酒的"烈性",人们对白酒需求降低;由于工作和生活的限制,人们不再放纵自己,且午餐时间饮酒减少以致酒量下降;高档的洋酒吸引了一部分消费者;公款消费减少。

分析讨论:

1. 改革开放后,茅台酒的市场营销环境发生了哪些变化?
2. 你认为茅台酒在弘扬中国名牌方面有什么建议?
3. 在此案例中,你发现企业作为微观环境为什么特别重要?
4. 贵为国酒的茅台,为什么不能"俏也不争春,一任群芳妒"无视市场环境的变化?

### 同步测试

1. 企业应如何适应环境变化调整市场营销战略战术?
2. 企业面临环境威胁时应如何选择对策?
3. 分析市场营销环境对企业营销有何重要意义?

4. 消费者支出结构变化对企业营销活动有何影响？

## 实训项目

SWOT分析能力训练

实训目标

1. 培养认识企业SWOT环境的能力。

2. 培养能运用SWOT分析方法评价企业的能力。

内容与要求

1. 调查本地产品、企业、市场，收集资料，寻找某产品或企业的SWOT环境。

2. 针对一家产品或企业进行SWOT分析评价。

3. 在班上组织一次现场交流演练。

# 单元 6

# 市场购买行为分析

◉**学习目标**

1. 了解消费者市场与组织市场的基本特征。

2. 了解组织市场与消费者市场的区别。

◉**能力目标**

1. 分析影响消费者购买行为的因素。

2. 掌握消费者购买决策的一般过程。

3. 能够在分析购买行为基础上作出正确的营销决策。

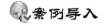案例导入

## 宝洁公司也有教训

　　美国宝洁公司曾经不顾当地消费者习惯与口味,采取直接引进产品的做法,迅速地向国际市场扩张。例如,在英国引进一种香料油味道的牙膏,但并没受到欢迎。因为英国人很讨厌香料油的味道。香料油在当地被用作药膏,而不被用于食物或牙膏。同时,宝洁在英国推出"杜恩"洗发精后的冬天,使用者开始接连不断地抱怨在洗发精瓶中发现有结晶的情形。宝洁忽略了英国家庭的浴室温度通常低于结晶温度。

　　数年后,宝洁进入日本市场,仍将过去的教训抛在脑后。"起儿"洗衣剂是宝洁打入日本市场的第一个产品。这个产品直接从美国进口。它拥有一项产品优势,即可依据各式洗涤温度,如热洗、温洗或冷洗等来清洗衣物。但是日本妇女一向用自来水洗涤衣服,3种温度的洗衣方法对于她们毫无意义。因此,产品销售状况仍然不佳。

　　　　　　　　　　　　(案例来源:《中国市场营销经理助理资格证书考试教材》)

　　学习思考:在美国市场畅销的产品为什么会在其他国家遇到重重困难? 是哪些原因影响了消费者对这些产品的选择?

## 学习任务1 了解消费者市场

　　世界各地基本消费需求——如诱人的肤色、干爽的婴儿,或者牙齿防蛀,等等,很少会有不同。但是消费者认知的独特性与当地市场的特殊性,将会左右不同的营销策略。宝洁在美国以外的市场推销其产品失败的一些教训便是一种很好的说明。尽管宝洁是世界知名品牌,但如果产品需求特征,不适应人们的消费习惯,同样会遭遇市场的冷遇。菲利普·科特勒认为,最重要的事情是预测顾客的行踪,并且能走在他们的前面。只有充分认识市场的特点,把握不同购买者的购买行为,才能制订科学的营销策略,满足市场需要,实现企业的经营目标。

### 6.1.1 消费者市场的含义和特点

消费者市场也称为最终商品市场,是指为个人和家庭消费而采购商品和劳务所形成的市场。消费者市场具有以下特征:

**1)分散的、小型的购买**

我们每一个人都是消费者市场的一员,随时随地都可能发生购买行为。因此,消费者市场人数众多,范围广泛、分散。并且,消费者的购买单位是个人或家庭,一般而言,家庭商品储藏地点小、设备少,不易购买大量商品存放;现代家庭逐渐小型化,商品消耗量不大;再加上现代市场商品供应丰富,购买方便,随时需要,随时购买,导致消费者每次购买数量小,多次重复购买,易耗的非耐用消费品更是如此。

**2)消费者市场差异性较大**

消费者市场包括每一个居民,数量多,分布广。个人的购买受到年龄、性别、收入、身体状况、职业、性格、习惯、文化教育和生活环境等多种因素的影响,而具有千差万别的消费需求和消费行为。因此,他们对所购商品的品种、规格、质量、花色和价格等的要求也就呈现出纷繁复杂的需求特征。

**3)消费者的需求处于不断的变化发展中**

人类社会的生产力和科学技术在不断进步,新商品不断出现,这是社会进步、科技发展的必然性结果;同时,也必然带来消费者收入和消费者水平的不断提高。进而,消费需求也就呈现出需求量由少到多,需求质量由低到高,以及消费需求形式不断变化等发展趋势。在需求逐步个性化时代,消费者的需求还呈现出不断变化的特征。他们要求商品的品种、款式不断翻新,不断感受新的刺激,不喜爱一成不变。

**4)消费者市场是非专家购买市场**

大多数消费者对所购买的商品缺乏专门的甚至是必要的知识,对质量、性能、使用、维修、保管、价格乃至市场行情都不太了解,特别是在机械、电子,及其他高科技商品层出不穷的现代市场,新的消费品不断涌现。尽管商品种类繁多,不同品牌甚至不同品种之间往往可以互相替代,消费者只能根据个人好恶和感觉做出购买决策。所以消费者的购买,受环境因素、情感因素影响较大,受企业广告宣传和推销活动的影响也较大,属非专家购买。

### 6.1.2　消费者购买行为模式

#### 1）消费者市场"7Os"模型

消费者行为是指消费者在寻求、购买、使用、评价和处理预期能满足其需要的商品或服务时所表现出来的行为。对于消费者行为的研究，就是要研究消费者是如何用有限的可支配的资源，比如时间、精力、金钱等，来更高效率地满足自身需要。消费者市场购买行为的研究可以概括为 7 个主要问题，又被称为"7Os"研究法：

消费者市场由谁构成？（Who）→购买者（Occupants）

消费者市场购买什么？（What）→购买对象（Objects）

消费者市场为何购买？（Why）→购买目的（Objectives）

消费者市场的购买活动有谁参加？（Who）→购买组织（Organizations）

消费者市场怎样购买？（How）→购买方式（Operations）

消费者市场何时购买？（When）→购买时间（Occasions）

消费者市场何地购买？（Where）→购买地点（Outlets）

#### 2）刺激—反应模式

在"7Os"模型中，有些问题我们可以较为直观地去了解，诸如：消费者购买什么产品，什么时候、在什么地方以及用什么方式购买等。然而，人们为什么购买则是一个非常复杂，难以轻易回答的问题。购买者所表现出来的购买行为，不过是对来自各方面影响的反应，是购买者复杂的心理作用的结果。可以看到，在社会环境及企业等因素的刺激下，不同的消费者会表现出不同的购买行为。我们通常把消费者在接受外界各种刺激后，内心的反应过程形象地称作"消费者黑箱"（图6-1）。研究和了解消费者内心的购买反应，将有助于企业采取正确和行之有效的营销决策。

人的内在心理，即使在科学高度发展的今天，仍是不能完全认知的领域。但导致不同购买行为的购买心理过程，却是企业营销人员力求了解的问题。尽管消费者心理复杂，难以琢磨，但我们仍可以从其心理反应中，看到某些带普遍性的规律，总结购买过程的行为模式。

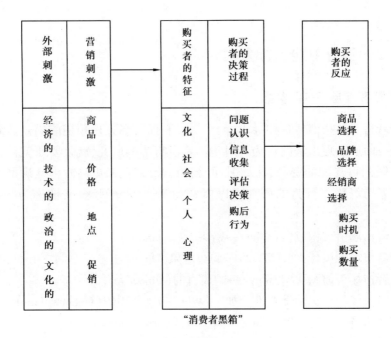

图 6-1　消费者购买行为模式

## 学习任务 2　分析消费者购买行为

### 6.2.1　影响消费者购买行为的主要因素

消费者的购买行为受许多因素的影响,企业要较好地把握消费者的购买行为,有效地开展市场营销活动,必须系统地分析影响消费者购买行为因素。

#### 1) 文化因素

(1)文化。文化是指人类需求和行为最基本的决定因素,从生活实践中建立起来的价值观念、道德、理想和其他有意义的象征的综合体。它包含法律、宗教、风俗、语言、艺术、工作方式及其他能影响社会及社会成员行为的人文环境。每一个人都在一定的社会文化环境中成长,通过家庭和其他主要机构的社会化过程中学到和形成了基本的文化观念。文化是决定人类个体起居、建筑风格、节日、礼仪等物质和文化生活各个方面的不同特点。中国的文化传统是仁爱、信义、礼貌、智慧、诚实、忠孝、上进、尊老爱幼、尊师重教等。比如,一个大学生要购买手机,是因为他所生长的环境、学习环境需要有移动通讯工具,生活环境使他认识了手机及其重要性。

(2)亚文化。任何文化又都包含着一些较小的群体即所谓的亚文化。它们以特定的认同感和社会影响力将各成员联系在一起,使这些较小群体具有特定的价值观念、生活方式和生活情趣。亚文化有许多不同的类型,其中对消费者最具影响力的亚文化主要有四种:①民族亚文化群。世界上许多国家,都有不同的民族,每个民族在漫长的历史发展过程中,都形成了许多以民族为基础的独特的风俗习惯和文化传统。②宗教亚文化群。世界上的许多国家,存在不同的宗教,每种宗教都有自己的教规或戒律,形成与各自宗教相一致的信仰、禁忌、偏好。它们的信仰者在购买种类和购买行为上都会表现出不同的宗教特色。③种族亚文化群。世界各个国家可能都有不同的种族,不同的种族有不同的生活习惯和文化传统。比如,美国的黑人与白人相比,购买的衣服、个人用品、家具和香水较多,购买的食品、运输和娱乐较少。虽然他们更重视商品的品牌,更具有品牌忠诚性。美国的许多大公司如西尔斯公司、麦当劳公司、宝洁公司和可口可乐公司等非常重视通过多种途径开发黑人市场。还有专门为黑人开发特殊的商品和包装。④地理亚文化群。同一国家内处于不同地理位置的各个地区都有着不同的文化和生活习惯,从而形成不同的需求特征。

(3)社会阶层。社会大多存在着社会层次,它有时以社会等级出现,不同层次的人在社会上都担当一定的社会角色。社会阶层是社会学家根据职业、收入来源、教育水平、价值观和居住区域对人们进行的一种社会分类,是按层次排列的、具有同质性和持久性的社会群体。社会阶层具有以下特点:①同一阶层的成员具有类似的价值观、兴趣和行为,在消费行为上有相互影响并趋于一致。②人们以自己所处的社会阶层来判断各自在社会中占有的高低地位。③一个人的社会阶层归属不仅仅由某一变量决定,而是受到职业、收入、教育、价值观和居住区域等多种因素的制约。④人们能够在一生中改变自己的社会阶层归属,既可以迈向高层,也可以跌至低阶层,这种升降变化的程度随着所处社会阶层森严程度的不同而不同。不同阶层的人们,无论是在商品的购买行为或是购买商品种类上都具有明显的差异性。例如,在服饰、家具、娱乐、汽车及其活动方式等方面,都会因阶层不同存在着不同偏好。

### 2)社会因素

消费者的购买行为还要受一系列社会因素的影响,它们是:

（1）相关群体。相关群体是指能够直接或间接影响消费者购买态度、行为和价值观的群体。

直接对消费者产生影响的群体称为基本群体或主要群体，是那些关系密切经常发生相互作用的非正式群体，如家庭成员、亲朋好友、邻居和同事等。这类群体对消费者影响最强。次要群体是较为正式但日常接触较少的群体，如宗教、专业协会和同业组织等。这类群体对消费者的影响强度次于主要群体。其他群体又被称为渴望群体，指有共同志趣的群体，即由各界名人如文艺明星、体育明星、影视明星和政府要员及其追随者构成的群体。这类群体影响面广，但对每个人的影响强度逊于主要群体和次要群体。

我们还可以将相关群体分为准则群体、比较群体和否定群体。准则群体：指人们同意和赞赏其行为并乐意加以仿效的群体。比较群体：指人们以其行为作为判断自己身份和行为的依据而并不加以仿效的群体。否定群体：指其行为被人厌恶的群体。消费者通常不买那些与否定群体有关的商品。

相关群体对消费行为有很大影响。某种相关群体的有影响力的人物称为"意见领袖"，他们的行为会引起群体内追随者、崇拜者的仿效。表现为3个方面：一是示范性，即相关群体的消费行为和生活方式为消费者提供选择的模式；二是相关性，相关群体的消费行为引起人们仿效欲望，影响人们的商品选择；三是一致性，即由于仿效而消费行为趋于一致。相关群体对购买行为的影响程度视商品类别而定。据研究，相关群体对汽车、摩托、服装、香烟、啤酒、食品和药品等商品的购买行为影响较大，对家具、冰箱、杂志等影响较弱，对洗衣粉、收音机等几乎没有影响。营销人员必须利用相关群体的作用，有效地推销自己的产品。

（2）家庭。家庭是最重要的消费者购买组织。人一生所受家庭的影响主要来自自己的父母、配偶和子女。家庭不同成员对购买决策也有很大的影响，这一点可以用家庭权威中心来分析。社会学家根据家庭权威中心点不同，把所有家庭分为4种类型：①各自做主型。指每个家庭成员对自己所需的商品可独立做出决策，其他人不加以干涉。②丈夫支配型。指家庭购买决策权掌握在丈夫手中。③妻子支配型。指家庭购买决策权掌握在妻子手中。④共同支配型。指大部分购买决策由家庭成员共同协商做出。家庭权威中心点会随着社会政治经济状况的变化而变化。由于社会教育水平增高和妇女就业增多，妻子在购买决策中的作用越来越大，许多家庭由"丈夫支配型"转变为"妻子支配型"或"共同支配型"。此外，即使是相同的家庭权威中心点，但根据商品的价值大小不同，商品的复杂程度不同，其起决定作用的实际决策点也是在发生变化的。

（3）身份和地位。每个人的一生会参加许多群体，以多种角色出现，如家庭、公司、俱乐部及各类组织。某人在女儿面前是父亲,在妻子面前是丈夫,在公司是经理。每种身份都伴随着一种地位,反映了社会对他的总评价。人们在购买商品时往往会结合自己在社会中所处的地位和角色来考虑。企业常常把自己的商品或品牌变成某种身份或地位的标志或象征,吸引特定目标市场的顾客。

### 3) 个人因素

(1)年龄与生命周期阶段。人们随着年龄的变化,对所购买的商品和服务的款式、构造和细微功能有不同需求。不同年龄层次的人们除有不同的世界观或价值观外,他们会因年龄层次不同而选择与他的年龄相一致的商品。比如,婴儿时期、青年时期和老年时期的饮食结构有很大差异,同样对服饰、家具、娱乐等喜好也有很大不同。年龄与生命周期还关系到个人的婚姻状况与子女等,会更复杂地影响购买行为。

(2)职业与经济环境。一个人的职业会影响他的消费模式。普通工人会购买工作服,公司经理则会购买西装。经济因素指消费者可支配收入、储蓄、资产和借贷的能力。经济因素是决定购买行为的首要因素,决定着能否发生购买行为以及发生何种规模的购买行为,决定着购买商品的种类和档次。营销人员应密切注意居民收入、支出、利息、储蓄和借款的变化,对价格敏感型商品更为重要。

(3)生活方式。人们可能生活在相同的亚文化、相同的社会阶层之中,甚至职业也相同,却可能拥有完全不同的生活方式。所谓生活方式是指人们的生活格局和格调,集中表现在他们的思想见解、兴趣爱好和活动方式上。不同生活方式的群体对商品和品牌有不同的需求。生活方式勾画了人与环境相互作用后形成的更加完整的人,它比单独的社会阶层或性格所表达的特性更完美,也更深邃。企业营销人员应设法从多种角度区分不同生活方式的群体,如节俭者、奢华者、守旧者、革新者、高成就者、自我主义者、社会意识者等。营销人员应探明生活方式之间的相互关系,在设计商品或营销策略时,明确针对某一生活方式群体。比如,保龄球馆不会向节俭者群体推广保龄球运动,名贵手表制造商应研究高成就群体的特点以及如何开展有效的营销活动;环保商品的目标市场是社会意识强的消费者;西方国家的妇女服装制造商为"俭朴的妇女""时髦的妇女""有男子气的妇女"分别设计不同的服装。

(4)个性与自我概念。各人都有影响其购买行为的不同个性。个性会导致对自身所处环境相对一致和连续不断的反应。个性特征有若干类型,如外向与内向、创新与保守、自恃与谦逊、乐观与悲观、细腻与粗犷、谨慎与急躁、领导与追随、独立性与依赖性等。一个人的个性影响着消费需求和对市场营销因素的反应。比如,外向的人爱穿浅色衣服和庄重的衣服；追随性或依赖性强的人对市场营销因素敏感度高,易于相信广告宣传,易于建立品牌信赖和渠道忠诚；独立性强的人对市场营销因素敏感度低,不轻信广告宣传；家用电器的早期购买者大都具有极强的自信心、控制欲和自主意识。

自我观念是描述人们如何看待自己,或别人如何看待自己的一幅复杂心灵图画。每一个人都会自认为自己是属于什么类型的人,或认为别人会把自己看作是什么类型的人,因而在行为表现上应与自己的身份相符。所以企业营销人员必须努力打造自己的产品形象,使之与目标市场消费者的自我形象相一致。

### 4) 心理因素

一个人的购买行为会受到动机、知觉、学习以及信念和态度的影响。

(1)动机。动机是指推动消费者进行各种活动的愿望。动机是行为发生的直接原因,是一种被刺激的需求,它推动和激发消费者从事某种行为,规定行为的方向。购买动机是消费者购买商品来满足个人需要的驱动力。消费者购买某种商品的行为十分复杂。美国行为科学家马斯洛提出了需求层次论:马斯洛将人类的需求分为由低到高的 5 个层次,即生理需要、安全需要、社交需要、尊重需要和自我实现需要(图 6-2)。

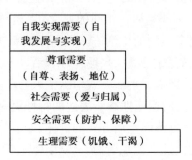

**图 6-2　需要层次图**

生理需要:指为了生存而不可缺少的吃、喝、睡眠等基本生活条件的需要。

安全需要:是人们对于人身、财产安全、社会秩序等的需要。

社会需要:指参与社会交往,取得社会承认和归属感的需要。

尊重需要:是指人们对于实现自尊和赢得他人好评、尊重的需要。

自我实现需要:这是人类的最高需要,指发挥个人的最大能力,实现理想与抱负的需要。

马斯洛认为,人们的 5 种需要是与生俱来的,不因富贵而多,也不因贫贱而少。一般而言,人类的需要由低层次向高层次发展,低层次需要满足以后才追求高层次的满足。马斯洛需要层次论在一定程度上分析了人类的需要结构及需要变化的一般规律。例如,对于满足低层次需要的购买者要提供经济实惠的商品,对于满足高层次需要的购买者应提供能显示其身份地位的高档消费品,还要注意需要层次随着经济发展而由低级向高级的发展变化。

(2)知觉。知觉是指个人选择、组织并解释信息的投入,以便创造一个有意义的外界事物图像的过程。两个处于相同环境或情景之中的人,对相同的环境或情景会有不同的感觉,也就是说,不同的人对同一刺激物产生不同的知觉,相应地也会有不同判断、采取不同的行为方式。为什么不同的人会对同一刺激物产生不同的知觉,是因为知觉会经过人们结合现实社会,经过大脑主观判断后的反应。

心理学认为,感知过程是一个有选择性的心理过程,它有 3 种机制:

①选择性注意。一个人每时每刻都面临着许多刺激物,但不可能都会引起注意,而只能有选择地注意某些刺激物。

②选择性曲解。消费者即使注意到刺激物,但不一定能正确认识,如实、客观地反映,往往按照自己的偏见或先入之见来曲解客观事物。人们有一种将外界输入的信息与自己头脑中早已形成的模式相结合的倾向,这种按个人意图曲解信息的倾向叫选择性曲解。

③选择性记忆。人们对所了解的信息不可能都记住,而只记住支持自己看法和信念的信息。

以上 3 种机制告诉我们,企业在营销过程中必须努力,以多次重复的、有吸引力的刺激、强刺激,加深消费者的印象,突破消费者固有的感觉壁垒。

(3)学习。改变人类行为的因素大多来源于学习。学习是指由于经验而引起的个人行为的改变的过程。人们可以通过书籍学习前人的经验,通过交往学习父母、亲朋、同事、老师、同学等的经验,也可以通过自己生活积累经验。这些经验都直接改变着人们的行为。

(4)态度和信念。态度指一个人对某些事物或观念长期持有的好与坏的认识评价、情感感受和行动倾向。态度导致人们对某一事物产生或好或坏、或亲近或疏远的感情。态度使人对相似的事物产生相当一致的行为,因为人们通常不会对每一事物都建立新的态度或做出新的解释和反应,按照已有态度对所接触到的事物做出反应和解释能够节省时间和精力。由于人们的态度呈现为稳定一致的模式,所以改变一种态度是十分困难的,需要在其他态度方面做出重大调整。

信念指一个人对某些事物所持有的描述性思想。例如,某顾客可能认为当地百货公司信誉卓著,商品货真价实,服务热情周到。顾客的信念决定了企业和商品在顾客心目中的形象,决定了顾客的购买行为。营销人员应当高度重视对本企业或本品牌的信念,如果发现顾客的信念是错误的并阻碍了他的购买行为,就应该用有效的促销活动去给予纠正,以促进商品销售。

### 6.2.2 消费者购买决策过程

仅仅了解影响消费者行为的主要因素,对于营销者还是不够的,还需要了解:目标购买者是谁?他们面临着什么样的决策?谁参与决策?购买者决策过程的主要步骤是什么?

#### 1)消费者购买决策过程的参与者

消费通常是以家庭为单位进行的,但购买决策者一般是家庭中的某一个或几个成员。究竟谁是决策者,要依不同商品而定。有些商品在家庭中的决策者、使用者和实际购买者,往往是不一致的,营销者必须了解谁是决策者,谁是影响者,谁参与购买过程,从而有针对性地开展促销活动,才能取得最佳效果。在一个家庭的购买决策中,各人分担不同角色,起不同作用,按其在决策过程中作用的不同,可分为5类:

(1)倡议者。最初提出购买某种商品的人。

(2)影响者。直接或间接影响最后决策的人。

(3)决策者。对部分或整个购买决策,如是否购买、购买什么、如何购买、何处购买和何时购买等,有权作出最后决定的人。

(4)购买者。实际执行购买决策的人。

(5)使用者。实际使用和消费该商品的人。

消费者的购买决策是在特定心理驱动下,按照一定程序发生的心理和行为过程。这一过程在实际购买前就已经开始,一直延续到购买行为之后,是一个动态的系列过程。

#### 2)消费者购买行为类型

根据参与者的介入程度和品牌间的差异程度,可将消费者购买行为分为4种(图6-3):

| 介入程度<br>品牌差异 | 高度介入 | 低度介入 |
|---|---|---|
| 品牌差异大 | 复杂型购买行为 | 多变型购买行为 |
| 品牌差异小 | 和谐型购买行为 | 习惯型购买行为 |

**图 6-3　消费者购买行为类型**

（1）复杂型购买行为。这是品牌差异大,消费者介入程度高的购买行为。当消费者初次选购价格昂贵、购买次数较少的、冒风险的和高度自我表现的商品时,则属于高度介入购买。由于对这些产品的性能缺乏了解,为慎重起见,他们往往需要广泛地收集有关信息,并经过认真地学习,产生对这一产品的信念,形成对品牌的态度,并慎重地做出购买决策。

对这种类型的购买行为,企业应设法帮助消费者了解与该产品有关的知识,并让他们知道和确信本产品在比较重要的性能方面的特征及优势,使他们树立对本产品的信任感。这期间,企业要特别注意针对购买决定者做介绍本产品特性的多种形式的广告。

（2）和谐型购买行为。品牌差异小,消费者介入程度高的购买行为。消费者购买一些品牌差异不大,但价格高的商品时,虽然他们对购买行为持谨慎的态度,但他们的注意力更多的是集中在品牌价格是否优惠、购买时间、地点是否便利,而不是花很多精力去收集不同品牌间的信息并进行比较,而且从产生购买动机到决定购买之间的时间较短。因而这种购买行为容易产生购后的不协调感:即消费者购买某一产品后,或因产品自身的某些方面不称心,或得到了其他产品更好的信息,从而产生不该购买这一产品的后悔心理或心理不平衡。为了改变这样的心理,追求心理的平衡,消费者广泛地收集各种对已购产品的有利信息,以证明自己购买决定的正确性。为此,企业应通过调整价格和售货网点的选择,并向消费者提供有利的信息,帮助消费者消除不平衡心理,坚定其对所购产品的信心。

（3）多变型购买行为。又叫寻求多样化购买行为。品牌差异大,消费者介入程度低的购买行为。如果消费者购买的商品品牌间差异大,但价格低,可供选择的品牌很多时,他们并不花太多的时间选择品牌,专注于某一产品,而是经常变换品种。比如购买饼干,他们上次买的是巧克力夹心,而这次想购买奶油夹心。这种品种的更换并非是对上次购买饼干的不满意,而是想换换口味。

面对这种广泛选择的购买行为,当企业处于市场优势地位时,应注意以充足的货源占据货架的有利位置,并通过提醒性的广告促成消费者建立习惯性购买行为;

而当企业处于非市场优势地位时,则应以降低产品价格、免费试用、介绍新产品的独特优势等方式,鼓励消费者进行多种品种的选择和新产品的试用。

(4)习惯性购买行为。品牌差异小,消费者介入程度低的购买行为。消费者有时购买某一商品,并不是因为特别偏爱某一品牌,而是出于习惯。比如醋,这是一种价格低廉、品牌间差异不大的商品,消费者购买它时,大多不会关心品牌,而是靠多次购买和多次使用而形成的习惯去选定某一品牌。

针对这种购买行为,企业要特别注意给消费者留下深刻印象,企业的广告要强调本产品的主要特点,要以鲜明的视觉标志、巧妙的形象构思赢得消费者对本企业产品的青睐。为此,企业的广告要加强重复性、反复性,以加深消费者对产品的熟悉程度。

### 3)消费者购买决策过程

现代市场营销通常把消费者购买决策过程分为5个阶段。这种购买阶段模式主要适用于复杂的购买行为的决策过程,对于某些日用品的购买行为,消费者可能会跳过某个阶段,或某些阶段表现不太明显。

(1)认知需要。由于消费者只有首先认识到需要得到满足的需求,才能产生购买动机。消费者对自身的各种需求加以正确认识,可以为购买决策限定范围,因而是有效决策的前提。需要是人们与生俱来的,不能创造出来,但是可以通过自身活动唤起。因此,企业不仅可在交易行为上下功夫,而且可从唤起需要阶段开始,调查研究那些与本企业商品实际上和潜在地有关联的驱动力,以及善于按照消费者的购买规律,适当地安排诱因,促使消费者对本企业生产经营商品的需要变得很强烈,并转化为购买行动。

(2)收集信息。消费者认识到自身的需求后,就会广泛收集有关信息。收集信息的主要途径有:①工商企业,包括企业广告、商品介绍、商品展示、营销人员讲解等。②相关群体,包括家庭成员、亲朋好友、同事邻居的推荐介绍等。③公众传播媒介,包括报纸、杂志、广播、电视的新闻报道等。④个人经验,即通过对各种商品的触摸、查看、试验、使用等得来的信息。

这4种不同来源的信息,对消费者的购买会产生不同的影响。一般地,商业信息只能起到参考作用,而相关群体和个人经验则会起主导作用。

(3)备选方案评估。收集信息后,消费者要对得来的信息进行分析、整理,对可供选择的商品进行分析、对比和评估,最后确定选择。消费者通常是采取期望价值标准进行判断的。评价的标准是多方面的、综合的,而不是单一的,消费者会运用不同的评估方法在多重属性目标之间做出选择。同时,各商品的主要属性和重要性大小,又会因消费者价值观念的不同而存在差异,比如,有人以购买价格的高低作为评价尺度,有人则以符合时尚作为衡量标准;有人追求结实耐用,有人则侧重外观新颖;有人追求个性化表现,与众不同,有人则宁可从众,不标新立异。因此,对同一决策方案,不同的消费者会做出完全不同的评价。

#### 4) 购买决策

当消费者对搜集的信息进行综合评价,并根据一定选购模式进行判定后,就会形成明确的购买意图。但购买意图并不一定会导致购买行动,这一过程中还可能受到其他因素的干扰,这种干扰因素主要来自多个方面:如相关群体态度,未预期到的意外因素等。

#### 5) 购后评价

消费者完成购买后,并不是购买过程的结束,消费者将体会到某种程度的满足或不满足,由此形成购买后的感受,这将影响消费者以后的行动,并对相关的群体产生影响。购后评价是购买过程中重要的信息反馈,反映了企业所经营的商品对消费者需求的满足程度,这是企业最原始的信息。因此,企业应重视搜集消费者的购买后评价,加强售后服务,以影响消费者的购后感受,增强满意感。

### 课堂游戏

举例说明你生活中不同类型的购买行为,并具体分析影响这些购买行为的因素。

## 学习任务3 分析组织者市场及其购买行为

### 6.3.1　组织者市场

#### 1) 组织市场的概念

组织市场是指除了以个人和家庭为单位的消费者以外的消费市场,是各种组织机构形成的对企业商品和劳务需求的总和。组织市场可分为 4 种类型,即生产者市场、中间商市场、非盈利组织和政府市场。

生产者市场也称为产业市场或企业市场,它指所购买的一切商品和服务将用于生产其他商品或劳务,以销售、出租或供应给他人和组织。中间商市场也称转卖者市场,是指那些将购买商品或劳务转售或出租给他人以获取利润为目的的组织市场。非盈利组织指所有不以盈利为目的、不从事盈利性活动的组织。我国通常把非盈利组织称为"机关团体、事业单位"。非盈利组织市场指为了维持正常运作和履行职能而购买商品和服务的各类非盈利组织所构成的市场。政府市场指那些为执行政府的主要职能而采购或租用商品的各级政府单位,也就是说,政府市场上的购买者是国家各级政府的采购机构。

### 2) 组织市场的特点

与消费者市场比较,组织市场具有以下特点:
(1)购买者少,但购买数量大。
(2)供需双方关系密切。
(3)派生需求。
(4)需求弹性小,波动大。
(5)专家购买。

## 6.3.2 生产者市场及购买行为

### 1) 生产者市场购买行为分析

生产者是指工业企业和商业服务企业等生产性集团用户。由于生产者购买商品是用于生产消费,因而他们的购买行为与最终消费者的购买行为有明显区别。

(1)生产者市场的类型。生产者购买行为包括 3 种类型。直接重购:按照原来的购买方式和条件,向原来的供应商订货的一种购买卖行为。修正重购:是企业因为生产的需要,或为了争取更优惠的交易条件而变更产品的规格、数量、价格或其他条款,或重新选择供应商的一种购买行为。新购:是在市场上寻找供应商,首次购买从未购买过的设备、原料、服务等生产资料的购买行为。这种购买成本高,风险大,购买决策较复杂。

(2)生产者市场购买过程。完整的生产者市场购买过程可分为 8 个阶段,但是具体过程依不同的购买类型而定。具体包括:认识需要:是组织用户购买决策的起点,它可以由内在刺激或外在刺激引起。确定需要:分析确定所需商品的品种、性能、数量和服务。说明需要:说明所购商品的品种、性能、数量和服务,写出详细的技术说明书,作为采购人员的采购依据。物色供应商:企业可以通过广告、客户网络、互联网等各种途径,尽量寻求一些声誉好、服务周到、产品质量高的供应商。征求供应建议书:邀请合格的供应商提交供应建议书。选择供应商:组织用户对供应建议加以分析评价,确定供应商。签订合同:组织用户根据所购商品的技术说明书、需要量、交货时间、交货条件、担保书等内容与供应商签订合同。绩效评估:组织用户对各个供应商的绩效加以评价,以决定维持、修正或中止供货关系。

(3)影响生产者市场购买的主要因素。首先是环境因素。国内及国际的宏观政治环境、经济状况、技术因素、文化因素以及物质条件等通常都是影响组织购买行为且通常也是组织无法控制的环境因素,它们在很大程度上影响到组织方方面面的营销活动。

其次是组织因素。主要包括两个变量:一个是采购部门在组织中的地位,另一个是组织采购的发展趋势。

第三是团体因素。即所谓采购中心,是一个非正式的跨部门决策单位,其主要目标就是获取、分享和处理有关采购的信息。采购中心的组成随着组织购买类型的不同而不同,而且在每一个采购阶段,参与决策的人员也有所不同。采购中心的成员可以分为不同的角色,并且分别对采购中心做出采购决策的不同阶段产生不同的影响。通常情况下,采购中心的成员可以分为使用者、影响者、决定者、购买者等角色。最后是个体规避风险的策略,采购中心的每个人都有尽量减少采购风险的强烈愿望。

### 6.3.3　中间商市场购买行为

凡是为了转卖而进购商品的市场,称为中间商市场。中间商市场需求及购买行为主要特点:购买者数目较多、供应范围较广、强调产品类别的搭配等。由于中间商用户的需求,主要也是消费者市场引申或派生的需求,且多带有组织购买的性质,与生产者市场有较多的相似特征。

影响中间商购买的主要因素有:产品是否适销对路,市场前景看好,是否是消费者及用户欢迎的品牌,是它们求购的对象;预期收益和利润率的高低;是否能够得到供应商的促销支持;是否与自己的市场定位一致或接近;供应商是否具有良好的商誉和形象。

### 6.3.4　非营利组织及其购买行为

非盈利组织按照不同的职能有履行国家职能的非盈利组织、促进群体交流的非盈利组织、提供社会服务的非盈利组织3种类型。非盈利组织的购买经费总额常常受到限制,要求的采购价格低廉且必须保证质量,购买的程序复杂,受到多方面的控制。

非盈利组织中,政府采购的范围比较广泛,其购买的目的主要是为了维护国家安全和社会公众的利益。政府采购往往受到社会公众的监督,如国家权利机关、全国政协、行政预算管理办公室、大众传媒,以及公众和各种民间团体等;政府采购还会受国际、国内政治和经济形式的影响;自然界的突发事件也是影响政府采购的因素之一。

非盈利组织、政府市场的购买方式主要有以下3种:

#### 1)公开招标

非盈利组织通过传播媒体发布信息,说明拟采购商品或服务的名称、规格、数量等有关要求,邀请供应商在规定时间内投标。投标企业在规定时间内填写标书,密封后送交非盈利组织的采购部门。招标单位在规定日期开标,选择报价及其他方面符合要求的供应商。这种方法使非盈利组织处于主动地位,供应商之间则会产生激烈的竞争。

#### 2)议价和约选购

议价和约选购指非盈利组织的采购部门同时就某一采购项目的交易条件,和若干供应商展开谈判,最终与符合要求的供应商签订合同,并完成交易。这种方式常用于复杂的工程项目。

#### 3)日常性采购

这是非盈利组织为了维持组织日常运行的需要而进行的采购。由于采购金额小,所以常采取即期付款、即期交货的方式。

### 单元小结

市场营销的目的是满足不同消费者的需求。企业必须分析和研究消费者的需求及其影响因素,研究消费者的购买行为及其自身特有的规律,才能有效地开展市场营销活动,实现其营销目标。我们一般用"7Os"模型与刺激—反应模式来分析消费者市场,影响消费者行为的因素包括文化因素、社会因素、个人因素和心理因素,消费者购买决策过程包括确认需求、收集信息、备选方案评估、购买决策与购后评价5个阶段。组织市场包括生产者市场、中间商市场、非盈利组织。

### 案例分析

## 芭比娃娃上海旗舰店关闭　遇定位尴尬难题

近日,芭比上海旗舰店关闭了,这是美国玩具制造商美泰公司全球首家也是唯一一家芭比娃娃概念店。近10年来,芭比娃娃的日子一直不大好过,在世界各地玩具市场上销量大幅下降。如何赢得网络时代的消费者,芭比娃娃似乎还没有找到最佳的方案。

芭比在中国定位尴尬

芭比上海旗舰店选择在3月7日关闭,有人用"芭比决定要做一辈子的女孩,所以选择妇女节前一天离开"这样美丽的语句,表达对芭比恒定不变的钟爱。无奈的是,上海芭比旗舰店的真实生意状况并不理想。首先,该店由于地处上海重要的商业区之一,高额的房租成为一个沉重负担。芭比上海旗舰店建筑面积为3 500平方米,共6层,按照该地段商铺一般40元/平方米/天计算,一年的租金就可能达到6 000万元左右。

旗舰店出售1 600余种芭比产品,包括芭比娃娃、芭比服饰、芭比珠宝、芭比电子产品、芭比餐厅、芭比美容中心等,其中最普通的芭比娃娃售价也要69元,大部分产品的价格都在100~200元,而市场上同类型的娃娃玩具售价一般只要30元左右。业内人士认为,中国玩具消费仍处于低消费层面,消费者并不买芭比的高价账,即便是那些高薪家庭,他们对芭比的高端形象认同有限,对他们而言有更多的选择。

芭比进入中国以后一直面临定位尴尬的问题。在中国的儿童产业市场,卡通形象比较流行。芭比的时尚形象过于成人化,要被中国市场接受尚有一定难度。

芭比的身材惹争议

在进入不同国家的消费市场时,美泰公司对芭比娃娃进行了具有针对性的塑造,例如该公司曾经推出"黑人芭比""拉丁芭比""日本芭比""中国芭比",芭比所代言的民族有45种之多。此外,芭比还当过歌星、空姐、宇航员、外交官、时装模特;做过医生、记者、工程师、白领丽人;她还是游泳健将、体操明星、舞会皇后、嬉皮士女郎等。据相关统计:芭比娃娃的销售市场目前涉及全球140多个国家和地区,总销售量超过10亿。

不过,就在芭比娃娃风靡全球,成为西方女孩的美学与性感启蒙时,有些国家却对这个美丽的娃娃发出了禁令。当年,时任俄罗斯总统的普京曾公开表示,芭比娃娃"罪恶"的身材曲线会腐蚀儿童纯洁的心灵,普京提议要提倡更健康的价值观念。

实际上,尽管芭比娃娃受到成千上万女孩的喜爱,但从其诞生开始,她就是一个很有争议的"人物"。芭比娃娃还经常受到一些女权主义者的质疑和谴责,专栏作家安娜·昆德兰曾在《纽约时报》发表《我讨厌芭比》说:"她教给小女孩们最要紧的是拥有高瘦的身材,大大的胸脯,并且有很多衣裳。她不是个好榜样。"

全球销售额每况愈下

有意思的是,在日本,芭比娃娃并没有试图赢得儿童的欢心,而是将目光对准了成年人市场。在2009年芭比50周岁庆典期间,美泰公司推出"芭比新娘系列"进军日本市场。除新娘礼服系列外,美泰公司还设计了仅在日本销售的芭比成年人服饰系列,如芭比高尔夫系列。然而,尽管日本是世界最大的玩具市场之一,但美泰公司在日本推广芭比娃娃却举步维艰。

另一方面,2001年6月,MGA娱乐公司推出系列玩偶"贝兹娃娃"。和芭比相比,贝兹娃娃肤色各异,着装前卫,身材苗条,化妆更大胆,更具青春活力。美少女一般气质的"贝兹娃娃"立即成为芭比娃娃的强大对手,到2006年,贝兹娃娃已经占据全球时尚玩偶市场40%的份额,风头直逼占据60%市场份额的芭比,芭比娃娃的销量开始受到挑战。

实际上,贝兹娃娃的出现已经令美泰公司意识到,芭比娃娃需要重新变身,以赢得消费者的喜爱。《财富》杂志称,芭比娃娃最近10年的日子一直不大好过,销售额已经从2002年巅峰时的15.2亿美元下跌了28%。

为了能够带来芭比销量的攀升,美泰公司尝试推出了芭比娃娃的"梦幻世代"版,收集了自芭比娃娃诞生以来的全部经典造型,使得芭比在美国国内的销量有所上升。然而,有分析人士指出,50多岁的芭比娃娃诞生在互联网并不发达的时代,互联网时代的消费者能否继续钟爱芭比娃娃,想必连芭比娃娃自己都疑虑重重。

(案例来源:中国营销传播网)

分析讨论:芭比娃娃为什么在中国水土不服? 有什么对应的解决方案?

### 同步测试

1. 如何理解下列概念:消费者市场、组织市场、非盈利组织市场、参照群体、相关群体、动机。

2. 简述消费者购买决策过程的主要步骤。

3. 简述组织市场的含义、类型、特点。

4. 简述生产者市场与中间商市场购买行为。

5. 结合你自己的生活小案例,说说消费者的购买行为受那些因素的影响。

6. 相关群体对消费者购买行为的影响表现在哪些方面?

### 实训项目

分析市场购买行为

实训目标

1. 分析影响购买行为的因素。

2. 掌握购买决策的一般过程。

3. 在分析购买行为基础上做出正确的营销决策。

内容与要求

1. 选择本地某畅销产品,分析其需求特征。

2. 讨论影响产品购买的诸多因素。

3. 在班上组织一次现场交流演练,对产品的营销策略进行讨论。

# 目标市场营销战略

**案例导入**

## "酷儿"细分,细分,再细分

"酷儿"在日本研制成功,当年成为可口可乐的第三品牌,同年10月,"酷儿"在我国台湾地区上市,表现不俗。来年元旦前后,酷儿在河南上市,迅速铺开……

这已经不是一个胜者通吃的时代,尤其是在竞争多元化的成熟市场,不可能处处都赢得头彩,而此时制胜的最佳方式,就是对市场进行有效地细分,争做细分市场的领导品牌,成了精明商家迅速胜出的不二法门,这一点,"酷儿"做到了。

也许是天时,也许是地利,统一推出鲜橙多引起饮料大战以后,很多先入为主的果汁饮料品牌,都没有针对儿童作为品牌的切入口。无论是鲜橙多的"多喝多漂亮"、娃哈哈的"我喝我的果汁",都有效地针对女性市场进行了划分,而果汁龙头品牌汇源的"喝汇源果汁,走健康之路"的大网捕鱼市场运作,离儿童市场已是渐去渐远。

一年多时间没有品牌杀入儿童果汁饮料市场,给"酷儿"留下了一个绝好的机会,一方面,有着国际品牌运作经验及成熟的市场操作手法,另一方面,果汁饮料市场,也恰恰给"酷儿"留下了这样一个空缺,所以,"酷儿"依其市场细分策略,有效针对儿童市场,从"真空"地带切入果汁饮料行业,迅速风行,乃是顺理成章的事。

"酷儿"在中国市场,细分的目标群体是6~14岁的儿童,从当时果汁饮料的竞争态势来看,大部分品牌都把目光集中在了女性、漂亮及个性化方面。所以"酷儿"一出,其品牌形象与渠道通路等方面,一下子就跳脱于激烈的竞争,形成了鲜明的形象,尤其是"酷"形成了鲜明的对比元素,与其他品牌拉开了竞争的距离,亲近了目标消费者。

从营销战略上来讲,科学的市场细分再细分,是"酷儿"成功的基础,相反,如果"酷儿"上市,不是进行有效的市场细分进入儿童市场,而是杀入大家都在争的"漂亮、美丽"等偏重女性的个性市场,未必能打得过先入为主的"鲜橙多",也就谈不上什么优势了。

尽管目前的果汁饮料行业的竞争,已经非常激烈,但在市场细分方面,除了"酷儿"之外,其他品牌做得并不是很多,虽然鲜橙多提出了"多喝多漂亮",但具体针对哪部分消费者,还比较感性,而在与目标消费者的沟通技术上,也没有更多的精彩出现,而对细分市场最不注重的汇源一网打天下的营销策略,就更显落后了。

## 学习任务1 认识市场细分战略

### 7.1.1 认识市场细分

随着我国经济的迅猛发展,手机的使用越来越普及,在手机市场中,有的消费者只要求手机能打电话且价格低廉,有的消费者要求手机像电脑一样多的功能,有的消费者要求手机能体现个性与地位;因此,手机生产企业纷纷推出老人手机、商务手机、智能机及音乐手机等。这就是手机生产企业对市场进行的细分。

所谓市场细分,即企业依据消费者差异需求把某一产品整体市场划分成若干个具有共同特征的子市场的过程。消费者是一个庞大而复杂的群体,其需求具有多样性;任何企业都没有能力也没有必要满足全部市场所有需求。因此企业应对消费者的产品需求特性、购买行为及习惯进行调研,结合自身的发展目标和资源条件,选择某一消费群体作为营销对象。在此,这一消费群体即为一个细分市场,也称子市场或亚市场。属于不同的细分市场的消费者对同一产品的需求存在明显的差异性,而同一细分市场的消费者的需求极为相似。

 案例

### 市场细分产生与发展

市场细分(Market Segmentation)的概念是美国市场学家温德尔·史密斯(Wendell R. Smith)于20世纪50年代中期提出来的。按照消费者欲望与需求把因规模过大导致企业难以服务的总体市场划分成若干具有共同特征的子市场,处于同一细分市场的消费群被称为目标消费群,相对于大众市场而言这些目标子市场的消费群就是分众了。它是第二次世界大战结束后,美国众多产品市场由卖方市场转化为买方市场这一新的市场形式下企业营销思想和营销战略的新发展,更是企业贯彻以消费者为中心的现代市场营销观念的必然产物。

(资料来源:菲利普·科特勒《营销管理》)

## 7.1.2    市场细分的标准

市场细分是对市场"同中求异,异中求同"的过程,企业根据消费者对商品和服务的不同需求与欲望,选择某一依据或变量对整体市场存大异求小同。由于消费者市场和生产者市场存在明显的差异,营销人员应选用不同的标准进行细分。

### 1) 消费者市场细分的标准

影响消费者对某一产品的选购因素非常多,而这些影响因素就构成市场细分的依据或标准。消费者市场细分的标准主要有地理、人口、心理及行为 4 个基本变量。

(1)地理变量。地理变量即企业在细分市场中按照消费者所处的地理位置或自然环境作为细分标准。地理变量主要包括国家、地区、城乡、城市规模、人口密度、气候及地形地貌等。处于不同地理环境下的消费者对同一类产品往往具备不同需求,中国饮食有南辣、北咸、东甜与西酸之分;对于家电之类的消费品按照城乡细分市场更有效;对于日用品、基本必需品用人口密度来细分市场很有意义。

地理变量相对稳定且易于分析,是企业细分市场应首先考虑的重要标准。但地理变量是个静态因素,处于同一地理环境中的消费者仍然存在较大差异,因此企业可同时选用其他变量进一步细分市场。

(2)人口变量。人口变量即企业在细分市场中根据人口统计变量作为细分标准。人口统计变量包括性别、收入、年龄、职业、教育程度、家庭规模、家庭生命周期、民族、宗教、国籍与社会阶层等。例如,收入是影响消费者购买力一个重要因素,在消费者选购楼房、汽车、家电等商品时起着举足轻重的作用(表7-1)。

表 7-1    常见的人口细分变量表

| 人口变量 | 细    分 | 营销要点 |
|---|---|---|
| 性别 | 男、女 | 了解男女构成及消费特性 |
| 年龄 | 婴儿、儿童、少年、青年、成年、老年 | 掌握年龄结构、比重及各年龄的消费需求特征 |
| 收入 | 高收入、中收入和低收入者 | 掌握不同收入层次的消费特性及购买行为特点 |

续表

| 人口变量 | 细　分 | 营销要点 |
|---|---|---|
| 职业 | 工人、农民、军人、学生、教育工作者、文艺工作者等 | 了解不同职业的消费特征 |
| 家庭生命周期 | 单身阶段、备婚阶段、新婚阶段、育儿阶段、空巢阶段、寡鳏阶段 | 研究各家庭处在哪一阶段、不同阶段消费需求的数量和结构 |
| 教育程度 | 文盲、小学、中学、大学等 | 了解不同文化层次人群购买种类、行为、习惯及结构 |
| 民族 | 汉族、满族、回族、蒙古族等 | 了解不同民族的文化、宗教、风俗及不同的消费习惯 |

因消费者的需求、偏好和使用量经常和人口变量相关，人口变量又比较容易衡量，故以人口为标准细分市场是消费者市场细分中最普遍的方法。

（3）心理变量。心理变量即企业在细分市场中根据消费者的心理因素作为细分标准。心理因素包括生活方式与个性两个方面。人们购买时装的基本需求是遮体御寒，有些消费者讲究经济实用，有些消费者则追求时尚与品味。在地理环境和人口状态相同的条件下，消费者之间存在着截然不同的消费习惯和特点，显然这是由差异性的消费心理引起的。

①生活方式。生活方式是人们对衣、食、住、行、劳动工作、休息娱乐、社会交往、待人接物等物质生活和精神生活的特定习惯与模式。由于人们生活方式不同，消费倾向及需求的商品也不一样。

②个性。所谓个性是一个人在思想、性格、品质、意志、情感、态度等方面不同于其他人的特质，这个特质表现于外就是他的言语方式、行为方式和情感方式等。不同个性的消费者在消费需求上存在明显的差异（表7-2）。

不少企业常常使用个性变量来细分市场，他们给自己的产品赋予品牌个性，以适合相应消费者独特需求。

（4）行为变量。行为变量是指生产企业按照消费者购买行为等因素来细分市场。在商品经济发达阶段和国民收入水平逐渐提高的条件下，这一细分标准越来越显示其重要地位，成为消费者市场细分中一个非常重要的标准。常见的行为变量有购买时间、购买数量、购买频率等。

表 7-2　不同个性消费者类型

| 个　　性 | 消费需求特点 |
|---|---|
| 习惯型 | 偏爱、信任某些熟悉的品牌，购买时注意力集中，定向性强，反复购买 |
| 理智型 | 不易受促销等外来因素影响，购物时头脑冷静，注重对商品的了解和比较 |
| 冲动型 | 容易受商品促销等外在刺激而购买，对商品评价以直观为主，购买前并没有明确目标 |
| 想象型 | 感情丰富，善于联想，重视商品造型、包装及命名，以自己丰富想象去联想产品的意义 |
| 时髦型 | 易受相关群体、时尚潮流的影响，以标新立异、赶时髦为荣 |
| 节俭型 | 对商品价格敏感，追求价廉物美的商品，购物时精打细算、讨价还价 |

### 2)生产者市场的细分变量

生产者市场是指为了满足再生产或转售其他商品需要而购买产品的个人或组织。这种市场的购买不是为了最终消费而是为了再生产或转售。当然，消费者市场细分变量可以作为生产者市场细分的标准。但是两个市场存在着购买目的、行为等差别，所以对生产者市场细分需要考虑人口、地理、心理及行为变量外，还应更加关注产品最终用户、用户规模、用户地理位置及行业等细分变量(表 7-3)。

表 7-3　生产者市场细分标准

| 变　　量 | 细分要点 |
|---|---|
| 产品最终用户 | 产品不同的规格、型号、品质、价格等 |
| 用户规模 | 大、中、小量用户；A,B,C 类客户 |
| 用户地理位置 | 交通运输、资源条件、生产布局、自然资源、通讯条件、气候等 |
| 行业 | 汽车行业、纺织行业、仪器仪表行业、化工行业等 |

## 7.1.3　市场细分的方法及步骤

### 1)市场细分方法

企业在选用变量进行市场细分时，常常选用单一变量细分法、综合变量细分法及系列变量细分法等。

（1）单一变量细分法。是指企业选用影响消费者需求的最主要的因素作为细分变量。例如各奶粉生产企业依据不同年龄的宝宝对各种营养素的需求这一特点，选用年龄这一变量细分婴幼儿奶粉市场，推出 0~6 个月、6~12 个月及 1 岁以上宝宝奶粉。

（2）综合变量细分法。它是指企业选用影响消费者需求的两个及以上的因素作为细分的综合变量。例如，生产企业按照年龄、生活方式及收入水平可将女性服装市场划分为不同的细分市场，如图 7-1 所示：

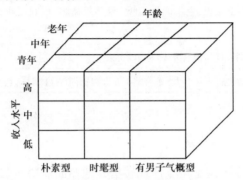

图 7-1　综合变量细分法

（3）系列变量细分法。系列变量细分法是一种由粗到细、由浅入深，逐步进行细分的方法，是指将影响消费者需求的各因素按一定顺序逐步作为细分变量（图 7-2）。这是一种弥补单一变量法的不足而采用的市场细分方法。例如，某地的皮鞋市场就可以用系列因素细分法作如下细分：

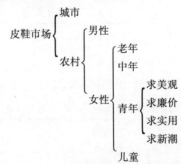

图 7-2　系列变量细分法

## 2）市场细分步骤

市场细分是一个对市场比较、分析、整合的过程，通常有这样几步：

（1）选择市场范围。企业在进行市场细分前，必须开展深入细致市场调查，分析市场需求发展趋势,根据自身实力和经营能力确定进入什么行业,生产什么产品,提供什么服务等市场范围。企业选择市场方位不宜过大也不宜过小,应结合经营目标与服务能力。

(2)罗列顾客需求。企业根据市场细分的变量与方法,列出所选择市场范围内所有潜在顾客的需求情况,尽可能全面而详细地罗列归类,为市场深入研究、细分的基本资料和依据。

(3)市场初步细分。企业根据前期所收集的市场需求状况资料,找出消费者共性需求的具体内容,选出顾客最迫切需求,分析潜在顾客的不同需求,作出估计和判断,初步划分市场。

(4)筛选细分市场。根据有效市场细分的原则,企业对所有细分市场进行分析研究,结合企业实际资源与能力,剔除不合要求、无用的细分市场。

(5)细分市场命名。为便于操作,可结合各细分市场上消费者的主要特征,用形象化、直观化的方法为各个可能存在的细分市场取名。例如,某汽车市场分为经济型车市、豪华型车市等。

(6)选定目标市场。企业应进一步对细分后选择的子市场进行研究分析,充分认识各细分市场的特点,在各市场中选择与本企业经营优势和特色相一致的细分市场,作为目标市场。

经过以上 6 个步骤,企业完成了市场细分的工作。当然,企业在选定细分市场后就要根据自身的实际情况确定相应的目标市场策略。

### 视野拓宽

## 市场细分的原则

企业如何在有限资源的前提下进行有效市场细分必须遵循以下基本原则:

1.足量性

指企业进行市场细分后,所得的细分市场的现实规模和发展潜力足以使企业有利可图,有发展空间。企业进行市场细分的目的是为了在细分市场上有效开展活动,获取经济效益。企业只对有适当规模和增长特征的市场感兴趣,为此,企业要结合自身资源的情况,收集并分析各类细分市场的现行销售量、增长率和预期利润量的信息。在现实生活中,要注意防止"过度细分"的现象。

2.衡量性

指细分市场的规模及其购买力是可以被测量的,也就是在这个细分市场可获得足够的有关消费者特性的资料。如果某个市场的资料无法获得,那就无法进行估量,也就不能把它纳入本企业市场细分的范围。在实践中有些市场捉摸不定,难以估量,就不能对它进行细分。

3. 进入性

指细分的市场部分应是企业有可能进入并占有一定份额的,否则就没有现实意义。例如,细分的结果,发现已有很多竞争者,自己无力与之抗衡,无机可乘;或者有未满足的需要,有营销机会,但因企业缺乏原材料或技术,货源无着落,难以生产经营,这种细分则没有现实意义。

4. 稳定性

尽管从长期的角度看,市场变化是绝对性的,但企业在选择目标市场时,必须考虑到在一定时间内目标市场的相对稳定性,确保企业制订的营销计划的贯彻和实现。否则,细分市场的变化速度过快,企业产品刚出来就可能已经过时,从而对企业会产生不利影响。例如,英法两国曾根据航程6 500千米和中等载客量100人研制生产"协和式飞机"由于载客量小,经济性能差,只卖出一架飞机市场就不复存在,损失了几十亿美元。

5. 效益性

指企业所选定的市场细分的规模必须足以使企业有利可图,如果细分市场的规模很小,不能给企业带来足够的经济效益,一般就不值得细分。例如,生产冰淇淋的企业,如果将我国中西部农村作为一个细分市场,由于该市场消费水平低,恐怕在一个较长时期内都不可能盈利的。因此,市场细分并不是越细越好,而应该科学归类,保持足够容量,使企业有利可图。

## 学习任务 2　选择目标市场

### 7.2.1　目标市场选择战略

 案例

### "冰箱名企"市场抉择

#### 海尔——逆向思维　先难后易

先发达国家市场,后发展中国家市场。进入世界 10 大主要经济区域,已在世界各地建立了 6 956 个营销点,一个健全的营销网络正在世界各地逐步形成。

#### 海信——全球化营销和服务网络

要成为国内冰箱业第一品牌。成为世界市场上的知名品牌,让大多数的海外消费者认识海信品牌,接受海信文化,使用海信产品,享受海信的优质技术和完善的售后服务,支持海信发展。

#### 新飞——专做国内中低端市场

冰箱、冷柜家电下乡的销售区域也随之从第二次中标的 14 个省、市区扩大到了全国。

#### 1) 基础概念

所谓目标市场是企业在市场细分的基础上根据自身特点所选定和进入的市场。就是企业依据自身的条件决定要进入的那个市场,也就是拟为之服务的特定顾客群。

目标市场选择,即市场选择,是指企业在市场细分的基础上,评估各细分市场的吸引力,选择一个或多个细分市场为目标的过程。企业的一切活动都是围绕目标市场进行的,企业要正确和有效地选择和确定目标市场。

**视野拓宽**

## 市场细分与市场选择关系

目标市场与市场细分是两个既有区别又有联系的概念。市场细分是按不同的购买欲望和需求划分消费者群的过程,而确定可能的目标市场则是企业根据自身的条件和特点选择一个或几个细分市场作为营销对象的决策过程。因此,市场细分是选择目标市场的前提和条件,而目标市场的选择则是市场细分的目的和归宿。

### 2) 市场选择步骤

企业选择目标市场是否得当,直接关系到企业营销的成败,因此企业会综合考虑市场需求、竞争态势与企业实力等,评估细分市场各方面的优劣势,选择一个或几个值得进入的细分市场。

(1)评估细分市场。企业要对细分市场作出正确的评价,必须分析影响市场选择的3个评估指标,即市场状况、竞争态势及企业实力。

①评估市场状况。市场是由某种产品的现实与潜在顾客构成,对细分市场评价时,应考虑现有及潜在市场的综合状况(图7-3),分析该现有市场的容量是否足够大,购买量是否充足,企业有没有能力吸引消费者转移购买力;分析潜在市场需求特性,企业是否能满足该市场需求,能开发市场引导消费。

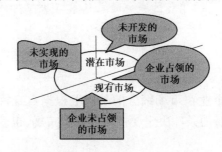

**图 7-3　潜在市场的综合状况**

一个理想的细分市场必须有足够大市场规模,也就是要有尚未满足的现实需求和潜在需求,要有利可图,因此有必要定量分析顾客数量、购买频率及单次购买数量。一个能获利的细分市场缺不了一定的购买能力的支撑,企业必须了解细分市场收入状况及消费结构等。

②竞争态势分析。企业在进行选择细分市场时,需要了解该行业整体竞争态势,了解现有竞争者的个数、实力及差异优势;掌握行业壁垒的高低,潜在进入市场与替代品生产企业的数量与实力;了解价值链中的上游供应商与下游购买者对企业的影响程度等。显然,当市场中很少甚至没有竞争、竞争不激烈,企业又有足够的人力物力财力去击败竞争对手,企业更愿意选择竞争态势较弱市场容量够大的细分市场。

**视野拓宽**

## 波特五力模型

五力分析模型是迈克尔·波特(Michael Porter)于 20 世纪 80 年代初提出,对企业战略制订产生全球性的深远影响。用于竞争战略的分析,可以有效地分析客户的竞争环境。五力分别是:供应商的讨价还价能力、购买者的讨价还价能力、潜在竞争者进入的能力、替代品的替代能力、行业内竞争者现在的竞争能力。

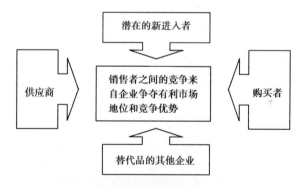

③企业实力预估。在细分的子市场中,发现有利可图的子市场有许多,但是不一定都能成为企业的目标市场。必须把企业有能力去开发、占领的市场作为自己的目标市场。通常考核一个企业实力的大小指标有:产品差异性、供货水平、产品质量稳定性、售后服务、运输成本、产品促销与财务能力情况等。

(2)选择细分市场。企业通过有关细分市场的评估,会发现一个或几个值得进入的细分市场。这时,企业需要进行选择,即决定进入哪一个或哪几个细分市场。在进行选择时,按照不同的顾客需要(即产品)和不同的顾客群(即细分市场),可将目标市场的选择模式概括为以下 5 种(表 7-4):

①市场集中化。市场集中化是指企业面向一个子市场提供一种产品,即企业只选取一个细分市场,只生产一类产品,供应某一单一的顾客群,进行集中营销。企业力求在有限市场上专而精。这是一种最简单的目标市场选择方式,如李宁公司最初只集中经营青少年运动鞋(图7-4),巴拉巴拉服装公司只生产儿童服装等。公司通过密集营销,更加了解本细分市场的需要,并树立了特别的声誉,在该细分市场建立巩固的市场地位。另外,公司通过生产、销售和促销的专业化分工,也获得了许多规模经济效益。

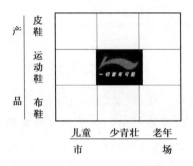

图7-4 李宁公司产品经营示意图

②产品专业化。它是指企业面向所有子市场只提供一种产品,即只生产一种产品,向各类顾客销售这种产品。企业力求市场广而精。例如,足间舞拖鞋店为不同年龄层次的消费者提供所需不同的拖鞋(图7-5)。显而易见,企业专注于某一种或某一类产品的生产,能形成与发展竞争优势,树立产品行业形象,但当该行业被一种全新的技术与产品所代替时,产品销售量会有大幅度下降的风险。

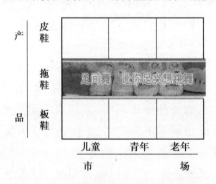

图7-5 足间舞拖鞋店产品经营示意图

③市场专业化。它是指企业向一个子市场提供各种产品,即专门经营满足某一顾客群体需要的各种产品。例如,森马服饰公司专门为青少年群体提供所有类型的服饰,包括时尚、休闲、牛仔风格服饰,上衣、下装、袜子及帽子等服饰,力求做

到有限市场上专而深(图7-6)。

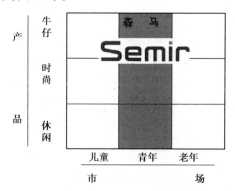

图7-6　森马公司产品经营示意图

④选择专业化。它是指企业把不同产品分别销售到不同子市场,即同时选择若干个细分市场作为目标市场,并提供不同产品满足市场需求。企业在有限细分市场上专而广,有限细分市场每个在客观上都有吸引力,符合公司的目标和资源,且与其他细分市场之间联系较少,每个细分市场都有可能赢利。这种选择的优势在于可分散公司的风险,即使某个细分市场失去吸引力,公司仍可继续在其他细分市场获取利润。

 案例

## 百丽集团"选择专业化"的市场之路

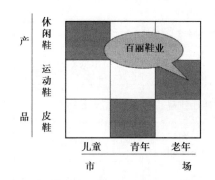

百丽集团,是中国最大的服饰业零售商。主营业务包括鞋类、运动、箱包及服饰。百丽鞋业自1992年开始开创自有品牌,年销售鞋类产品1 300万对以上(2006年),除大陆和香港市场以外,产品还远销美国、欧洲、日本、东南亚、中东、非洲等国家和地区。

公司目前拥有的鞋类品牌包括:BELLE(百丽)、STACCATO(思加图)、TEENMIX(天美意)、TATA(他她)、JOY&PEACE(真美诗)、BATA(拔佳)(全球分布最广泛的经典鞋类品牌)以及FATO。其中"BELLE(百丽)"为中国鞋类最知名的品牌之一,连续10年排名中国女鞋销售榜首,荣获"中国驰名商标""中国名牌""中国真皮鞋王""中国真皮标志名牌"等多项殊荣,并被世界品牌实验室评选为"中国品牌2005年度大奖",位居中国鞋业第一。其他品牌也分获多项殊荣,TEENMIX(天美意)、TATA(他她)市场占有均在全国前10名之列。

公司代理经销业务包括与许多著名国际品牌公司合作——运动服饰与鞋类:NIKE(耐克)、ADIDAS(阿迪达斯)、REEBOK(锐步)、KAPPA(背靠背)等。百丽公司目前是NIKE、ADIDAS两大世界级运动品牌在国内的最大经销商,凭借集团的终端实力与管理积累,公司自2001年创立以来,一直保持跨越式的增长和不断扩展的规模,成为运动服饰零售行业的翘楚。

⑤市场全面化。它是指企业面向所有子市场提供系列产品,即想用各种产品满足各种顾客群体的需求、做到市场广而深。通常,这是实力雄厚的大公司的目标市场选择战略。例如,美国IBM公司进行全球计算机市场营销,可口可乐公司旗下美汁源、可口可乐、原叶及冰露等满足不同消费群体对饮料的需求(图7-7)。

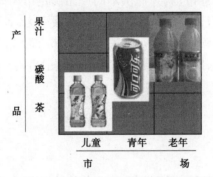

**图7-7 可口可乐公司产品经营示意图**

**表7-4 市场选择模式比较**

| 类型 | 特征 | 优点 | 缺点 | 适用 |
|---|---|---|---|---|
| 市场集中化 | 一个市场<br>一种产品 | 专业化营销<br>聚焦效益 | 单一化<br>风险大 | 小型企业 |
| 市场专业化 | 一个市场<br>各种产品 | 稳定顾客群<br>易品牌延伸 | 株连效益 | 知名企业 |
| 产品专业化 | 所有市场<br>一种产品 | 规模效益<br>专业化营销 | 产品单一<br>竞争激烈 | 同质产品 |
| 选择专业化 | 不同市场<br>不同产品 | 有的放矢<br>择优营销 | 实力分散 | 大中型企业 |
| 市场全面化 | 所有市场<br>所有产品 | 利用所有<br>市场机会 | 实力分散 | 超大型企业 |

### 7.2.3　目标市场营销策略

企业在依据对市场、竞争者及自身分析之后,选择一个或多个子市场作为目标市场。企业所选的目标市场范围宽窄不一、大小有别,企业应针对不同的目标市场采用不同的营销策略。按照涵盖目标市场的方式,可将企业目标市场策略概括为3种:无差异目标市场策略、差异化目标市场策略、集中化目标市场策略。

#### 1)无差异目标市场策略

它是指企业把整体市场看作一个大的目标市场,不进行细分,用一种产品、统一的市场营销组合对待整体市场。企业把整个市场作为自己的目标市场,只考虑市场需求的共性,而不考虑其差异,运用一种产品、一种价格、一种推销方法,吸引可能多的消费者(图7-8)。

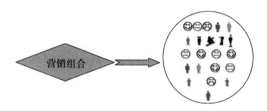

**图 7-8　无差异目标市场策略**

这种策略的优势在于产品单一,容易保证质量,能大批量生产,降低生产和销售成本,但顾客的满意度低;同时适用范围有限,即产品在内在质量和外在形体上必须有独特风格,才能得到多数消费者的认可,从而保持相对的消费稳定性。

 案例

### 可口可乐的"始终如一"

美国可口可乐公司从问世以来,一直采用无差别目标市场策略,生产一种口味、一种配方、一种包装的产品,满足世界许多国家和地区的需要,被称为"世界性的清凉饮料"。由于百事可乐等饮料的竞争,1985年4月,可口可乐公司宣布要改变配方,不料在美国市场掀起轩然大波,每天打到公司的抗议电话多达1 500次以上。许多对老牌"可口可乐"怀有深厚感情的商店,拒绝推销新"可口可乐",可口可乐公司不得不继续大批量生产传统配方的可口可乐。

### 2) 差异化目标市场策略

差异化目标市场策略,是把整个市场细分为若干子市场,针对不同的子市场,设计不同的产品,制订不同的营销策略,满足不同的消费需求。企业在市场细分的基础上,根据自身的资源及实力选择若干个细分市场作为目标市场,并为此制订不同的市场营销组合策略(图7-9)。

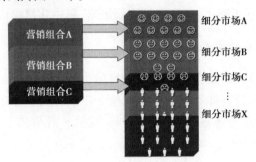

**图7-9  差异化目标市场策略**

这种策略优势是可以有针对性地满足不同顾客群体的需求,提高产品的竞争能力;能够树立起良好的市场形象,吸引更多的购买者;不足是市场营销费用大幅度增加。由于产品差异化、促销方式差异化,增加了管理难度,提高了生产和销售费用。

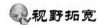

## 企业应提倡"反市场细分"

西方企业曾实行"超细分战略",许多市场被过分地细分,导致产品价格不断增加,影响产销数量和利润。于是,一种被称为"反细分战略"应运而生。反细分策略是指把零散的细分市场聚合在一块以较低的价格实现较大的市场利益。反细分战略并不反对市场细分,而是"异中求同"地将许多过于狭小的子市场组合起来,以便能以较低的成本和价格去满足这一市场的需求。细分战略指的是纵向营销,就是把受众切割,形成自己的蓝海然后做深,做扎实。围绕这个小众化的道路,追求独特品牌价值,深度开发包含不同特质和市场价值的受众资源。反细分是对细分的一个补充。即用"横向营销"来补救"纵向营销"的思路。纵向营销是细分化,横向营销就是反细分化,就是考虑将非受众转化为受众,突破原有细分市场去开拓新市场!反细分战略并不是反对细分战略,这是很多人都需要注意的一点。

### 3) 集中化目标市场策略

它就是依据细分集中企业所有资源和能力选择一个细分市场作为目标市场，实行高度专业化生产和销售，提高市场占有率（图 7-10）。大部分中小型企业或初次进入市场的大企业多采用此策略。例如，在汽车厂家提供越来越周到的售后服务的同时，汽车的保修行业也出现专业化经营的趋势，如专营玻璃、轮胎、润滑油、美容品、音响、空调等。日本尼西奇起初是一个生产雨衣、尿布、游泳帽、卫生带等多种橡胶制品的小厂，由于订货不足，面临破产。总经理多川博在一个偶然的机会，从一份人口普查表中发现，日本每年约出生 250 万个婴儿，如果每个婴儿用两条尿布，一年需要 500 万条。于是，他们决定放弃尿布以外的产品，实行尿布专业化生产。一炮打响后，又不断研制新材料、开发新品种，不仅垄断了日本尿布市场，还远销世界 70 多个国家和地区，成为闻名于世的"尿布大王"。

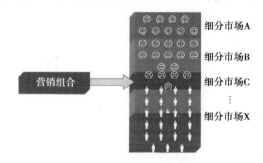

**图 7-10　集中化目标市场策略**

企业在市场细分的基础上，根据自身的资源及实力选择某一个细分市场作为目标市场，并为此制订营销组合策略。这种策略适合资源薄弱的小企业，其专业化经营，能满足特定顾客的需求；集中资源能节省费用；但经营者承担风险较大。

不同的目标市场策略各有其优劣势与适应性。企业应该综合考虑自身资源、市场类似性、产品同质性、产品生命周期及竞争状况等因素，选择最适合的目标市场营销策略。

目标市场定位战略

**案例**

### 王老吉防火,让自己火起来

王老吉,国字号,知名品牌的凉茶饮料。在13多亿人口的中国市场中,依靠正确的市场细分,细分出"容易上火"的消费者市场,并用"怕上火,就喝王老吉"的央视广告,畅销大江南北。2007年销售额高达90亿元,成为中国第一罐。2003年前,王老吉经营惨淡,业绩平平,居于两广地区。王老吉火起来的根源是什么呢?

市场细分、市场选择与市场定位是目标市场营销战略的3个重要组成部分,被称为STP策略。企业在选定目标市场之后,就要考虑在目标市场上进行市场定位,以便获取优势的竞争地位和良好的经济效益。

## 7.3.1　基础概念

定位是某对象确定合适的位置的过程,是相对同类型对象而表现出排序位置。市场定位是在20世纪70年代由美国营销学家艾·里斯和杰克特劳特提出的,它指企业根据竞争者现有产品在市场上所处的位置,针对顾客对该类产品某些特征或属性的重视程度,为本企业产品塑造与众不同的,给人印象鲜明的形象,并将这种形象生动地传递给顾客,从而使该产品在市场上确定适当的位置。因此,市场定位是指企业根据所选定目标市场的竞争状况和自身条件,确定企业和产品在目标市场上特色、形象和位置的过程。企业进行目标市场定位并不是对产品本身做些什么,而是通过创造鲜明的营销特色和个性,从而在潜在消费者的心中塑造出独特市场形象,建立一种竞争优势。

这种特色和形象可以通过产品实体方面体现出来,如形状、构造、成分等;也可以从消费者心理上反映出来,如舒服、典雅、豪华、朴素、时髦等,或者由两个方面共同作用而表现出来,如价廉、优质、服务周到、技术先进等。

### 7.3.2　市场定位方式

市场定位是企业为凸显相对竞争优势而进行塑造的过程。定位方式不同,所表现出相对竞争优势也不同。通常,可供选择的定位方式有以下几种(表7-5):

#### 1) 迎头定位

它是指企业采取与主要竞争对手相同或相似的定位,即与市场上居支配地位的竞争对手"对着干"的定位方式,选择与竞争对手重合的市场位置,争取同样的目标顾客,彼此在产品、价格、分销、供给等方面少有差别。在世界饮料市场上,后起的"百事可乐"进入市场时,就采用过这种方式,"你是可乐,我也是可乐",与可口可乐展开面对面的较量。

企业采用这种定位方式前必须做到知己知彼,应该了解市场上是否可以容纳2个或2个以上的竞争者,自己是否拥有比竞争者更多的资源和能力,是不是可以比竞争对手做得更好。否则,迎头定位可能会成为一种非常危险的战术,将企业引入歧途。

#### 2) 避强定位

它是指避开强有力的竞争对手进行市场定位的模式。企业不与对手直接对抗,将自己置于某个市场"空隙",发展目前市场上没有的特色产品,可拓新的市场领域。

企业选用该定位方式能够迅速地在市场上站稳脚跟,并在消费者心中尽快树立起一定形象。通常,此种方式的市场风险较小,成功率较高,常常为多数企业所采用。

#### 3) 重新定位

它是指是改变原有形象重新进行定位,通常是对那些销路少、市场反应差的产品进行二次定位。初次定位后,随着时间的推移,新的竞争者进入市场,选择与本企业相近的市场位置,致使本企业原来的市场占有率下降;或者,由于顾客需求偏好发生转移,原来喜欢本企业产品的人转而喜欢其他企业的产品,因而市场对本企业产品的需求减少。在这些情况下,企业就需要对其产品进行重新定位。

表 7-5　定位方式对比分析表

| 方　式 | 特　征 | 适　用 | 实　例 | 优　点 | 缺　点 |
|---|---|---|---|---|---|
| 迎头定位 | 对抗 | 实力与对手相当 | 百事可乐 VS 可口可乐 | 发挥企业优势,占领最佳市场位置 | 以卵击石 |
| 避强定位 | 另辟蹊径 | 市场补缺者 | 七喜 | 市场竞争弱,迅速占领市场 | 垦荒难度大,成本高 |
| 重新定位 | 改变原有市场形象 | 产品优质 原定位不理想 | 王老吉 | 绝处逢春 柳暗花明 | 前功尽弃 |

### 7.3.3　市场定位的步骤

市场定位的关键是企业要设法为其产品找出相对竞争特色,要如何寻找到在市场中凸显的特色或者个性,一般需要采取如下 3 步:

#### 1) 找位

找位是市场定位的基础,企业必须进行市场研究与分析,切实了解目标顾客最关心最看重的内容,竞争对手是谁,定位状况怎么样,基于企业现有资源,寻找适合定位点。一般的定位点主要类型有:产品定位、消费者定位、竞争者定位及企业定位。

(1)产品定位。产品定位是指企业以整体产品某一概念为相对个性或特性加以塑造并推广。一般会以产品的质量、功能、体积、颜色、价格及造型为相对竞争优势即定位点。常见有质量定位、功能定位、体积定位、以色定位及款式定位等。例如,阿依莲以色定位造就粉色王国,香港手表依托时装表、运动表、笔表、链坠表、情侣表、儿童表、计算表、打火表、时差表、报警表、里程表等多功能手表一举超越瑞士手表世界霸主地位。

(2)消费者定位。消费者定位是指对产品潜在的消费群体进行定位。对消费对象的定位也是多方面的,比如从年龄上,有儿童、青年、老年;从性别上,有男人、女人;根据消费层,有高低之分;根据职业,有医生、工人、学生等。曾经的非常可乐标榜的是中国人自己的可乐,太太口服液是针对 18 岁以上成年女性推出的补品,轰动一时的脑白金是送爸妈的礼品,只送病人的初元礼品等。这些企业采用消费者定位,清晰界定目标消费群,从竞争品中脱颖而出。

（3）竞争者定位。竞争定位是指突出本企业产品与竞争者同档产品的不同特点,通过评估选择,确定对本企业最有利的竞争优势并加以开发。

（4）企业定位。企业定位是指企业通过其产品及其品牌,基于顾客需求,将其企业独特的个性、文化和良好形象,塑造于消费者心目中,并占据一定位置。宝洁公司通过它一系列多品牌的清洁洗护用品,形成的公司形象是实力强大的卓越的超一流的日用工业品生产商。可口可乐公司在可口可乐、雪碧、芬达等多种饮品品牌的基础上形成的公司形象,是生产富有可口可乐公司特色的、充满美国文化的、实力雄厚的、生产品质卓越的多种饮品的超级跨国公司。一旦可口可乐公司推出一种新的饮品,它对消费者具有率先的吸引力,消费者会愿意品尝,因为他们认为这是可口可乐公司的产品,一定不会差到哪里去。

企业定位对于绝大多数的生产型企业,还是一个模糊的概念,没有充分将其利用起来。从产品定位、品牌定位、企业定位三者的关系层次上来看,一般企业定位要经历的过程是:从产品、品牌、企业定位三者一体化到三者分离,后者相对于前者越来越概括和抽象,越来越多用以表现理念。

### 2）选位

选位主要是对前期定位点作选择,是寻找在消费者心中的相对竞争优势或特色,即在产品开发、服务质量、渠道及品牌等方面的确定本企业能够给消费者提供的独特个性。企业在选择独特个性一个即可,如"最好的品质""最低的价格""下火的饮料""真诚到永远"等。当然市场定位方式的不同会影响到企业筛选的定位点(表 7-6)。

表 7-6 选择定位

| 方式 | 推荐定位点 |
| --- | --- |
| 迎头定位 | 产品定位、消费者定位、竞争者定位、企业定位 |
| 避强定位 | 产品定位、消费者定位、企业定位 |
| 重新定位 | 产品定位、消费者定位 |

### 3）推位

企业在确定自己的市场定位之后,必须通过一系列促销活动将其独特的相对竞争优势传递给目标市场。企业在不同营销目标下选择不同具体的推广定位的活动(表 7-7)。

表7-7　推广定位

| 营销目标 | 推广定位活动 |
| --- | --- |
| 引起兴趣 | 广告、样品派送、产品展销 |
| 激发购买欲望 | 有奖竞猜、免费试用 |
| 形成购买 | 营业推广、人员推销 |

## 单元小结

目标市场营销战略作为市场营销的重要战略,是一个环环相扣的市场开发与服务过程,企业以顾客需求为中心与出发点,如何寻找、选择与定位市场是所有企业成败的基点,故要求学生能体会目标市场营销战略——市场细分、市场选择与市场定位3大策略的实施过程与要点。

## 案例分析

### 奇瑞QQ——"年轻人的第一辆车"

"奇瑞QQ卖疯了!"在北京亚运村汽车交易市场2003年9月8日至14日的单一品牌每周销售量排行榜上,奇瑞QQ以227辆的绝对优势荣登榜首!奇瑞QQ能在这么短的时间内拔得头筹,归结为一句话:这车太酷了,讨人喜欢。

在北京街头已经能时不时遭遇"奇瑞QQ"的靓丽身影了,虽然只是5万元的小车,但是"奇瑞QQ"那艳丽的颜色、玲珑的身段、俏皮的大眼睛、邻家小女儿般可人的笑脸,在滚滚车流中是那么显眼,仿佛街道就是她一个人表演的T型台!

1.公司背景

奇瑞汽车公司成立于1997年,全称上汽集团奇瑞汽车有限公司。公司拥有整车外形等十多项专利技术,先后推出了SQR系列发动机和"奇瑞·风云"系列轿车,2003年4月推出"奇瑞·QQ"系列和"奇瑞·东方之子"系列轿车。

奇瑞公司成立以来,在不到两年的时间里顺利实现3万辆轿车下线。2002年,奇瑞轿车产销量双双突破5万辆,比上年同比增长78.11%,在国内汽车市场占有率达到4.4%,成功跻身国内轿车行业"八强"之列,成为行业内公认的车坛"黑马"。与此同时,奇瑞轿车还连创5个国内第一,6次走出国门,以自己的不懈努力创造了中国汽车史上的奇迹。

2.微型车行业概述

微型客车曾在20世纪90年代初持续高速增长,但是自20世纪90年代中期以来,各大城市纷纷取消"面的",限制微客,微型客车至今仍然被大城市列在"另册",受到歧视。同时,由于各大城市在安全环保方面的要求不断提高,成本的抬升使微型车的价格优势越来越小,因此主要微客厂家已经把主要精力转向轿车生产,微客产量的增幅迅速下降。

在这种情况下,奇瑞汽车公司经过认真的市场调查,精心选择微型轿车打入市场;它的新产品不同于一般的微型客车,是微型客车的尺寸,轿车的配置。QQ微型轿车在2003年5月推出,6月就获得良好的市场反应,到2003年12月,已经售出28 000多辆,同时获得多个奖项。

3.目标市场营销策略

汽车产品一般是以价格档次定位,比如,"经济型轿车""中级轿车""中、高级轿车""豪华轿车"。奇瑞QQ是以细分消费群体为明确客户定位的汽车产品。

"年轻人的第一辆车"提出了年轻的上班族崭新的生活方式——拥有汽车、拥有一个属于自己的移动空间,享受驾驭乐趣,这不只是有多年工作经历的上班族的专利,年轻的上班族同样也能进入汽车时代。而在此前,年轻的上班族的出行方式基本上是公交或自行车,打出租车只是偶尔的事情。国内的汽车厂商一般都认为,年轻的上班族不会买车,或者说上班族需要多年积累才有实力买车,而且即使在有了一些经济实力之后,上班族在买房与买车之间一般是选择前者,而不是后者。而奇瑞QQ打破了传统的社会理念和消费观念,为年轻的上班族提出了汽车消费新理念。

当奇瑞QQ的名字在起名会上被提出来的时候,几乎所有的人都有一种"找到了""就是这一个"的感觉。其实,奇瑞QQ这个名称之所以从"嘟嘟""咪咪""爱Car(爱车)"等几十个候选名字中脱颖而出,就是因为它有着其他名字无可比拟的很多优势。首先,"QQ"这个名字是时尚的、前卫的,它最早诞生于国际互联网上,又有"我能找到你""我可以联系到你"的意思;第二,这个名字与目标消费者群体的定位基本吻合,他们年轻、敏感,喜欢接受新事物,对生活乐观、自信;第三,这个名字已经有了很高的知名度,推广起来成本比较低。第四,"QQ"这个名字简洁,容易被人记住,更容易传播。奇瑞QQ的目标客户是收入并不高但有知识有品位的年轻人,同时也兼顾有一定事业基础、心态年轻、追求时尚的中年人。一般大学毕业两三年的白领都是奇瑞QQ潜在的客户。人均月收入2 000元即可轻松拥有这款轿车。

许多时尚男女都因为QQ的靓丽、高配置和优性价比就把这个可爱的小精灵领回家了,从此与 QQ 成了快乐的伙伴。

奇瑞公司有关负责人介绍说,为了吸引年轻人,奇瑞 QQ 除了轿车应有的配置以外,还装载了独有的"I-Say"数码听系统,成为了"会说话的 QQ",堪称目前小型车时尚配置之最。据介绍,"I-Say"数码听是奇瑞公司为用户专门开发的一款车载数码装备,集文本朗读、MP3 播放、U 盘存储多种时尚数码功能于一身,让 QQ 与电脑和互联网紧密相连,完全迎合了离开网络就像鱼儿离开水的年轻一代的需求。

QQ 的目标客户群体对新生事物感兴趣,富于想象力、崇尚个性,思维活跃,追求时尚。虽然由于资金的原因他们崇尚实际,对品牌的忠诚度较低,但是对汽车的性价比、外观和配置十分关注,是容易互相影响的消费群体;从整体的需求来看,他们对微型轿车的使用范围要求较多。奇瑞把 QQ 定位于"年轻人的第一辆车",从使用性能和价格比上满足他们通过驾驶 QQ 所实现的工作、娱乐、休闲、社交的需求。

QQ 的成功,引起了其他微型车厂商的关注,竞争必将日益激烈。2004 年 3 月奇瑞推出 0.8 L 的 QQ 车,该车具有全自锁式安全保障系统、遥控中控门锁、四门电动车窗等功能,排量更小、燃油更经济、价格更低。新的 QQ 车取了"炫酷派""先锋派"等前卫名称,希望能够再掀市场热潮。

分析讨论:奇瑞 QQ 成功上市的原因有哪些?

**同步测试**

1. 名词解释:STP、差异化目标市场策略。
2. 简述市场细分的标准。
3. 说明市场选择的步骤。
4. 市场定位方式与类型有哪些?

**实训项目**

### 实训主题:目标市场营销策略的运用

实训背景

A 公司在全国食品饮料市场的发展已具相当规模,通过其主要产品——酸奶和纯净水,在饮料生产行业确立了其重要地位。为了保证产品线的连续及多角支撑,使企业立足于长期的稳定发展,A 公司在衡量了多种产品并经过实地调查后,认为开发液态牛奶产品对于公司来说是一个比较有发展前途的业务,在进入这两个产品领域之前,委托调查公司了解目前液态牛奶市场消费行为习惯和态度特征,核心消费人群定位和功能诉求,新进入的市场机会点和未来的市场变化趋势。

实训任务

1.细分液态牛奶的市场有哪些?

2.如何选择具液态牛奶的细分市场?

3.如何进行液态牛奶市场的核心消费人群定位和功能诉求确定?

实训流程

1.分组实训;在授课教师指导下分组(6~8个人一组),选定小组组长与副组长,确定小组成员名单。

2.各组初步明确分工,并进行市场调查分析,收集液态牛奶市场资料。

3.运用 STP 战略对牛奶市场进行分析。

4.撰写液态牛奶目标市场营销战略方案。

5.各组选择代表介绍策划案。

6.授课教师点评各组方案,评价方案的可行性并给予评分。

# 单元 8

# 产品策略

◆ **学习目标**

1. 能够准确判断产品所处的生命周期阶段及选择相应的策略。
2. 能够正确评估企业品牌策略并适时作出调整。
3. 能够根据目标顾客的特征选择恰当的包装策略。

◆ **能力目标**

1. 制订产品生命周期各阶段营销策略。
2. 谋划品牌策略和包装策略。
3. 进行新产品开发。

## 案例导入

### 海尔空调:产品加服务打造"奥运标准"

2007 年 10 月 18 日,距离北京奥运会召开还有 295 天时间,作为空调业唯一赞助商的海尔启动其 2008 新战略,在主流经销商中开展海尔奥运空调锦标赛,通过打造"奥运标准"的产品和服务,实现 2008 年消费者、经销商及企业的三赢。

参会的一位经销商欣喜地说,"上个冷冻年度,海尔 07 鲜风宝空调带动我们整体的销售提升了 50 多个百分点,相信作为鲜风宝的升级产品,08 奥运风空调将会为我们的销售带来更大的提升！特别是海尔新推出的具有'自动清扫过滤网'的 08 奥运风空调,现在已经成为奥运家电的代名词。"据了解,海尔奥运空调锦标赛在华北、华东、华南、东北、中南、西南 6 大区域主流渠道开展,目的是为了与经销商一起为广大消费者提供达到"奥运标准"的海尔的产品和服务,让国人切身体会到奥运级待遇和享受。"今年制冷年刚开局,我们就锁定了高差异化的 08 奥运风空调,这款产品刚上市就吸引了非常多的消费者,信心加主推,我们肯定胜出。"一位武汉当地的经销商非常有信心。

据悉,这款被众多经销商联合主推的奥运产品,凝聚中、日、韩三国顶级设计师智慧,"自动清扫过滤网"是这款空调最大的亮点。这项创新技术将科技、环保融入人性化,可自动把握清扫时机,确保过滤网时刻清洁,整机风路时时畅通。对于不会清扫或觉得人工清扫太麻烦的消费者来说,这款奥运空调独特的优势带来极大的惊喜,前不久,首批限量版海尔 08 奥运风空调上市,随机赠送极富珍藏价值的奥运邮折,更是让产品蕴含的奥运价值理念再度升级,甚至出现了预付全款定购的场面。

除了提供高品质产品外,海尔还为消费者提供"奥运标准"的服务方案。海尔空调将以优势技术、优势人员的统一调度为基础,进一步提高服务效率,以绿色、环保、省时的模式服务大众,使用户真正享受到奥运级服务标准。

(资料来源:上海搜房家居网)

## 学习任务1 认识整体产品

### 8.1.1 产品的整体概念

人们通常理解的产品是指具有某种特定物质形状和用途的物品,是看得见、摸得着的东西。这是一种狭义的定义。而市场营销学认为,广义的产品是指人们通过购买而获得的能够满足某种需求和欲望的物品的总和,它既包括具有物质形态的产品实体,又包括非物质形态的利益,这就是"产品的整体概念"。

以往,学术界曾用3个层次来表述产品整体概念,即核心产品、形式产品和延伸产品(附加产品),这种研究思路与表述方式沿用了多年。但近年来,以菲利普·科特勒为首的北美学者更倾向于使用5个层次来表述产品整体概念,认为5个层次的研究与表述能够更深刻而准确地表述产品整体概念的含义。如图8-1所示。

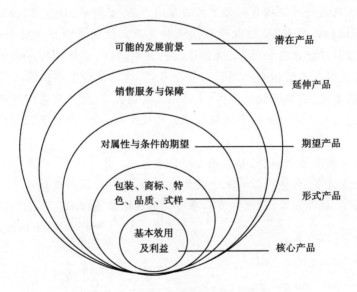

图8-1　整体产品概念的5个层次

### 1）核心产品

核心产品是指企业向消费者提供的产品的基本效用或利益。消费者购买产品,并不是为了占有或获得产品本身,而是为了获得满足自身某种需要的服务或利益。如人们购买牙膏是为了防止蛀牙、使口气清新或洁白牙齿;人们购买洗衣机是为了把脏衣服洗干净;人们购买电冰箱是为了使食物保鲜。因此,企业的营销人员在营销活动中要善于发现购买者购买某一产品时追求的基本效用或利益,将这些信息告诉企业的设计人员,确保自己的产品能够使顾客获得核心利益。

### 2）形式产品

形式产品是指产品的基本形式,是核心利益的存在形式和载体。它一般由产品的质量、特征、造型、品牌、包装等因素构成。消费者在购买某一产品时,不仅要考虑产品的核心利益,而且要考虑形式产品能否满足自己的需求。市场营销人员要重视如何以独特的形式产品将某种利益传递给消费者。

🙂案例

## 舒肤佳香皂

香皂大多数都是方方正正的,洗澡的时候很容易滑落。而舒肤佳的设计人员却将舒肤佳的香皂设计成"腰型",便于握捏——人性化设计或许仅仅是一个简单的动作,却会带给消费者舒服甚至是感恩的心情。

（资料来源:黄彪虎 《市场营销原理与操作》）

### 3）期望产品

期望产品是指消费者在购买产品时期望产品应该具有的一些属性。例如,消费者在购买洗衣机时,期望洗衣机的噪音小、进排水方便、外观美观、安全可靠等。在发展中国家,竞争主要发生在期望产品层次。

### 4）延伸产品

延伸产品是指消费者购买产品时所获得的附加服务与利益,它包括产品介绍、提供信贷、送货、安装、调试、保养、保证、售后服务等。延伸产品是产品整体概念中的一部分,是因为消费者购买产品就是为了需要得到满足,即希望得到满足其需求的一切东西。正如美国学者西奥多·莱维特所指出的："新的竞争不是发生在各个公司的工厂生产什么产品，而是发生在其产品的能提供何种附加利益，如包装、服务、广告、顾客咨询、融资、送货、仓储以及具有其他价值的形式。"

### 5) 潜在产品

潜在产品是指某种产品将来可能的发展趋势。例如,洗衣机可发展为不用洗衣粉、节电、节水的技术含量很高的洗衣机。

## 8.1.2 产品分类

在市场营销中要根据不同的产品制订不同的营销策略,制订科学有效的营销策略,就必须对产品进行分类。

### 1) 根据产品用途

按产品的用途,可以将产品划分为消费品和工业品两大类。

消费品是直接用于满足最终消费者生活需要的产品,工业品则由企业或组织购买后用于生产其他产品。消费品与工业品两者在购买目的、购买方式及购买数量等方面均有较大的差异。因此,对于这两类不同的产品,企业的营销策略必须进行区别对待。

### 2) 根据产品使用时间

按产品的使用时间可以将产品划分为耐用品、半耐用品和非耐用品。

(1)耐用品。该类产品的最大特点在于使用时间长,且价格比较昂贵或者体积较大。所以,消费者在购买时,都很谨慎,重视产品的质量以及品牌,对产品的附加利益要求较高。企业在生产此类产品时,应注重产品的质量、销售服务和销售保证等方面,同时选择有一定信誉较好的有名大型零售商进行产品的销售。

(2)半耐用品。如大部分纺织品、服装、鞋帽,一般家具等。这类产品的特点在于能使用一段时间,因此,消费者不需经常购买,但购买时,对产品的适用性、样式、色彩、质量、价格等基本方面会进行有针对性的比较、挑选。

(3)非耐用品。其特点是一次性消耗或使用时间很短,因此,消费者需要经常购买且希望能方便及时的购买。企业应在人群集中,交通方便的地区设置零售网点。

### 3) 根据产品之间的销售关系

按产品之间的销售关系划分,可以将产品划分为独立产品、互补产品和替代产品。

(1)独立产品。即产品的销售不受其他产品销售的影响而影响。比如钢笔与手表、电视机与电冰箱等都互为独立产品。

(2)互补产品。即产品与相关产品的销售相互依存相互补充。一种产品销售的增加(或减少)就会引起相关产品销售的增加(或减少)。

(3)替代产品。即两种产品之间销售存在着竞争关系。也就是说一种产品销售量的增加会减少另外一种产品潜在的销售量。

## 学习任务 2 运用产品组合

### 8.2.1   产品组合的概念

#### 1) 产品组合

产品组合是指企业提供给市场的全部产品线和产品项目的组合或结构即企业的业务经营范围。企业为了实现其营销目标,充分有效地满足目标市场的需求,必须设计一个优化的产品组合。产品组合不恰当可能造成产品的滞销积压,甚至引起企业亏损。

#### 2) 与产品组合相关的概念

(1)产品线。指产品组合中的某一产品大类,是一组密切相关的产品。他们以类似的方式起作用,或通过相同的销售网点销售,或者满足消费者相同的需要。

(2)产品项目。是指产品大类或产品线中不同品牌和细类的特定产品。

例如,某自选采购中心经营家电、百货、鞋帽、文教用品等,这就是产品组合;而其中的"家电"或鞋帽等大类就是产品线;而每一大类中包括的具体品种、品牌为产品项目。

(3)产品组合的宽度。产品线的总数。产品线越多就意味着企业的产品组合就越宽。产品组合的宽度表明了一个企业经营的产品种类的多少及经营范围的大小。

（4）产品组合的深度。某一产品线中产品项目的多少，表明在某类产品中产品开发的深度。

（5）产品组合的长度。指一个企业的产品项目总数。产品项目指列入企业产品线中具有不同规格、型号、式样或价格的最基本产品单位。通常，每一产品线中包括多个产品项目，企业各产品线的产品项目总数就是企业产品组合长度。

（6）产品组合的相关性。指一个企业的各产品线在最终用途、生产条件、分销渠道等方面的相关联程度。较高的产品的关联性能带来企业的规模效益和企业的范围效益，提高企业在某一地区、行业的声誉。

产品组合宽度

| | 护理用品 | 食品 | 家用电器 |
|---|---|---|---|
| | 护肤用品 | 调味品 | 冰箱 |
| | 洁肤用品 | 糕点 | 彩电 |
| | 护发产品 | 干果 | 洗衣机 |
| | 洗涤用品 | 饮料 | |
| | 护齿产品 | | |

（左侧竖排：产品组合深度）

**图8-2 某企业产品组合示意图**

从图8-2中可以看到，某企业产品组合的宽度为3，护理用品的产品组合深度为5，食品产品组合深度为4，家用电器产品组合深度为3，产品组合的长度为5＋4＋3＝12，护理用品、食品、家用电器这3条产品线关联性不强，只有分销渠道比较相似，在百货公司都有销售。

产品组合的宽度、深度、长度和关联度在市场营销战略上具有重要意义。一是增加产品组合的宽度，可以增加企业产品线的数量，扩大企业经营范围，甚至跨行业经营，实行多角化经营战略，有利于发挥企业特长，充分利用企业资源，降低风险，提高经济效益；二是增加产品组合的深度和长度，可以增加产品项目，增加产品花色、款式、规格等，实行专业化经营，可以满足目标市场消费者的不同需求和爱好，扩大产品销售量，增强企业竞争力，树立良好企业形象；三是加强产品组合的关联性，可以提高企业在某一地区或某一行业的市场竞争位次，充分发挥企业在生产、分销渠道和技术等方面的优势。

## 8.2.2 产品组合策略

产品组合策略是指企业根据市场需求和内部资源对产品组合的宽度、深度、长度和关联度的最优组合策略。企业通过产品线销售额和利润分析、产品项目市场定位分析对产品组合进行调整和优化,采取扩大产品组合、缩减产品组合、产品线延伸、产品线现代化策略。

### 1)扩大产品组合策略

扩大产品组合策略是指企业拓展产品组合的宽度和加强产品组合的深度。拓展产品组合宽度是在原有产品组合中增加新的产品线,扩大经营范围;加强产品组合深度是在原有产品线内增加新的产品项目。如果企业预测到现有产品线的销售额和利润额在未来一定时期内可能下降时,就会考虑在现有产品组合中增加新的产品线或加强其中有发展潜力的产品线。如果企业想增加产品特色或为更多的子市场提供产品时,可以考虑在原有产品线内增加新的产品项目。

采取扩大产品组合策略,实行多角化经营,可以拓展经营范围,扩大经营规模,降低风险,充分发挥企业资源,尤其是经济繁荣时期实行扩大产品组合策略,可以增加盈利机会,但是采取扩大产品组合策略需要大量投资,要慎重采用。

### 2)缩减产品组合策略

缩减产品组合策略是指企业减少产品组合中产品线的数量或减少产品线中产品项目数量。一般来讲,在市场经济萎缩、原材料能源供应紧张或行业内有替代品出现、消费者需求爱好发生转变时,可以采取缩减产品组合策略,放弃那些获利少甚至亏损的产品线或产品项目,集中力量发展获利多、有发展潜力的产品线和产品项目,以增加企业的赢利能力。

### 3)产品线延伸策略

产品线延伸策略是指企业全部或部分地改变原有产品的市场定位,采取向上延伸、向下延伸和双向延伸3种形式。

(1)向上延伸策略。向上延伸策略是指在原有产品线中增加高档产品项目。

实行向上延伸策略的市场条件是:一是高档产品市场需求旺盛,产品畅销,利润高,市场发展潜力大;二是拥有进入高档产品市场的实力,想发展各档次产品俱全的完全产品线;三是企业有良好的信誉;四是具有反击竞争对手进攻的能力。

实行向上延伸策略的风险:一是高档产品市场竞争者进行反击并可能进入低档产品市场;二是未来消费者可能怀疑企业高档产品的质量水平;三是企业的销售代理商和经销商不一定有能力经营高档产品。

(2)向下延伸策略。向下延伸策略是在高档或中档产品线中增加中档或低档产品项目。

实行向下延伸策略的市场条件：一是高档产品销售增长缓慢，竞争激烈，企业需要开拓中低档产品市场，进行反击，增加赢利；二是利用高档产品的品牌效应吸引购买力水平低的消费者购买中低档产品，扩大销售量；三是填补市场空白，不让竞争者有隙可乘。

实行向下延伸策略的风险：一是容易损害高档产品的品牌形象，因此应采取新品牌推出中低档产品；二是经营高档产品的经销商或代理商因为利润少而不愿经营中低档产品；三是易激怒中低档生产企业向高档产品市场进攻。因此使用向下延伸策略要谨慎，否则会影响企业形象和品牌效应。

案例

## 派克的品牌延伸

"派克"钢笔号称钢笔之王，属于高档产品。1982 年，"派克"却展开了对低档钢笔市场的争夺，开始生产经营每支 3 美元以下的大众化钢笔，结果，"派克"公司不仅没有顺利打入低档笔市场，反而让对手克罗斯公司乘虚而入，其高档笔市场被冲击，市场占有率下降到 17%，销量只及克罗斯公司的一半。因为"派克"经营低档笔后，其"钢笔之王"的形象和美名受到损害，不能再满足人们以"派克"为荣和体现身份的心理需要。

（资料来源：北斗成功网《品牌延伸利弊谈》）

（3）双向延伸策略。双向延伸策略是指在原来的中档产品线中同时增加高档产品项目和低档产品项目。

实行产品线延伸策略可以充分利用企业资源，开发多种产品满足消费者的不同档次需求，减少经营风险。但是产品线延伸要适度，因为随着产品线的延长，即造成产品成本增加，企业利润减少，也使消费者难以区分各种产品的独特优势，降低品牌忠诚度。

### 4）产品线现代化策略

产品线现代化策略是指企业把现代科学技术及时应用到生产经营中，对产品线进行改进，使之符合时代需求。实行产品现代化有两种形式：一是用最快速度对产品线进行全面更新改造，这样做虽然在短时间内需要大量投资，但可以抢占市场先机，击败竞争对手，占据有利的市场位次。这仅仅是实力雄厚企业采用的方式。

二是对产品线进行更新改造,这样做虽然可以节省资金,但容易被竞争者察觉和模仿,一般是中小企业经常使用的方法。

## 学习任务 3　掌握产品生命周期

### 8.3.1　产品生命周期的概念

产品生命周期(Product Life Cycle),简称 PLC,是产品的市场寿命,即一种新产品从开始进入市场到被市场淘汰的整个过程。费农认为:产品生命是指市上的营销生命,产品和人的生命一样,要经历形成、成长、成熟、衰退这样的周期。就产品而言,也就是要经历一个开发、引进、成长、成熟、衰退的阶段。而这个周期在不同的技术水平的国家里,发生的时间和过程是不一样的,期间存在一个较大的差距和时差,正是这一时差,表现为不同国家在技术上的差距,它反映了同一产品在不同国家市场上的竞争地位的差异,从而决定了国际贸易和国际投资的变化。

典型的产品生命周期分为导入期(或介绍期)、成长期、成熟期和衰退期四个阶段。如图 8-3 所示。

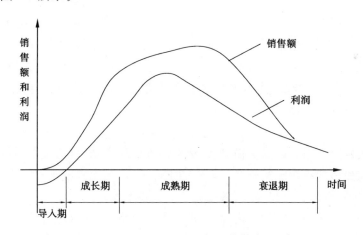

**图 8-3　一般产品生命周期图**

产品生命周期可分为产品市场生命周期和产品使用生命周期,二者是有区别的。产品市场生命周期是交换价值消失过程,产品使用生命周期是使用价值消失过程,本书所讲的产品生命周期是指产品的市场生命周期而不是产品的使用生命周期。新产品只有投放到市场时它的市场生命才开始,退出市场时,它的市场生命才会终结。使用生命周期长的产品不一定市场生命周期长,市场生命周期长的产品不一定使用生命周期长。例如,衣服的使用生命周期较长,一件衣服可以穿几年不坏,但它的市场生命周期却很短,时装可能只流行一个季节。鞭炮一经燃放,其使用生命周期终结,但它的市场生命周期却很长。

## 8.3.2　产品生命周期各阶段的特点及营销策略

### 1)导入期特点及营销对策

新产品投入市场,便进入导入期。此时,顾客对产品还不了解,只有少数追求新奇的顾客可能购买,销售量很低。为了扩展销路,需要大量的促销费用,对产品进行宣传。在这一阶段,由于技术方面的原因,产品不能大批量生产,因而成本高,销售额增长缓慢,企业不但得不到利润,反而可能亏损。产品也有待进一步完善。

(1)导入期的特点。导入期的特征是产品销量少,促销费用高,制造成本高,销售利润很低甚至为负值。根据这一阶段的特点,企业应努力做到:投入市场的产品要有针对性;进入市场的时机要合适;设法把销售力量直接投向最有可能的购买者,使市场尽快接受该产品,以缩短介绍期,更快地进入成长期。

(2)导入期的营销对策。在产品的导入期,企业一般有4种策略可供选择。

①快速撇脂策略。即以高价格、高促销费用推出新产品。实行高价策略可在每单位销售额中获取最大利润,尽快收回投资;高促销费用能够快速建立知名度,占领市场。实施这一策略须具备以下条件:产品有较大的需求潜力;目标顾客求新心理强,急于购买新产品;企业面临潜在竞争者的威胁,需要及早树立品牌形象。一般而言,在产品引入阶段,只要新产品比替代的产品有明显的优势,市场对其价格就不会那么计较。

②缓慢撇脂策略。以高价格、低促销费用推出新产品,目的是以尽可能低的费用开支求得更多的利润。实施这一策略的条件是:市场规模较小;产品已有一定的知名度;目标顾客愿意支付高价;潜在竞争的威胁不大。

③快速渗透策略。以低价格、高促销费用推出新产品。目的在于先发制人,以最快的速度打入市场,取得尽可能大的市场占有率。然后再随着销量和产量的扩大,使单位成本降低,取得规模效益。实施这一策略的条件是:该产品市场容量相当大;潜在消费者对产品不了解,且对价格十分敏感;潜在竞争较为激烈;产品的单位制造成本可随生产规模和销售量的扩大迅速降低。

④缓慢渗透策略。以低价格、低促销费用推出新产品。低价可扩大销售,低促销费用可降低营销成本,增加利润。这种策略的适用条件是:市场容量很大;市场上该产品的知名度较高;市场对价格十分敏感;存在某些潜在的竞争者,但威胁不大。

### 2)成长期特点及营销对策

(1)成长期的特点。新产品经过市场导入期以后,消费者对该产品已经熟悉,消费习惯业已形成,销售量迅速增长,这种新产品就进入了成长期。进入成长期以后,老顾客重复购买,并且带来了新的顾客,销售量激增,企业利润迅速增长,在这一阶段利润达到高峰。随着销售量的增大,企业生产规模也逐步扩大,产品成本逐步降低,新的竞争者会投入竞争。随着竞争的加剧,新的产品特性开始出现,产品市场开始细分,分销渠道增加。企业为维持市场的继续成长,需要保持或稍微增加促销费用,但由于销量增加,平均促销费用有所下降。

(2)成长期的营销对策。针对成长期的特点,企业为维持其市场增长率,延长获取最大利润的时间,可以采取下面几种策略:

①寻找新的细分市场。通过市场细分,找到新的尚未满足的细分市场,根据其需要组织生产,迅速进入这一新的市场。

②改善产品品质。如增加新的功能,改变产品款式,发展新的型号,开发新的用途等。对产品进行改进,可以提高产品的竞争能力,满足顾客更广泛的需求,吸引更多的顾客。

③塑造名牌产品形象。把广告宣传的重心从介绍产品转到建立产品形象上来,树立产品名牌,维系老顾客,吸引新顾客。

④适时降价,扩大市场占有率。在适当的时机,可以采取降价策略,以激发那些对价格比较敏感的消费者产生购买动机和采取购买行动。

### 3)成熟期特点及营销对策

(1)成熟期的特点。成熟期的阶段划分和市场特点:成长成熟期,各销售渠道基本呈饱和状态,增长率缓慢上升,还有少数后续的购买者继续进入市场;稳定成熟期,产品销售稳定,增长率一般只与购买者人数成比例,如无新购买者则增长率停滞或下降;衰退成熟期,销售水平显著下降,全行业产品过剩,竞争加剧,市场份额变动不大,突破比较困难。

(2)成熟期的营销对策。对成熟期的产品,应采取主动出击策略,延长成熟期,使产品生命周期出现再循环。为此可采取以下营销策略:

①产品改良策略。产品改良策略是指通过改良产品质量、增加新功能、更新款式创造出独具特色的产品来满足消费者的需求。产品改良最好办法就是对产品整体概念的不同层次进行调整。

②市场改良策略。市场改良策略就是寻找新用户，开发新市场。

③市场营销组合改良策略。市场营销组合改良策略就是调整产品、价格、分销渠道和促销4个因素，来延长成熟期。

成熟期促销工作的重点是情感。在产品成熟期，消费者对产品功能、品牌个性已完全认可，对产品消费的理性因素在减弱，情感因素在加强，消费者更加注重消费产品所带来的感受，如有没有更加温馨的服务，能不能更显示身份，等等。这个时候企业营销工作的目的是加强消费者对产品的依赖和品牌的忠诚度，促销的重点是情感。例如，脑白金老头板广告词"今年过年不收礼，收礼只收脑白金"体现出浓浓的亲情、友情，使脑白金以礼品定位稳居保健品头把交椅。

### 4) 衰退期特点及营销对策

(1)衰退期的特点。衰退期的主要特点是：产品销售量急剧下降；企业从这种产品中获得的利润很低甚至为零；大量的竞争者退出市场；消费者的消费习惯已发生改变等。面对处于衰退期的产品，企业需要进行认真的研究分析，决定采取什么策略，在什么时间退出市场。

(2)衰退期的营销对策。

①维持策略。指企业仍保持原有的目标市场和营销组合策略，直到这种产品退出市场为止。

②集中策略。指企业把资源集中在最有利的目标市场、最有效的分销渠道和最容易销售的产品上，从中获取尽可能多的利润。

③收缩策略。指大幅度降低促销费用，以增加目前的利润。

④放弃策略。对衰退比较迅速的产品，应当机立断，放弃经营。放弃策略有两种形式：一是立即停产；二是逐步停产。

衰退期促销的重点是实惠。当产品进入衰退期，消费需求明显下降，一些消费者购买对象已经转移，只剩下讲究实惠的消费者。

## 学习任务 4　开发新产品

案例

### 麦条的出现

　　麦片有很多好处：富含营养，有益健康。希洛公司（Hero）生产各种食物，但在早餐麦片市场占有的份额却不高。公司如何在麦片市场提高占有率？麦片市场早已饱和了，希洛公司不打算在这个市场里碰运气。它们想到的出路是重新定义麦片的使用价值。它们选择了把麦片当作任何时候都能食用的健康点心，而不是当作通常的早餐。如果把当点心的麦片用袋装，顾客也许只能用手吃了。它们采用一种顾客熟悉的产品形状——巧克力条。麦片加上巧克力条就出现了新的类别——麦条。这种现在看来平常的产品，在当时却是一个突破。它是一种真正的新事物，并由此创造了新的消费场合。如今该公司是欧洲市场麦条类产品的领头羊之一。

（资料来源：《营销新知》源自市场外部的创新思路）

　　思考：这个创意是怎样产生的？

### 8.4.1　新产品的概念及种类

#### 1）新产品的概念

　　市场营销意义上的新产品含义很广，除包含因科学技术在某一领域的重大发现所产生的新产品外，还包括：在生产销售方面，只要产品在功能和或形态上发生改变，与原来的产品产生差异，甚至只是产品从原有市场进入新的市场，都可视为新产品；在消费者方面，则是指能进入市场给消费者提供新的利益或新的效用而被消费者认可的产品。

**2)新产品的类型**

按产品研究开发过程,新产品可分为全新产品、模仿型新产品、改进型新产品、形成系列型新产品、降低成本型新产品和重新定位型新产品。

(1)全新产品。全新产品是指采用新原理、新技术、新结构和新材料研制成功的前所未有的产品。它往往是伴随科学技术重大突破诞生的。如汽车、电话、飞机、电脑、彩电等产品的问世,全新产品是原始性创新,能引发大量改进性、渐进性创新和大量外围产业及相关配套产业的创新,形成密集的产品创新集群和簇射现象,增强企业核心竞争力,推动新兴产业的成长和新技术向各产业的扩散。它占新产品的比例为10%左右。

(2)模仿型新产品。模仿型新产品是指对国内外市场上已经出现的产品进行引进或模仿,研制生产出在性能、质量等方面类似的产品。仿制新产品开发速度快,投资少,效益高。模仿型新产品约占新产品的20%。

(3)改进型新产品。改进新产品是指在现有产品的基础上,对产品质量、款式、功能、结构、材料、花色品种等方面进行改进的产品,如牙膏有中草药牙膏、绿茶牙膏、含氟牙膏等。它占新产品的26%左右。

(4)形成系列型产品。形成系列型新产品是指在原有的产品大类中开发出新的品种、花色、规格等,从而与企业原有产品形成系列,扩大产品的目标市场。该类型新产品占新产品的26%左右。

(5)降低成本型新产品。降低成本型新产品是以较低的成本提供同样性能的新产品,主要是指企业利用新科技,改进生产工艺或提高生产效率,削减原产品的成本,但保持原有功能不变的新产品。这种新产品的比重为11%左右。

(6)重新定位型新产品。重新定位型新产品指企业的老产品进入新的市场而被称为该市场的新产品。这类新产品约占全部新产品的7%。

## 8.4.2 新产品开发的过程

一个完整的新产品开发过程要经历8个阶段:构思产生、构思筛选、概念发展和测试、营销规划、商业分析、产品实体开发、试销、商品化。

**1)新产品构思的产生**

进行新产品构思是新产品开发的首要阶段。构思是创造性思维,即对新产品进行设想或创意的过程。缺乏好的新产品构思已成为许多行业新产品开发的瓶颈。一个好的新产品构思是新产品开发成功关键。企业通常可从企业内部和企业外部寻找新产品构思的来源。公司内部人员包括:研究开发人员、市场营销人员、高层管理者及其他部门人员。这些人员与产品的直接接触程度各不相同,但他们总的共同点便是都熟悉公司业务的某一方面或某几方面。对公司提供的产品较外人有更多地了解与关注,因而往往能针对产品的优缺点提出改进或创新产品的构思。企业可寻找的外部构思来源有:顾客、中间商、竞争对手、企业外的研究和发明人员、咨询公司、营销调研公司等。

### 2)构思筛选

新产品构思筛选是采用适当的评价系统及科学的评价方法对各种构思进行分析比较,从中把最有希望的设想挑选出来的一个过滤过程。在这个过程中,力争做到除去亏损最大和必定亏损的新产品构思,选出潜在赢利大的新产品构思。构思筛选的主要方法是建立一系列评价模型。评价模型一般包括:评价因素、评价等级、权重和评价人员。其中确定合理的评价因素和给每个因素确定适当的权重是评价模型是否科学的关键。

### 3)新产品概念的发展和测试

新产品构思是企业创新者希望提供给市场的一些可能新产品的设想,新产品设想只是为新产品开发指明了方向,必须把新产品构思转化为新产品概念才能真正指导新产品的开发。新产品概念是企业从消费者的角度对产品构思进行的详尽描述。即将新产品构思具体化,描述出产品的性能、具体用途、形状、优点、外形、价格、名称、提供给消费者的利益等,让消费者能一目了然地识别出新产品的特征。因为消费者不是购买新产品构思,而是购买新产品概念。新产品概念形成的过程亦即把粗略的产品构思转化为详细的产品概念。任何一种产品构思都可转化为几种产品概念。新产品概念的形成来源于针对新产品构思提出问题的回答,一般通过对以下 3 个问题的回答,可形成不同的新产品概念。即谁使用该产品? 该产品提供的主要利益是什么? 该产品适用于什么场合?

### 4)制订营销战略计划

对已经形成的新产品概念制订营销战略计划是新产品开发过程的一个重要阶段。该计划将在以后的开发阶段中不断完善。营销战略计划包括 3 个部分:第一部分是描述目标市场的规模、结构和消费者行为,新产品在目标市场上的定位,市场占有率及前几年的销售额和利润目标等。第二部分是对新产品的价格策略、分销策略和第一年的营销预算进行规划。第3部分则描述预期的长期销售量和利润目标以及不同时期的营销组合。

### 5) 商业分析

商业分析的主要内容是对新产品概念进行财务方面的分析,即估计销售量、成本和利润,判断它是否满足企业开发新产品的目标。

### 6) 产品实体开发

新产品实体开发主要解决产品构思能否转化为在技术上和商业上可行的产品这一问题。它是通过对新产品实体的设计、试制、测试和鉴定来完成的。根据美国科学基金会调查,新产品开发过程中的产品实体开发阶段所需的投资和时间分别占总开发费用的30%、总时间的40%,且技术要求很高,是最具挑战性的一个阶段。

### 7) 新产品试销

新产品市场试销的目的是对新产品正式上市前所做的最后一次测试,且该次测试的评价者是消费者的货币选票。通过市场试销将新产品投放到有代表性地区的小范围的目标市场进行测试,企业才能真正了解该新产品的市场前景。市场试销是对新产品的全面检验,可为新产品是否全面上市提供全面、系统的决策依据,也为新产品的改进和市场营销策略的完善提供启示,有许多新产品是通过试销改进后才取得成功的。

新产品市场试销的首要问题是决定是否试销,并非所有的新产品都要经过试销,可根据新产品的特点及试销对新产品的利弊分析来决定。如果决定试销,接下来是对试销市场的选择,所选择的试销市场在广告、分销、竞争和产品使用等方面要尽可能的接近新产品最终要进入的目标市场。第三步是对试销技术的选择,常用的消费品试销技术有:销售波测试、模拟测试、控制性试销及试验市场试销。工业品常用的试销方法是产品使用测试,或通过商业展览会介绍新产品。对新产品试销过程进行控制是第四步,对促销宣传效果、试销成本、试销计划的目标和试销时间的控制是试销人员必须把握的重点。最后是对试销信息资料的收集和分析。如,消费者的试用率与重购率,竞争者对新产品的反应,消费者对新产品性能、包装、价格、分销渠道、促销发生等的反应。

### 8) 商业化

新产品的商业化阶段的营销运作,企业应在以下几方面慎重决策:何时推出新产品。针对竞争者的产品而言,有 3 种时机选择。即首先进入、平行进入和后期进入;何地推出新产品;如何推出新产品,企业必须制订详细的新产品上市的营销计划,包括营销组合策略、营销预算、营销活动的组织和控制等。

### 8.4.3　新产品开发策略

新产品开发是一项高风险、投资大的经营活动,新产品成功率只有 10% 左右,因此选择新产品开发策略事关重大,涉及企业的投资,投资回报率,市场占有率等一系列经济问题。只有选择正确的新产品开发策略才能达到投资少、利润大的目的,给企业带来可观的经济效益,支持企业不断发展壮大。

新产品开发策略是企业在正确地分析自身的内部条件和外部设备环境的基础上所做出的企业产品创新总体目标部署,以及为实现创新目标而做出的谋划和根本对策。新产品开发策略可分为"自主创新策略""模仿创新策略""合作创新的策略""产品差异化策略"。

#### 1)自主创新策略

自主创新策略指企业通过自己的研究开发力量来完成产品的构思,设计和生产工作。

自主创新所需的核心技术来源于企业内部的技术突破,是企业依靠自身力量,通过独立的研究开发活动而获得的,这是自主创新的本质特点,也是自主创新战略与其他创新战略的本质区别。企业要完成一项产品创新,所需要的专门技术是多种多样,既有关键性核心技术,也有辅助性外围技术。对某一企业而言,自主创新并不要求企业独立研制所有的技术,只要开发其中的关键性核心技术,打通了创新中最困难的技术环节,独自掌握核心技术原理即可。辅助性技术研究与开发可自己进行,也可以委托其他企业进行研制开发或去购买解决。这是因为核心技术是企业所拥有的专利,专有技术,具有独创性,很难去模仿,如 ZPNI 的服务能力,3M 公司的产品创新能力,丰田公司的精细化能力,奔驰公司的机械设计能力,海尔市场的创新能力,微软的产品开发能力。

自主创新战略非常适用于行业领先者和介绍期产品。目前发达国家大部分实力雄厚的企业在新产品开发方面都采用自主创新的战略,因为自主创新战略开辟的一般都是属于产品根本性的重大创新。这种创新一旦取得成功,必然引致大量的渐进创新和大量外围产业及相关配套产业的创新,形成密集的产品创新集群和簇射现象。其结果不仅会极大增强自主创新企业的实力和核心地位,而且可以极大地推动新兴产业的成长和新技术向各产业的扩散。

实施自主创新战略应注意充分利用专利制度保护知识产权,灵活恰当地进行技术转让,注意自主创新产品的自我完善,重视对创新后续环节的投入。

### 2)模仿创新策略

模仿创新策略指企业对国际或国内市场上已经出现的产品进行引进或模仿、研制生产出在性能、质量、价格方面富有竞争力产品。

模仿创新的重要特点在于最大限度地吸取率先者成功的经验与失败教训,是有价值新技术的积极追随学习者,是一种投入少见效快的产品创新模式,可以充分发挥后发优势。

模仿创新是国际上常用的一种竞争策略。由于产品创新费用和可能获得利润之间的关系极不确定,很多企业不愿意在产品创新上没有把握地进行投资。同时一个企业掌握的资源是有限的,不可能具有开发任何新产品的条件,也不可能在任何产品创新上都处于领先地位。基于这些原因,模仿创新就成为企业之间重要竞争手段。美国国际商用机器公司几乎从不首先开发新产品,而是等别的公司新产品露面后,立即派员工深入到用户那里调查取证,向用户探询新产品的优缺点和用户建议,迅速开发出完全符合顾客要求的"新产品",结果 IBM 的新产品经常比其他公司设计的好。IBM 数学计算机分公司在总结这方面经验时说:"我们有意在技术上落后 2~3 年,把产品试用和打开市场工作让别人来做,而后根据别人的试用反映和结果再来研究我们自己的新产品,这样可以有效地避免弯路,减少人力、物力和时间的浪费,以捷径争得市场上的领先地位。"

模仿创新产品特别适用于处于成长期的产品,因为在成长期,新产品的技术已过关,废品率减少,消费市场已经形成,老顾客重新购买,并且带来新顾客,使销量激增。同时,企业生产规模扩大,生产成本逐步降低,利润迅速增长并达到最高,这给模仿创新者带来了市场机会,只要抓住产品质量、功能、款式等进行创新,就会取得成功。正如美国管理大师杜拉克所说:"创造性模仿者并没有说明产品或服务,他只是将原始创新产品或服务变得更完美,并将它适当定做。"

由于模仿创新产品成本低,风险少,能更好地满足市场需求,因此模仿创新产品具有较强的竞争优势,成功的模仿创新产品能够后来居上,在市场上赢得顾客的青睐。超越率先创新者的产品,给企业带来丰厚的利润回报。这也是大部分企业从事模仿创新,实施模仿创新战略的直接动力。

### 3)合作创新策略

合作创新策略是指企业间或企业、高等院校或科研机构利用各自在经济、技术、设备、人才等方面的优势相互协作进行新产品开发。

合作创新通常以合作伙伴的共同利益为基础,以资源共享或优势互补为前提,有明确的合作目标,合作期限和合作规则,合作各方在技术创新的全过程或某些环节共同投入,共同参与,共享成果,共担风险,能较快地研制开发出先进的优质产品,使科研成果很快地转化为商品,所以在实际应用十分广泛,尤其在新兴技术和高新技术产业中应用更为普遍。

合作创新有利于在不同合作主体之间实现资源共享,优势互补;有利于缩短产品的创新时间,增强企业的竞争地位;有利于降低创新成本和分散创新风险;有利于发挥企业现有核心能力的作用,实现核心能力的发展与转换;有利于企业适应世界产业结构变化和世界经济一体化的趋势。

合作创新易出现监督困难,人浮于事、效率低下等问题;容易出现合作单位间成果和技术沟通多,过程和人员沟通少;信息和文字沟通多,观念和思想沟通少;易出现知识产权分配不合理现象。

### 4)产品差异化创新策略

产品差异化创新策略是指企业以某种方式改变那些基本相同的产品,以使消费者相信这些产品存在差异而产生不同的偏好。

产品差异化创新方法具体包括:产品品质创新、产品特性创新、产品式样创新和附加产品创新。

(1)产品品质创新。产品品质创新是指对产品质量进行改进,一方面提高产品的耐久性、可靠性、安全性、节能性等,如降低冰箱的耗电量;另一方面可以把产品从低档变为高档,或把低档产品变为中档、高档产品。这种创新决策即能延长成熟期,又能提高产品的竞争力。

(2)产品特性创新。产品特性创新就是扩大产品的使用功能,增加产品新的特性,如尺寸大小、重量、原材料、添加物、附件等,使产品具有更多的功能,提高其安全性,便利性。如在开罐头工具上增加动力装置,使人们开铁包装罐头即迅速又便利又安全。产品特性创新花费少,收益大,能为企业树立创新与领先形象,但是这种产品创新易被模仿,所以只有率先创新才能获利。

(3)产品式样创新。产品式样创新是基于美学欣赏观念而进行款式、外观及形态改进,形成新规模新花色的产品,从而刺激消费者,引起新的需求。如海尔集团生产的把冰箱冷藏柜和保鲜柜分开的新型冰箱。

(4)附加产品创新。附加产品是顾客购买有形产品时所获得的全部附加服务和利益。附加产品创新包括向顾客提供良好服务,优惠条件、技术咨询、质量保证、消费指导等。

实行产品差异化创新策略的企业所提供的产品与服务在产业中具有独特的创新性,这些与众不同的创新可以表现在产品设计、技术特性、产品品牌、产品形象、服务方式、销售方式、促销手段的创新上。由于实行差异化创新,使产品具有与众不同的特色,因而赢得一部分顾客的信任,同行产业的其他企业一时难以与之竞争,其替代品也很难在这个特定领域与之抗衡。

产品差异化创新策略特别适用于成熟期的产品。成熟期产品是企业获取利润,支持介绍期、成长期产品的经济基础,因此必须延长成熟期,使产品生命周期出现再循环。延长成熟期的一种重要方法就是产品差异化创新,通过改变产品来满足顾客的不同需要,吸引不同需求的顾客。

## 学习任务5 设计品牌、商标与包装策略

### 8.5.1 品牌与商标

#### 1)品牌的概念

品牌是用以识别某个销售者或某群销售者的产品或服务,并使之与竞争对手的产品或服务区别开来的商业名称及其标志,通常由文字、标记、符号、图案和颜色等要素或这些要素的组合构成。品牌是一个集合概念,它包括品牌名称和品牌标志两部分。

品牌,就其实质来说,它代表着销售者(卖者)对交付给买者的产品特征、利益和服务的一贯性的承诺。久负盛名的品牌就是优良质量的保证。不仅如此,品牌还是一个更为复杂的符号,蕴含着丰富的市场信息。为了深刻揭示品牌的含义,还需从属性、利益、价值、文化、个性、用户6个方面进行分析。

(1)属性。指品牌所代表的产品或企业的品质内涵,它可能代表着某种质量、功能、工艺、服务、效率或市场位置。例如,"海尔"表现出的是质量可靠、服务上乘。

(2)利益。品牌不仅代表着一系列属性,而且还体现着某种特定的利益。顾客购买商品实质是购买某种利益,这就要属性转化为功能性或情感性利益。就奔驰而言,"工艺精湛、制造优良"的属性可以转化为"安全"这种功能性和情感性的

利益;"昂贵"的属性可以转化为情感性利益。

（3）价值。品牌体现了生产者的某些价值感。品牌的价值感要求企业必须分辨出对这些价值感兴趣的购买者群体。

（4）文化。品牌是一种文化的载体,其所选用的符号本身是一种显性文化。

（5）个性。不同的品牌会使人们产生不同的品牌个性联想。

（6）用户。品牌暗示了购买或使用产品的消费者类型。

### 2）品牌的作用

（1）品牌对消费者的作用。品牌是企业与消费者之间的一种无形纽带,是消费者辨认、识别和选购产品的依据,有利于消费者品牌偏好的形成,能有效地保护消费者权益。

（2）品牌对生产者的作用。品牌是企业规避单纯价格竞争的一种有效手段,是实现利润最大化的保证,是企业形象和市场地位的象征,有利于扩大产品销售,拓展产品组合,保护品牌所有者的合法权益,约束企业的不良行为。

### 3）商标

商标是企业、事业单位和个体工商业者对其生产、制造、加工、拣选或经销的商品所使用的标志。一般用文字、图形或其组合,注明在商品、商品包装、招牌广告上面,商标经国家商标管理部门核准注册,称注册商标,注册人取得专用权,受法律保护。

商标专用权也称商标独占使用权,是指品牌经政府有关主管部门核准后企业独立享有的使用权。经核准的品牌名称和品牌标志受法律保护,未经许可其他企业不许使用。因此商标是一种工业产权,其价值根据商标的知名度、品牌忠诚度、产品、质量、股票市场价格、核心品牌扩张力来评估。

### 4）品牌与商标的区别

品牌与商标是很容易混淆的一对概念,两者既有联系又有区别。在有的时候两者可以等同替代,有时却不能混淆使用。两者都是企业的无形资产,是用以识别不同企业生产经营的不同种类、不同品质的商业名称和标志,但是两者还是有所区别的。

（1）品牌无须注册。品牌一经在政府有关部门注册登记后,就成为商标;商标是品牌的一部分,是经过注册获得商标专用权从而受到法律保护的品牌。

（2）品牌是市场概念,商标是法律概念。品牌主要表明产品的生产和销售单位,其实质代表卖方对交付给买方的产品特征、利益和服务的一贯性承诺。著名品牌就是产品质量的保证,品牌必须使用才有价值,没有使用就没有价值,其价值是由使用中的品牌产品或品牌服务在市场上的表现来评估的。

## 8.5.2　品牌策略

### 1)品牌有无策略

产品是否使用品牌,是品牌决策要回答的首要问题。品牌对企业有很多好处,但建立品牌的成本和责任不容忽视,故而,不是所有的产品都要使用品牌。如市场上很难区分的原料产品、地产、地销的小商品或消费者不是凭产品品牌决定购买的产品,可不使用品牌。

品牌有无策略,是指企业决定是否给其生产销售的产品规定品牌和商标。实行品牌化策略可以扩大品牌产品知名度,吸引更多的品牌忠诚者,提高品牌产品的竞争力,便于订货管理。但是使用品牌也增加了产品成本费用,如促销费用等。

非品牌化也称无品牌,是20世纪70年代西方国家一些企业为节省包装、促销费用而对一些产品不设计使用品牌和商标,所涉及的产品大部分是超市经营的价格低廉、包装简单的产品,另外如电力、木材、煤炭等匀质产品,也往往不使用品牌。

### 2)品牌归属策略

企业在决定使用品牌后,就要涉及采用何种品牌。企业除了选择本企业的品牌,还可以使用中间商品牌。企业有以下3种品牌归属策略可以选择:

(1)企业品牌。企业品牌也称生产者品牌、全国性品牌(National Brand)属于企业自己的品牌。如海尔、TCL、新飞。

(2)中间商品牌。中间商品牌也称私人品牌、自有品牌,是企业把产品销售给中间商,中间商再用自己的品牌把产品转卖出去。

(3)混合品牌。混合品牌是指企业灵活使用企业品牌和中间商品牌。

对以上3种品牌如何选择关键在于生产者和中间商在分销环节谁居主导地位。如果企业实力强、信誉好,市场占有率高可以使用企业品牌,反之则应使用中间商品牌或混合品牌;如果中间商在目标市场品牌知名度高,销售网络健全,可采用中间商品牌进入市场,使用中间商品牌往往是出口商为占领海外市场而常用的手段。如索尼公司(SONY)电视机初次进入美国市场时,在美国最大零售商店S·R公司出售,以后由于索尼公司的产品在美国受到消费者青睐才改用自己的品牌出售。

案例

# 耐克:中间商品牌

耐克作为一个全球品牌已享有很高的知名度,年销售额近95亿美元。然而,很多人却并不知道它并不拥有自己的生产基地。不设厂,1年可以达到如此之巨的销售额,这似乎难以置信,但耐克做到了。很多人还没有注意到耐克是一个中间商品牌,这也正是它的核心成功之道。在产品生命周期越来越短的背景下,传统的必须拥有生产基地的做法,其市场的风险很大。耐克以一种新的竞争方式向世人展示了中间商品牌的核心竞争力。

(资料来源:迈思特《耐克:中间商品牌的胜利》)

### 3) 品牌名称决策

品牌名称策略,是指企业决定其大部或全部产品是使用个别品牌、统一品牌,还是企业名称与个别品牌并用的策略。

(1)个别品牌。个别品牌是指企业为各种不同的产品分别使用不同的品牌。例如,海尔电冰箱有冰王子、大王子、双王子、帅王子等不同品牌。个别品牌的优点是能区分产品质量和档次,保持品牌声誉和独立性,一种品牌声誉不佳不会波及到其他品牌;其缺点是成本高,每一种品牌产品都需要投入大量的广告等促销费用。

(2)统一品牌。统一品牌是指企业所有产品都统一使用一个品牌。如美国通用电器公司所有产品都统一使用"GE"这个品牌。统一品牌的优点是促销费用少,有助于实力强、口碑好的企业塑造企业形象,显示企业实力,借助著名品牌延伸效果推出新产品;其缺点是不易区分产品质量和档次,一种产品出现问题会殃及到其他产品的信誉和企业声望。

(3)分类品牌。分类品牌是指企业按产品类别来命名产品品牌。分类品牌具有个别品牌和统一品牌的优势。如一个企业如果拥有家用电器、厨房用具、服装3条产品线,可以为其分别设计不同的品牌。

(4)企业名称与个别品牌并用。企业名称与个别品牌并用是指企业为不同的产品设计使用不同的品牌,并在每种品牌前面冠以企业名称。如汇源果汁、伊利纯牛奶。使用这种品牌的优点是能借助企业信誉与形象优势,突出各种品牌的独特魅力。

### 4）品牌延伸策略

品牌延伸策略也称品牌扩展策略，是指企业利用其成功品牌的声誉推出改良产品或新产品的策略。例如，TCL集团在1992年成功推出TCL王牌大屏幕彩电之后，又利用TCL品牌成功推出冰箱、空调、电脑、手机、无绳电话、节能灯等。

品牌扩展是实现品牌无形资产转移与发展的有效途径，可以采取品牌联想、质量联想等方法来进行品牌扩展。品牌扩展的优点是有利于新产品顺利进入目标市场，降低市场导入费用和促销费、降低市场风险，加快新产品市场定位；有利于品牌效应的递增与强化，促使品牌增值。其缺点是品牌扩展策略宛如"达摩克利斯之剑"，将强势品牌冠于其他产品，如果不同产品在质量与档次上相差悬殊，就很难得到消费者的认可，势必导致强势品牌产品和扩展品牌产品发生冲突，这样不仅损害了扩展品牌，也株连了原有强势品牌。

### 5）品牌再定位策略

一个品牌最初在市场上的定位可能是适宜的、成功的，但是到后来由于环境的变化，企业不得不对之重新定位。竞争者可能会继企业品牌之后推出新品牌，并使企业的市场份额大大减少；顾客偏好也会转移，使对企业产品的需求减少；或者公司决定进入新的细分市场。为了维持企业的市场份额，保持企业的竞争力，可以实施品牌的再定位策略。

### 6）多品牌策略

多品牌策略是指企业在相同产品类别中引进多个品牌的策略，为宝洁公司所首创。宝洁公司认为如果在某个市场区域内还有其他品牌的生存空间，最好用自己的品牌和自己竞争，而不要和其他对手的品牌竞争。因此宝洁公司产品品牌达300多个，其内部品牌之间竞争不但没有减少公司市场占有率，反而通过竞争使整体品牌组合的市场占有率大大提高。

多品牌策略具有如下优势：一是最大限度地覆盖市场，充分满足消费者多方面的市场需求和品牌转换的欲望，扩大产品销售量，提高市场占有率；二是突出核心品牌形象，避免统一品牌下的株连效应；三是充分利用分销渠道，占有更大的空间位置，挤占竞争者产品的货架面积。多品牌策略虽然具有这些优点，但也掩饰不了其缺陷：一是成本高；二是企业资源分散，不能突出某个特定产品的品牌优势，因此在实行多品牌策略时必须有相应的营销措施。

### 8.5.3 产品包装

包装是产品策略的主要组成部分,它不但保证了产品的使用价值,而且还增加了产品的价值,良好的包装是获得市场竞争力的有效手段。

#### 1) 包装的含义、种类和作用

(1)包装的含义。包装是指对某一品牌商品设计并制作容器或包扎物的一系列活动。商标或品牌是包装中最主要的构成要素,应在包装整体上占据突出的位置。

(2)包装的种类。按包装层次划分,可分为首要包装、次要包装和装运包装。

按包装在流通过程中作用,可分为运输包装和销售包装。运输包装又细分为单件运输包装和集合运输包装,其中集合运输包装是将一定数量的单件包装组合在一件大包装容器内而合成的大包装。目前常用的有集装包、托盘和集装箱等,这种包装适应运输、装卸现代化的要求,成本低、效率高。

按包装耐压程度,可分为硬包装、半硬包装和软包装。

按包装的制造材料分,可分为木、纸、金属和塑料包装。

(3)包装的作用。包装是商品生产的继续,作为商品的重要组成部分,其营销作用主要表现在:保护商品,便于储运,促进销售,增加盈利。

①保护商品,方便储运。保护商品是包装的最基本作用。这种保护作用体现在2个方面:一是对商品本身的安全保护,防止在贮运过程中出现的潮湿、风吹、雨淋、日晒、虫蛀、震动、碰撞、挤压等对商品造成损害的现象发生;二是对环境安全保护。包装能有效防止易燃、易爆、放射、有毒或污染物品的泄漏对环境造成的危害。同时由于使用适当的包装,便于商品的携带和运输。

②促进销售。包装具有"沉默推销员"的美称,是消费者看到商品的第一印象,美观大方的包装不仅能够吸引顾客,而且能激发消费者的购买欲望,尤其是在实行顾客自我服务的情况下,更起到无声推销员的作用,因此在购物过程中有一半以上的顾客是根据商品包装来作出购买决策的。

③增加赢利。完美的包装不但可以促进销售,而且可以增加产品的附加价值。茅台酒在改进包装后,在国际市场上的价格由 20 美元上升到 125 美元。

#### 2) 包装策略

包装策略是对产品包装过程中所做的整体谋划。

（1）统一包装策略。统一包装策略也称类似包装策略、相似包装策略，是指企业对生产经营的所有产品在包装外形上采取同样或相似的图案、色彩与特征。其优点是消费者对企业产品产生联想偏好，有利于推出新产品和节省包装设计成本，适用于同档、同质产品销售；其缺点是不易区分产品质量、档次和种类。

（2）等级包装策略。等级包装策略是按产品性能、质量把产品分为若干等级，分别设计和使用不同的包装。高档产品采用精细包装，一般产品采取普通包装。等级包装策略便于消费者识别和选购产品，但成本高。

（3）零散包装策略。零散包装策略也称配套包装策略、相关包装策略、多种包装策略，是指将多种关联产品配套放在同一包装物内出售。如工具袋、化妆盒。其优点是节省交易时间，既便于购买、携带和使用，又有利于扩大产品销售，但忌随意配套搭配。

（4）差异包装策略。差异包装策略是指企业分别为每种产品设计和使用不同的包装。差异包装策略针对性强，能避免由于某种产品销售失败而对其他产品造成的影响，但是包装设计费用大，新产品促销费用高。

（5）再使用包装策略。再使用包装策略也称多用途包装策略，即原包装产品使用完之后，空的包装容器可重复使用或移做其他用途。例如，咖啡、水果罐头的包装。再使用包装策略的最大优点是能激起消费购买兴趣，并在包装物再使用过程中起到品牌延伸和广告宣传作用。

（6）附赠品包装策略。附赠品包装策略是籍赠送小商品而引起消费者购买或重复购买的方法。这一做法对中小学生非常有效，如儿童的食品袋中多附有卡通图片、小玩具等。

（7）更新包装策略。更新包装策略是指企业的包装策略随市场需求的变化而及时更新的做法，更新包装策略尤其适用于销路不畅的产品。

## 单元小结

从市场营销学的角度来认识，产品是指提供给市场用于满足人们某种欲望和需求的一切有形物品和无形服务。产品整体概念是根据消费需求的发展，将产品的含义分为核心产品、形式产品、期望产品、延伸产品和潜在产品5个层次。产品组合是一个企业生产经营的全部产品线和产品项目的组合或结构。产品生命周期是指产品从进入市场开始到被市场淘汰为止的全部运动过程。典型的产品生命周期分为介绍期、成长期、成熟期和衰退期4个阶段。

新产品开发是任何企业面临的一个艰巨任务。新产品的开发一般要经历寻求创意、甄别创意、产品概念的发展与试验、制订市场营销战略、进行营业分析、产品开发、市场试验和商业化 8 个阶段。新产品开发策略有自主创新、模仿创新、合作创新和产品差异化创新。

品牌是指一种名称、术语、标记、符号或设计,或是它们的组合运用。品牌由两部分组成:一是品牌名称,二是品牌标志。品牌策略有品牌化策略、品牌使用者策略、品牌统分策略、品牌扩展策略、多品牌策略。维护和提高品牌认知的措施有:提高企业品牌知名度和培养品牌忠诚度。

包装策略分统一包装策略、等级包装策略、零散包装策略、差异包装策略、再使用包装策略、附赠品包装策略和更新包装策略。

### 案例分析

## 摩托罗拉 V998/V8088 的产品策略

摩托罗拉的两款手机 V998 和 V8088 是"V"系列手机的代表,这一系列手机进入市场的 4 年多历程表明了公司针对 V998/V8088 系列的产品策略特点。

公司推出 V998 手机的市场背景是:摩托罗拉、诺基亚和爱立信三家公司雄踞手机市场的前三位,西门子、三星等品牌还没有引人注意,而国产手机更是悄无声息。

V998 款手机是公司在 1999 年春天推向中国市场的,其特点是:双频、体积小、大显示屏和大键盘。这些特点在市场上是绝无仅有的,再加上摩托罗拉先进的市场推广手段,很快便凭借功能和品牌,受到市场青睐。当时的市场定价为 13 000 元左右。

伴随着新产品的推出,也产生了一系列的问题,比如手机生产工艺不成熟、原材料供应不足等。公司通过努力,使新产品的各方面情况渐趋稳定,并且新增加了"中文输入"和"录音"的功能,尤其是"中文输入"功能,深受短信息业务使用者的欢迎。此时,其市场价位也降到了 7 000～8 000 元。

与此同时,摩托罗拉也在发展另一款手机——V8088。它完全是基于 V998 设计出来的,除了具有 V998 的一切功能之外,还有 WAP 上网、自编铃声、闹钟提示和来电彩灯提示等功能,从外观的曲线设计上也独具特色。与在美国设计的 V998 不同,V8088 是在新加坡设计出来的,更符合亚洲人的审美观点,公司的策略也是只是将这款手机投放在亚洲市场。

1999 年伴随着新千年钟声的敲响,中国的手机市场刮起了"手机上网"的旋风。而号称"摩托罗拉网上通"的V8088恰选择在此时推向市场,风靡一时,售价达到8 000元以上,比同期的V998高出了2 000元。以V998/V8088为代表的"V"系列手机属于公司4类产品特色中的"时尚型",其市场目标是成功人士和一些追求时尚的人们。

风光了近半年以后,随着摩托罗拉以及其他公司的一些新产品的推出,V998/V8088系列手机开始逐渐离开高端市场的位置,其市场价格都降到了4 000元以下。同时,WAP上网的狂热逐渐冷却,V8088的价格也只比同期的V998高出不到1 000元。价格的降低非常有效地刺激了市场,这两款手机的市场需求量大大提高。从2000年第三季度起,V998/V8088系列手机成为摩托罗拉的主打产品,其需求量在公司手机产品中名列第一。

然而,伴随着V998/V8088需求的大幅上升,又产生了一系列质量问题。在全国的很多地方,消费者手中的产品发现有倒屏、显示不全或黑屏的现象。由于问题的突发性和数量较大、地域较广,而公司的售后服务没有跟进,致使福建、浙江、四川和贵州等地出现了消费者拒绝购买V998/V8088手机的情况,这两款手机遭受了沉重打击,并可能会影响到后续的V60、V66等还在试制阶段的系列手机。因此,公司采取了断然措施,紧急召回有问题的手机,妥善处理,向消费者真诚道歉。接下来,公司经过努力,发现了产品本身缆线上的设计缺陷,及时予以纠正,终于挽回了市场,V998/V8088系列手机市场第一的位置又失而复得。此时的产品价位已经降至2 000~2 700元,这个大众化的价位再度刺激了消费需求,使得产品的市场需求旺盛,同时也为后续产品的研发和成长提供了有利的条件。

接下来,伴随着市场的激烈竞争,这一系列的手机已定位于中低档,价位稳定在1 500~1 700元。这款手机轻巧且功能齐全,依然深受消费者的喜爱。此外,这一系列手机的工艺已经发展成熟、质量和服务稳定。因此,功能、价位和质量等多方面的特点使得这一系列的手机仍然在市场上有比较重要的地位。

值得关注的是,现在的手机市场竞争异常激烈,该系列的手机不断降价,2002年2月,在天津V998的市场定价约为1 700元,但是到了10月,就已经降至1 300元了。同时,手机市场已开始向2.5G和3G发展,新的GPRS和CDMA取代GSM是一种发展趋势。因此,尚处在GSM时代的V998/V8088系列手机相对来说也进入了产品的衰退阶段。按照公司的产品策略,这一系列手机将在一年左右的时间淡出市场。

分析讨论:

1.V998/V8088系列手机的市场寿命达到4年多的时间,试指出该系列手机主要的产品生命周期阶段分别是案例中所描述的哪一时期?

2.公司针对 V998 手机在产品生命周期的引入期、成长期、成熟期、衰退期分别采取了哪些不同的营销策略? 试分析评价这些策略?

### 同步测试

**一、选择题**

1.某化妆品公司把各种护肤品包装在一起,既方便顾客购买和使用,又有利于产品销售,该公司使用的是( )。

A.配套包装决策　　　　　　　　　B.附赠品包装决策

C.复用包装决策　　　　　　　　　D.分等级包装决策

2.以下生命周期最长的是( )。

A.产品种类　　　　B.产品品种　　　　C.品牌　　　　D.包装

3.在市场比较小、市场上大多数消费者已熟悉该新产品、购买者愿意出高价、潜在竞争威胁不大的市场环境下使用( )。

A.快速—撇脂策略　　　　　　　　B.缓慢—撇脂策略

C.快速—渗透策略　　　　　　　　D.缓慢—渗透策略

4.洗衣机从双缸发展为全自动产品,这属于( )。

A.全新产品　　　　　　　　　　　B.换代产品

C.改进产品　　　　　　　　　　　D.新品牌产品

5.由于密切接触市场,熟悉竞争情况,他们往往成为新产品构思的最好来源之一是 ( )。

A.企业营销人员　　　　　　　　　B.企业高级管理人员

C.生产企业　　　　　　　　　　　D.竞争者

6.在产品整体概念中最基本最主要的部分是( )。

A.核心产品　　　B.形式产品　　　C.潜在产品　　　D.附加产品

**二、简答题**

1.产品的整体概念? 产品整体概念的营销意义是什么?

2.什么是产品生命周期? 产品生命周期各阶段有哪些市场特征及其相应的市场营销组合策略?

3.什么是新产品? 新产品有哪些类型?

4.企业可以选择的品牌策略有哪些?

5.企业如何进行产品组合的优化?

6.包装有哪些种类? 有何作用?

### 实训项目

院徽的设计

实训目标　通过具体操作掌握品牌的设计,加深对书本知识的理解,提高学生分析问题和解决问题的能力。

实训组织　学生每6人分为1组,为本院设计院徽。

实训提示　结合品牌的相关知识,要求能突出院系特色,更好地宣传院系,扩大知名度,树立院系品牌。

实训成果　各组汇报,以小组为单位进行交流,教师讲评。

# 单元 9

# 定价策略

◉ **学习目标**

1. 能够根据产品特点选择正确的定价方法。
2. 能够正确评估企业的定价策略。
3. 能够根据环境变化及时调整价格。

◉ **能力目标**

1. 理解各种因素对企业定价的影响。
2. 掌握各种定价策略的运用。

🔍 案例导入

## 一个珠宝定价的有趣故事

位于深圳的异彩珠宝店,专门经营由少数民族手工制成的珠宝首饰。位于游客众多,风景秀丽的华侨城(周围有著名的旅游景点:世界之窗,民族文化村,欢乐谷等),生意一直比较稳定。客户主要来自两部分:游客和华侨城社区居民(华侨城社区在深圳属于高档社区,生活水平较高)。

几个月前,珠宝店店主易麦克特(维吾尔族)进了一批由珍珠质宝石和银制成的手镯、耳环和项链的精选品。与典型的绿松石造型中的青绿色调不同的是,珍珠质宝石是粉红色略带大理石花纹的颜色。就大小和样式而言,这一系列珠宝中包括了很多种类。有的珠宝小而圆,式样很简单,而别的珠宝则要大一些,式样别致、大胆。不仅如此,该系列还包括了各种传统样式的由珠宝点缀的丝制领带。

与以前的进货相比,易麦克特认为这批珍珠质宝石制成的首饰的进价还是比较合理的。他对这批货十分满意,因为它比较独特,可能会比较好销。在进价的基础上,加上其他相关的费用和平均水平的利润,他定了一个价格,觉得这个价格应该十分合理,肯定能让顾客觉得物超所值。

这些珠宝在店中摆了1个月之后,销售统计报表显示其销售状况很不好,易麦克特十分失望,不过他认为问题原因并不是在首饰本身,而是在营销的某个环节没有做好。于是,他决定试试在中国营销传播网上学到的几种销售策略。比如,令店中某种商品的位置有形化往往可使顾客产生更浓厚的兴趣。因此,他把这些珍珠质宝石装入玻璃展示箱,并将其摆放在该店入口的右手侧。可是,当他发现位置改变之后,这些珠宝的销售情况仍然没有什么起色。

他认为应该在一周一次的见面会上与员工好好谈谈了。他建议销售小姐花更多的精力来推销这一独特的产品系列,并安排了一个销售小姐专门促销这批首饰。他不仅给员工们详尽描述了珍珠质宝石,还给他们发了一篇简短的介绍性文章以便他们能记住并讲给顾客。不幸的是,这个方法也失败了。

就在此时,易麦克特正准备外出选购产品。因对珍珠质宝石首饰销售下降感到十分失望,他急于减少库存以便给更新的首饰腾出地方来存放。他决心采取一项重大行动,选择将这一系列珠宝半价出售。临走时,他给副经理匆忙地留下了一张字条。告诉她:"调整一下那些珍珠质宝石首饰的价格,所有都×1/2"。当他回来的时候,易麦克特惊喜地发现该系列所有的珠宝已销售一空。"我真不明白,这是为什么,"他对副经理说,"看来这批首饰并不合顾客的胃口。下次我在新添宝石品种的时候一定要慎之又慎。"而副经理对易麦克特说,她虽然不懂为什么要对滞销商品进行提价,但她惊诧于提价后商品出售速度惊人。易麦克特不解地问:"什么提价? 我留的字条上是说价格减半啊。""减半?"副经理吃惊地问,"我认为你的字条上写的是这一系列的所有商品的价格一律按双倍计。"结果,副经理将价格增加了一倍而不是减半。

(案例来源:教学案例网)

思考:是什么原因出现这样的结果?

## 学习任务 1　理解影响定价的因素

### 案例

镜头一:下雨了,露天菜场上的蔬菜降价抛售;苹果遭雹灾减产,价格远远高于往年。

镜头二:在秋冬换季时,皮衣能卖上好价钱,在夏天不得不打折出售。

镜头三:大概是物以稀为贵吧。北京的白菜运往浙江,使用红头绳系住菜根,倒挂在水果店头,尊为"胶菜";福建野生着的芦荟,一到北京就请进温室,且美其名曰"龙舌兰"。

镜头四:石油输出国组织宣布减产原油,导致世界性的油价上涨。

镜头五:2008 年初,我国南方部分遭冰雪灾害地区的相关生活用品的价格短暂上涨后,在政府强有力的调控下,很快稳定下来。

(资料来源:岳阳教育教学网)

思考:这些案例中是什么因素导致了价格的变化?

产品价值是价格形成的基础,价格是产品价值的货币表现。从理论上来讲,产品价值和货币价值会影响产品价格的变动,但从市场营销组合的角度来分析影响定价的因素时,短期内我们可以将产品价值和货币价值视为不变,这时,影响产品定价的因素主要包括定价目标、产品成本、市场需求、竞争者的产品和价格等因素。

### 9.1.1  定价目标

定价目标是指企业通过制订及实施价格策略所希望达到的目的。企业必须决定它想给特定的产品达到什么样的定价目标。假如企业已经仔细地选定了它的目标市场和进行了市场定位,那它的价格,必须按照企业的目标市场战略及市场定位战略的要求来进行,定价目标必须在整体营销战略目标的指导下被确定,而不能相互冲突。

由于定价应考虑的因素较多,定价目标也多种多样,不同企业可能有不同的定价目标,同一企业在不同时期也可能有不同的定价目标,企业应当权衡各个目标的依据及利弊,谨慎加以选择。

企业的定价目标主要有以下4种:

#### 1) 生存目标

如果企业遇上生产力过剩或激烈竞争或者要改变消费者的需求时,它要把维持生存作为它们的主要目标。为了保持工厂开工和使存货能出手,它们必须制订一个低的价格并希望市场是价格敏感型的。利润比起生存,要次要得多。

#### 2) 当期利润最大化

许多企业想制订一个能达到最大当期利润的价格。它们估计需求和成本,并据此选择一种价格,这个价格将能产生最大的当期利润、现金流量或投资报酬率。

#### 3) 市场份额最大化

一些企业想取得控制市场份额的地位。他们相信本公司赢得最大的市场份额后将享有最低的成本和最高的长期利润。他们制订尽可能低的价格来追求市场份额的领先地位。这个目标的一个变种是追求一个特定的市场份额增长。

#### 4) 产品质量最优化

一个企业还可以树立在市场成为产品质量领先地位这样的目标。这一般要求收取一个高的价格来弥补高的产品质量和研究及开发的高成本。产品优质优价的同时,还应该辅以相应的优质服务。

### 9.1.2　产品成本

产品的价格主要由成本、税金和利润构成,因此产品的最低价格取决于生产这种产品的成本费用。从长远看,任何产品的销售价格都必须高于成本费用,才能以销售收入来抵偿生产成本和经营费用,否则就无法经营。所以说产品成本是企业定价的底线,以成本为导向的定价方法至今仍被很多企业采用。

### 9.1.3　市场需求

市场需求对企业产品的定价有着重要的影响,不同企业生产的不同产品在投放市场时,面临的一个共同问题是需要关注价格对消费者需求的影响。经济学原理告诉我们,如果其他因素保持不变,消费者对某一商品需求量的变化与这一商品价格变化的方向相反,如果商品的价格下跌,需求量就上升,而商品的价格上涨时,需求量就相应下降。

### 9.1.4　竞争者产品和价格

市场竞争状况是影响企业定价不可忽视的因素,企业必须考虑比竞争对手更为有利的定价策略,才能获胜。竞争者的价格和可能的价格反应帮助企业制订自己的价格。企业必须了解每一个竞争者提供的价格和产品质量。

如果企业提供的东西与一个主要竞争者提供的相似,那企业必须把价格定的接近于竞争者,否则就要失去销售额。如果企业提供的东西是次级的,企业就不能够像竞争者所做的那样定价。如果企业提供的东西是优质的,企业的索价就可以比竞争者高。

## 学习任务 2　掌握定价的一般方法

在企业的定价过程中,定价方法的选择是最终价格形成的重要步骤。按照一定的定价方法确定的初始价格,是制订价格策略的基础。

企业产品价格的高低要受市场需求、成本费用和竞争状况等因素的影响和制约,企业制订价格时应全面考虑这些因素。但是,在实际的定价工作中,往往只侧重于其中一个方面的因素。大体上,企业定价有 3 种导向,即成本导向、需求导向和竞争导向。

### 9.2.1　成本导向定价法

成本导向定价法是以成本为依据来制订价格的方法,主要包括成本加成定价法、目标利润定价法和盈亏平衡定价法 3 种具体方法。这一类方法的主要特点是简单方便,在实际工作中得到较为广泛的运用。

#### 1)成本加成定价法

成本加成定价法,是在单位产品成本的基础上,加上一定比例的预期利润作为产品的销售价格。销售价格与成本之间的差额即为利润。由于利润的多少是按一定比例确定的,习惯上称为"几成",因此这种定价方法被称为成本加成定价法。其计算公式为:

单位产品价格 = 单位产品成本(1 + 加成率) 即 $P = C(1 + R)$

其中,加成率 $R$ 为预期利润占产品成本的百分比。

这种方法的优点在于:简单易行。而它的不足之处在于:它是以卖方的利益为出发点,不利于企业降低成本;没有考虑市场需求及竞争因素;加成率是个估计值,缺乏科学性。

一般来说,高档消费品和生产批量较小的产品,加成比例应适当地高一些,而生活必需品和生产批量较大的产品,其加成比例应适当地低一些。

#### 2)目标利润定价法

目标利润定价法又称目标收益定价法、目标回报定价法,是根据企业预期的总销售量与总成本,确定一个目标利润率的定价方法。

产品出厂价格 =(总固定成本 + 目标利润)÷ 预计销售量 + 单位变动成本

即:$P = \dfrac{FC + Y}{Q} + AVC$

目标利润 =(总固定成本 + 单位变动成本 × 预计销售量)× 成本利润率

即:$Y = (FC + AVC \times Q) \times R$

目标利润定价法有个很大的缺点,即以估计的销售量,来计算应制订的价格,颠倒了价格与销售量的因果关系,把销售量看成是价格的决定因素;忽略了市场需求及市场竞争。

### 3）盈亏平衡定价法

在销量既定的条件下，企业产品的价格必须达到一定的水平才能做到盈亏平衡、收支相抵。既定的销量就称为盈亏平衡点，这种制订价格的方法就称为盈亏平衡定价法。科学地预测销量和已知固定成本、变动成本是盈亏平衡定价的前提。企业产品的销售量达到既定销售量，可实现收支平衡，超过既定销售量获得赢利，不足既定销售量出现亏损。

盈亏平衡点的销售量和盈亏平衡点的价格的计算可以通过下列公式得到。

盈亏平衡点销售量 ＝ 固定成本 ÷（单价 － 单位变动成本）即：$Q = \dfrac{FC}{P - AVC}$

盈亏平衡点的价格 ＝ 固定成本 ÷ 销量 ＋ 单位变动成本 即：$P = \dfrac{FC}{Q} + AVC$

以盈亏平衡点确定的价格只能使企业的生产耗费得以补偿，而不能得到收益。因而这种定价方法，是在企业的产品销售遇到了困难，或市场竞争激烈，为避免更大的损失，将保本经营作为定价的目标时，才使用的方法。

## 9.2.2　需求导向定价法

需求导向定价法是以需求为中心的定价方法。它依据顾客对产品价值的理解和需求强度来制订价格，而不是依据产品的成本来定价。我们主要介绍认知价值定价法和逆向定价法这两种需求定价方法。

### 1）认知价值定价法

认知价值定价法，又称"感受价值定价法""理解价值定价法"。是根据消费者所理解的某种商品的价值，或者说是根据消费者对产品价值的认识程度来确定产品价格的一种定价方法。越来越多的企业已经开始把它们的价格建立在消费者对产品的认知价值上，因为随着科技的迅速发展，生产力得到了大幅度的提高，许多产品定价的关键，不再只是单纯地去考虑卖方的成本，还要注重买方对所需产品的价值认知程度。

认知价值定价法的关键是要正确地估计消费者的认知价值。如果估计过高，会导致定价过高，影响产品的销售；如果估计过低，会导致定价过低，产品虽然卖出去了，却不能达到定价绩效的目标。当产品的价格水平与消费者对产品价值的理解和认识程度大体一致或者低于时，消费者就很容易接受这种产品；反之，消费者就不会接受这种产品,产品就很难销售出去。

运用认知价值定价法一定注意要把自己的产品和竞争者的产品进行比较,准确地确定市场对产品的认知。如果对自己的产品估计过高,会将产品定价过高,如果对认知价值估计过低,又会使价格低于它们能够达到的水平,影响企业实现利润最大化的目标。所以在确定产品的认知价值时,有必要进行市场调研。

认知价值定价法一般用于企业推出新产品或进入新市场时,具体做法是:企业以计划好的质量和价格为一特定的目标市场提供一种新产品概念时,首先估计消费者对该产品的接受程度,预测这一价格水平下产品的销售量,并据此估算必需的工厂生产能力、投资额和单位产品成本;然后,综合所有情况和数据,测算这种产品的赢利水平,如果盈利令人满意,企业就投资开发此产品,否则,就放弃开发。

### 2)逆向定价法

这种定价方法主要不是单纯考虑产品成本,而是首先考虑需求状况。依据市场调研资料,依据顾客能够接受的最终销售价格,确定销售产品的零售价,逆向推算出中间商的批发价和生产企业的出厂价。

逆向定价法的特点是:价格能反映市场需求情况,有利于加强与中间商的友好关系,保证中间商的正常利润,使产品迅速向市场渗透,并可根据市场供、求情况及时调整,定价比较灵活。

## 9.2.3　竞争导向定价法

所谓竞争导向定价法,是指企业在制订商品价格时,主要以同类竞争对手的定价为依据,与竞争商品价格保持一定的比例,而不过多考虑成本及市场需求因素的定价方法。这种方法常常是企业为了应对激烈的市场竞争而采取的特殊定价方法。竞争导向定价法主要包括随行就市定价法及密封投标定价法。

### 1)随行就市定价法

随行就市定价法是指在市场竞争激烈的情况下,企业为保存实力采取按同行竞争者的产品价格定价的方法。这种定价法特别适合于完全竞争市场和寡头垄断市场。

随行就市定价这种"随大流"定价方法,主要适用于需求弹性比较小或供求基本平衡的商品,如大米、面粉、食油以及某些日常用品。这种情况下,如果某企业把价格定高了,就会失去顾客;而把价格定低了,需求和利润也不会增加。所以,随行就市是一种较为稳妥的定价方法。也是竞争导向定价方法中广为流行的一种。

随行就市定价法定价的具体形式有两种,一种是随同行业中处领先地位的大企业价格的波动而同水平波动;另一种是随同行业产品平均价格水准的波动而同水平波动。在竞争激烈、市场供求复杂的情况下,单个企业难以了解消费者和竞争者对价格变化的反应,采用随行就市的定价方法能为企业节省调研费用,而且可以避免贸然变价所带来的风险;各行业价格保持一致也易于同行竞争者之间和平共处,避免价格战和竞争者之间的报复,也有利于在和谐的气氛中促进整个行业的稳定发展。

采用这种方法既可以追随市场领先者定价,也可以采用市场的一般价格水平定价。这要视企业产品的特征,及其产品的市场差异性而定。比如,在类似于完全竞争的市场上,企业只能按既定价格出售商品,而毫无控价能力。此时,企业多采用随行就市定价法,即将自己的价格始终与市场价格水平保持一致,并通过数量调整的方式来追逐市场价格的变化,通过降低流通费用来获得必要的利润。

### 案例

2005 年 4 月 18 日,在浙江西湖龙井御茶园上演了一场拍卖大战,100 克龙井御茶曾经拍出了 14.56 万元的天价。

（资料来源:浙江在线新闻网）

### 2)密封投标定价法

密封投标定价法,是指在招标竞标的情况下,企业在对其竞争对手了解的基础上定价。这种价格是企业根据对其竞争对手报价的估计确定的,其目的在于签订合同,所以它的报价应低于竞争对手的报价。

密封投标定价法主要用于投标交易方式。例如,建筑施工、工程设计、设备制造、政府采购、科研课题等需要投标以取得承包合同的项目。在国内外,许多大宗产品、成套设备和建筑工程项目的买卖和承包以及征召生产经营协作单位、出租出售小型企业等,往往采用发包人招标、承包人投标的方式来选择承包者,确定最终承包价格。

## 学习任务3 设计定价的基本策略

### 案例

日本创意药房在将一瓶200元的补药以80元超低价出售时,每天都有大批人潮涌进店中抢购补药,按说如此下去肯定赔本,但财务账目显示出盈余逐月骤增,其原因就在于没有人来店里只买一种药。人们看到补药便宜,就会联想到其他药也一定便宜,促成了盲目的购买行动。

(资料来源:百度文库《消费者心理学案例分析》)

思考:这家药店用了什么定价策略呢?

任务2研究的定价方法是根据成本、需求和竞争等因素决定基础价格的方法。而基础价格是单位产品在生产地点或者经销地点的价格,尚未计入折扣、运费等对价格的影响。但在市场营销活动中,企业面临激烈的市场竞争,而定价策略是企业争夺市场的重要武器,是企业营销组合策略的重要组成部分。企业必须善于根据市场环境、产品特点、产品生命周期、消费心理和需求特点等因素,正确选择定价策略,修正或调整基础价格。

### 9.3.1 新产品定价策略

一般而言,新产品定价有两种策略可供选择。

#### 1)撇脂定价

撇脂定价是指在产品生命周期的最初阶段,把产品的价格定得很高,以在短期内获取厚利,尽快收回投资。使用撇脂定价策略的产品是在市场导入阶段的目标市场通常是具有较高收入、对价格不太敏感的消费群体,利用这些消费者的求新心理,像撇取牛奶中的脂肪层那样先从他们那里取得一部分高额利润,然后再把价格降下来,以适应大众的需求水平,是一种聪明的定价策略。

因为各种消费者由于收入不同,消费心理不同,因而对产品有不同的需求,特别是对新产品,有求新心理的消费者总是愿意先试一试新产品,而其他消费者则宁愿等一等,看一看,充分利用了消费者的心理特点。英特尔公司是市场撇脂定价法的最初使用者。当英特尔公司开发出一种电脑芯片时,如果该芯片明显优于竞争芯片,那么英特尔就会设定它能够设定的最高价格。当销售量下降时,或者当受到竞争对手开发出类似芯片的威胁时,英特尔就会降低芯片价格,以便吸引对价格敏感的新顾客层。

撇脂定价策略的最大优点是:高价小批量地逐步推进战略能使企业随时了解市场反映,采取对策,避免新产品大批量生产带来的风险。企业除了可以通过撇脂定价迅速回笼资金,方便扩大再生产之外,还能够利用顾客对新产品尚无理性认识的特点,形成高价,优质的品牌形象。还能使产品拥有较大的调价空间。

撇脂定价策略最大的缺点是:它没有指出价格究竟定多高为好,而要定出一个合适的价格,还必须要使用某种定价方法(如感知价值定价法)。还有不少缺点,一是市场上对高价产品的需求规模有限。二是高价导致的高利润会极大地促进新竞争者的进入,容易引起竞争,而仿制品和替代品也会大量出现。三是高价在某种程度上损害消费者权益。

综合撇脂定价的优缺点,我们可以看出,企业要实施这一定价策略,应该具备下列条件之一:

(1)市场有足够的购买者,其需求缺乏弹性。

(2)高价所造成的产销量减少。

(3)独家经营,无竞争者。

(4)高价给人高档产品的印象。

总的来说,撇脂定价策略给我们提供了一种思路,即价格先高后低的思路,如果应用得当,可以为企业带来丰厚的利润。但它应用的前提是产品必须能吸引消费者,也就是产品要有新意。

### 2)渗透定价

与撇脂定价相反,渗透定价策略是一种低价策略,即企业把新产品价格定得低一些,以吸引顾客,挤入市场,提高市场占有率。低价能使企业取得最大产品销售量,并且能够限制竞争者的加入。

使用渗透定价的企业,它们设定最初低价,以便迅速和深入地进入市场,从而快速吸引来大量的购买者,赢得较大的市场份额。较高的销售额能够降低成本,从而使企业能够进一步减价。例如,戴尔公司采用市场渗透定价法,通过低成本的邮购渠道销售高质量的电脑产品。它的销售量直线上升,而此时通过零售店销售的

IBM、康柏、苹果和其他竞争对手根本无法和它们的价格相此。它们以低价格来换取高销售量。高销售量导致更低的成本，而这又反过来使折扣商能够保持低价。

渗透定价能够使新产品能迅速占领市场，而产品的微利阻止了竞争者进入，可以增强企业的市场竞争能力。但是使用渗透定价的企业，产品利润微薄，而且低价会降低企业优质产品的形象。

采取这种策略的市场条件是：一是市场规模较大，存在较大的潜在竞争者；二是产品无明显特色，需求弹性大，低价会刺激需求增长；三是大批量销售会使成本显著下降，企业总利润增加。这是一种长期价格策略，虽然开始时企业所创利润较低，但从长期来看，企业能够获得较高的利润。

## 9.3.2 差别定价策略

所谓差别定价，是指企业按照两种或两种以上不反映成本费用的比例差异的价格销售某种产品或服务。

### 1) 差别定价的主要形式

差别定价主要有四种形式：

(1)顾客差别定价，即企业按照不同的价格把同一种产品或服务卖给不同的顾客。例如，公园、展览馆的门票对某些顾客群(学生、军人、残疾人等)给予优惠价；有些企业对新老顾客实现不同的价格；我国对中外顾客的不同票价(火车、轮船、飞机等票价)等均属此类定价。这种差别定价又称价格歧视，在有些国家要受到法律限制。

(2)产品形式差别定价，即企业对同一质量和成本而不同花色、不同品种、不同款式的产品定不同价格。例如，不同花色的布匹、不同款式的手表等，都可定不同的价格；国外有的商人把同一种香水装在形象新奇的瓶子里，就将价格提高 1～2 倍。这主要是依据市场对该产品的需求情况而定的。

(3)产品部位差别定价，即企业对于处在不同位置的产品或服务分别制订不同的价格，即使这些产品或服务的成本费用没有任何差异。例如，剧院里虽然不同座位的成本费用都是一样的，但不同座位的票价有所不同；火车卧铺因位置差异，上下铺票价不一样；同一头牛不同部位的肉，其售价也不同等。这是因为人们对产品或服务的偏好有所不同所致。

(4)销售时间差别定价，即企业对于不同季节、不同时期甚至不同钟点的产品或服务分别制订不同的价格。例如，美国公用事业对商业用户(如旅馆、饭馆等)

在一天中某些时间、周末和平常日子的收费标准有所不同。又如,旅游业在淡旺季定价不同;长途电话在不同时间收费不同;某些鲜活产品"早晚市价不同";有些餐馆甚至在同一天的午餐和晚餐定价也不同。

### 2）差别定价的适用条件

企业采取差别定价策略必须具备以下条件:第一,市场必须是可以细分的,而且各个市场部分须表现出不同的需求程度;第二,以较低价格购买某种产品的顾客没有可能以较高价格把这种产品倒卖给别人;第三,竞争者没有可能在企业以较高价格销售产品的市场上以低价竞销;第四,细分市场和控制市场的成本费用不得超过因实行价格歧视而得到的额外收入,即不能得不偿失;第五,价格歧视不会引起顾客反感、放弃购买、影响销售;第六,采取的价格歧视形式不能违法。

## 9.3.3　心理定价策略

心理定价,是指企业定价时利用消费者不同的心理需要和对不同价格的感受,有意识地采取多种价格形式,以促进销售。主要有以下几种:

每一件产品都能满足消费者某一方面的需求,其价值与消费者的心理感受有着很大的关系。这就为心理定价策略的运用提供了基础,使得企业在定价时可以利用消费者心理因素,有意识地将产品价格定得高些或低些,以满足消费者生理的和心理的、物质的和精神的多方面需求,通过消费者对企业产品的偏爱或忠诚,扩大市场销售,获得最大效益。

常用的心理定价策略有整数定价、尾数定价、声望定价、招徕定价、习惯定价以及最小单位定价。

### 1）尾数定价策略与整数定价策略

尾数定价又称零头定价,即给产品定一个零头数结尾的非整数价格。是指企业针对的是消费者的求廉心理,在商品定价时有意定一个与整数有一定差额的价格。这是一种具有强烈刺激作用的心理定价策略。例如,本应定价 100 元的商品,定成 99.8 元,本应定价 70 元的商品,定成 69.9 元。大多数消费者在购买产品时,尤其是购买一般的日用消费品时,乐于接受尾数价格。如 0.99 元、9.98 元等。消费者会认为这种价格经过精确计算,购买不会吃亏,从而产生信任感。同时,价格虽离整数仅相差几分或几角钱,但给人一种低一位数的感觉,符合消费者求廉的心理愿望。这这种方法多用于需求价格弹性较大的中低档商品。基本生活用品常常使用这种策略。

整数定价与尾数定价正好相反,企业有意将产品价格定为整数,以显示产品具有一定质量。整数定价多用于价格较贵的耐用品或礼品,以及消费者不太了解的产品,对于价格较贵的高档产品,顾客对质量较为重视,往往把价格高低作为衡量产品质量的标准之一,容易产生"一分价钱一分货"的感觉,从而有利于销售。

### 2)声望定价策略

声望定价即针对消费者"便宜无好货,价高质必优"的心理,对在消费者心目中享有一定声望,具有较高信誉的产品制订高价。不少高级名牌产品和稀缺产品,如豪华轿车、高档手表、名牌时装、名人字画、珠宝古董等,在消费者心目中享有极高的声望价值。购买这些产品的人,往往不在于产品价格,而最关心的是产品能否显示其身份和地位,价格越高,心理满足的程度也就越大。

例如,美国著名的宝洁公司将它的"海飞丝"洗发液打入中国市场时,在同类产品中定价最高,结果反而畅销。又如,参加巴黎世界博览会的中国成套瓷器,就因为标价只有800法郎,使一些本想买去作家庭陈设的顾客欲购又止,因为这个价格不足以满足炫耀心理的需要。

### 3)习惯定价策略

有些产品在长期的市场交换过程中已经形成了为消费者所适应的价格,成为习惯价格。企业对这类产品定价时要充分考虑消费者的习惯倾向,采用"习惯成自然"的定价策略。对消费者已经习惯了的价格,不宜轻易变动。降低价格会使消费者怀疑产品质量是否有问题。提高价格会使消费者产生不满情绪,导致购买的转移。在不得不需要提价时,应采取改换包装或品牌等措施,减少抵触心理,并引导消费者逐步形成新的习惯价格。

### 4)招徕定价策略

这是适应消费者"求廉"的心理,将产品价格定得低于一般市价,个别的甚至低于成本,以吸引顾客、扩大销售的一种定价策略。采用这种策略,虽然几种低价产品不赚钱,甚至亏本,但从总的经济效益看,由于低价产品带动了其他产品的销售,企业还是有利可图的。有些企业利用许多顾客有贪图价廉的心理,将某几种商品定低价(低于正常价格甚至低于成本)刺激顾客;或利用节假日和换季时机举行"酬宾大减价"等活动,把部分商品按原价打折出售,吸引顾客,以促进全部商品的销售。

例如,某大型商场服装部展出各种品牌、各种档次的名牌服装,很多商品打出了"打7折""打8折",但还是很少有顾客惠顾。某品牌的业务经理想出了1个方法,他在一个醒目的地方打出了"某某品牌服装限1小时内购买,打7折"的牌子,并且通过广播把这一消息传递出去。这一招还真灵,原来打六折都没人问津,现在打7折,竟然有那么多人等着"限时"抢购。这一方法大大刺激了消费者的求廉、贪图小便宜的心理,达到了招徕顾客的效果。

#### 5)最小单位定价策略

最小定价策略是指企业把同种商品按不同的数量包装,以最小包装单位量制订基数价格,销售时,参考最小包装单位的基数价格与所购数量收取款项。一般情况下,包装越小,实际的单位数量商品的价格越高,包装越大,实际的单位数量商品的价格越低。

例如,对于质量较高的茶叶,就可以采用这种定价方法,如果某种茶叶定价为每500克150元,消费者就会觉得价格太高而放弃购买。如果缩小定价单位,采用每50克为15元的定价方法,消费者就会觉得可以买来试一试。如果再将这种茶叶以125克来进行包装与定价,则消费者就会嫌麻烦而不愿意去换算出每500克应该是多少钱,从而也就无从比较这种茶叶的定价究竟是偏高还是偏低。

最小单位定价策略的优点比较明显:一是能满足消费者在不同场合下的不同需要,如便于携带的小包装食品,小包装饮料等;二是利用了消费者的心理错觉,因为小包装的价格容易使消费者误以为廉,而实际生活中消费者很难也不愿意换算出实际重量单位或数量单位商品的价格。

### 9.3.4 折扣定价策略

折扣定价是指对基本价格作出一定的让步,直接或间接降低价格,以争取顾客,扩大销量。其中,直接折扣的形式有数量折扣、现金折扣、功能折扣、季节折扣,间接折扣的形式有回扣和津贴。

#### 1)数量折扣

数量折扣策略就是根据代理商、中间商或顾客购买货物的数量多少,分别给予不同折扣的一种定价方法。数量越大,折扣越多。其实质是将销售费用节约额的一部分,以价格折扣方式分配给买方。目的是鼓励和吸引顾客长期、大量或集中向本企业购买商品。数量折扣可以分为累计数量折扣和非累计数量折扣两种形式。

（1）累计数量折扣。累计数量折扣是指代理商、中间商或顾客在规定的时间内，当购买总量累计达到折扣标准时，给予一定的折扣。累计数量折扣定价策略可以鼓励购买者经常购买本企业的产品，成为企业可信赖的长期客户；企业可据此掌握产品的销售规律，预测市场需求，合理安排生产；经销商也可保证货源。运用累计数量折扣定价策略时，应注意购买者为争取较高折扣率在短期内大批进货对企业生产的影响。

（2）非累计数量折扣。非累计数量折扣是一种只按每次购买产品的数量而不按累计的折扣定价策略。其目的是鼓励客户大量购买，节约销售中的劳动损耗。

累计数量折扣和非累计数量折扣两种方式，可单独使用，也可结合使用。

### 2）现金折扣

现金折扣策略，又称付款期限折扣策略，是在信用购货的特定条件下发展起来的一种优惠策略，即对按约定日期付款的顾客给予不同的折扣优待。现金折扣实质上是一种变相降价赊销，鼓励提早付款的办法。例如，付款期限一个月，立即付现折扣5%，10天内付现折扣3%，20天内付现折扣2%，最后10天内付款无折扣。有些零售企业往往利用这种折扣，节约开支，扩大经营，卖方可据此及时回收资金，扩大商品经营。

由于现金折扣的前提是商品的销售方式为赊销或分期付款，因此，有些企业采用附加风险费用、治理费用的方式，以避免可能发生的经营风险。同时，为了扩大销售，分期付款条件下买者支付的货款总额不宜高于现款交易价太多，否则就起不到"折扣"促销的效果。

提供现金折扣等于降低价格，所以，企业在运用这种手段时要考虑商品是否有足够的需求弹性，保证通过需求量的增加使企业获得足够利润。此外，由于我国的许多企业和消费者对现金折扣还不熟悉，运用这种手段的企业必须结合宣传手段，使买者更清楚自己将得到的好处。

### 3）功能折扣

功能折扣策略是企业根据各类中间商在市场营销中担负的不同功能所给予的不同折扣，又称商业折扣。企业采取这种策略的目的是为了扩大生产，争取更多的利润，或为了占领更广泛的市场，利用中间商努力推销产品。交易折扣的多少，随行业与产品的不同而不同；相同的行业与产品，又要看中间商所承担的商业责任的多少而定。如果中间商提供运输、促销、资金融通等功能，对其折扣就较多；否则，折扣将随功能的减少而减少。一般而言,给予批发商的折扣较大,给予零售商的折扣较少。

#### 4) 季节折扣

有些商品的生产是连续的,而其消费却具有明显的季节性。为了调节供需矛盾,这些商品的生产企业便采用季节折扣的方式,对在淡季购买商品的顾客给予一定的优惠,使企业的生产和销售在一年四季能保持相对稳定。例如,啤酒生产厂家对在冬季进货的商业单位给予大幅度让利,羽绒服生产企业则为夏季购买其产品的客户提供折扣。

季节折扣比例的确定,应考虑成本、储存费用、基价和资金利息等因素。季节折扣有利于减轻库存,加速商品流通,迅速收回资金,促进企业均衡生产,充分发挥生产和销售潜力,避免因季节需求变化所带来的市场风险。

#### 5) 回扣和津贴

回扣是间接折扣的一种形式,它是指购买者在按价格目录将货款全部付给销售者以后,销售者再按一定比例将货款的一部分返还给购买者。津贴是生产企业对中间商积极开展促销活动所给予的一种补助或降价优惠。比如,当中间商为企业产品提供了包括刊登地方性广告、设置样品陈列窗等在内的各种促销活动时,生产企业给予中间商一定数额的资助或补贴。又如,对于进入成熟期的消费者,开展以旧换新业务,将旧货折算成一定的价格,在新产品的价格中扣除,顾客只支付余额,以刺激消费需求,促进产品的更新换代,扩大新一代产品的销售。这也是一种津贴的形式。

### 9.3.5 地区定价策略

一般地说,一个企业的产品,不仅卖给当地顾客,而且同时卖给外地顾客。可是外地顾客把产品从产地运到顾客所在地,则需要花一些装运费。所谓地区性定价策略,就是企业要决定:对于卖给不同地区(包括当地和外地不同地区)顾客的某种产品,是分别制订不同的价格,还是制订相同的价格。也就是说,企业要决定是否制订地区差价。

#### 1) FOB 原产地定价

所谓 FOB 产地定价,就是顾客(买方)按照厂价购买某种产品,企业(卖方)只负责将这种产品运到产地某种运输工具(如卡车、火车、船舶、飞机等)上交货。交货后,从产地到目的地的一切风险和费用均由顾客承担。如果按产地某种运输工具上交货定价,那么每一个顾客都各自负担从产地到目的地的运费,这是很合理的。但是这样定价对企业也有不利之处,即远地的顾客有可能不愿购买这个企业的产品,而购买其附近企业的产品,因为远途顾客必须承担较高的运费。

### 2)统一交货定价

这种形式和前者正好相反。所谓统一交货定价,就是企业对于卖给不同地区顾客的某种产品,都按照相同的厂价加相同的运费(按平均运费计算)定价。也就是说,对全国不同地区的顾客,无论远近,都实行一个价。这种定价简便易行,有利于争取远方顾客,因此,这种定价又叫邮资定价。

### 3)区域定价

这种形式介于前两者之间。所谓区域定价,也称分区定价,是指企业把全国(或某些地区)分为若干价格区,对于卖给不同价格区顾客的某种产品,分别制订不同的地区价格。距离企业远的价格区,价格定得较高;距离企业近的价格区,价格定得较低。在各个价格区范围内实行一个价。企业采用分区定价也存在问题:一是在同一价格区内,有些顾客距离企业较近,有些顾客距离企业较远,前者就不合算;二是处在两个相邻价格区界两边的顾客,他们相距不远,但是要按高低不同的价格购买同一种产品。

### 4)基点定价

所谓基点定价,是指企业选定某些城市作为基点(或窗口),然后按一定的厂价加从基点城市到顾客所在地的运费来定价,而不管货实际上是从哪个城市起运的。有些公司为了提高灵活性,选定许多个基点城市,按照顾客最近的基点计算运费。

### 5)运费免收定价

有些企业因为急于和某些地区做生意,自己负担全部或部分实际运费。这些卖主认为,如果生意扩大,其平均成本就会降低,因此足以抵偿这些费用开支。采取运费免收定价,可以使企业加深市场渗透,并且能在竞争日益激烈的市场中处于有利地位。

### 9.3.6 产品组合定价策略

是指处理本企业各种产品之间价格关系的策略。它包括产品线定价策略、任选产品定价，以及连带产品定价。是对不同组合产品之间的关系和市场表现进行灵活定价的策略。一般是对相关商品按一定的综合毛利率联合定价，对于互替商品，适当提高畅销品价格，降低滞销品价格，以扩大后者的销售，使两者销售相互得益，增加企业总赢利。对于互补商品，有意识降低购买率低、需求价格弹性高的商品价格，同时提高购买率高而需求价格弹性低的商品价格，会取得各种商品销售量同时增加的良好效果。

#### 1）产品线定价

当企业产品需求和成本具有内在关联性时，为了充分发挥这种内在关联性的积极效应，可采用产品线定价策略。在定价时，首先确定某种产品价格为最低价格，它在产品线中充当招徕价格，吸引消费者购买产品线中的其他产品；其次，确定产品线中某种产品的价格为最高价格，它在产品线中充当品牌质量象征和收回投资的角色；再者，产品线中的其他产品也分别依据其在产品线中的角色不同，而制订不同的价格。如果是由多家生产经营时，则共同协商确定互补品价格。选用互补品定价策略时，企业应根据市场状况，合理组合互补品价格，使系列产品有利销售，以发挥企业多种产品整体组合效应。

#### 2）任选产品定价

任选品定价策略。任选品是指那些与主要产品密切关联的可任意选择的产品。例如，顾客去饭店吃饭，除了要饭菜之外，可能还会要点酒、饮料、烟等。在这里饭菜是主要商品，烟酒、饮料等就是任选品。企业为任选品定价有两种策略可供选择：一种是为任选品定高价，靠它来赢利；另一种策略是定低价，把它作为招徕顾客的项目之一，例如，有的饭店的饭菜定价较低，而烟酒、饮料等任选品定价很高。而有些饭店，烟酒饮料等任选品定低价，而饭菜定高价。

#### 3）连带产品定价

连带产品，又称受制约产品，是指必须与主要产品一同使用的产品，例如，胶卷是照相机的连带品，剃须刀架是剃须刀的连带品。大多数企业采用这种策略时，主要产品定价较低，而连带产品定价较高。以高价的连带产品获取高利，补偿主要产

213

品因低价造成的损失。例如,柯达公司给它的照相机定低价,胶卷定高价,既增强了照相机在同行业中的竞争力,又保证了原有的利润水平。

## 学习任务4 应对价格变动反应和调整价格

由于市场环境及企业内部因素在不断变化,所以企业必须对已制订的价格策略进行不断的调整。这种调整措施可能是企业为达到某一经营目标而主动进行的,也可能是迫于经营环境的压力而被动采取的。但无论是哪种情况,价格调整都可能影响到企业乃至行业的命运,它与企业的定价策略同样重要,所以企业都应当根据实际情况实施价格调整。

### 9.4.1 企业的降价与提价

#### 1)降价策略

降价策略是指企业为了适应市场环境和内部条件的变化,把原有产品的价格调低。

企业降价的原因,归纳起来有以下几种:

(1)企业的生产能力过剩。这时企业的库存积压严重,需要扩大业务,但是企业又不能通过产品改良和加强促销等手段来扩大销售。这个时候就必须考虑通过降价来提高销售量。

(2)应对价格挑战,保持市场份额。在强大的竞争压力下,企业的市场占有率下降,迫使企业降低价格来维持和扩大市场份额。

(3)企业的产品成本比竞争者低但销路不好,需要通过降价来提高市场占有率,同时使成本由于销量和产量增加而进一步降低,形成良性循环。

(4)市场需求不振。在宏观经济不景气的形势下,价格下降是许多企业借以渡过经济难关的重要手段。

因为企业产品所处的地位、环境以及引起降价原因的不同,企业选择降价的方式也会各不相同,具体来说有以下两种:第一是直接降价,即直接降低产品价格。例如,汽车销售中常采取直接降价。第二是间接降价,即企业保持价格目录表上的价格不变。通过送货上门、免费安装、调试、维修、赠送礼品或者增大各种折扣、回扣,以及为消费者保险等手段,在保持名义价格不变的前提下,降低产品的实际价格。

### 2)提价策略

提价策略是指企业为了适应市场环境和内部条件的变化,把原有产品的价格提高。

企业提价的原因,归纳起来有以下几种:

(1)由于产品成本上涨,妨碍了企业合理利润的取得,企业只能通过涨价来转嫁负担。这是企业调高价格的最主要原因。

(2)由于产品供不应求,企业必须通过提价来抑制部分需求,以缓解市场压力。

(3)竞争策略的需要。以产品的高价位,来显示产品的高品位。

企业提价的方式主要有两种:第一是直接提价,即直接提高产品价格。第二是间接提价,即企业采取一定方法使产品价格表面保持不变但实际隐性上升。例如,缩小产品的尺寸、分量,使用便宜的代用原料,减少价格折让等。

提高产品价格会引起顾客、经销商甚至本企业销售人员的不满,但成功的提价也会为企业带来可观的利润。为了减少交易风险,企业可采取如下应变措施:一是限时报价,即所报的价格只在限定时间内有效(如1周内或3天内);二是在交易合同中载明随时调价的条款;三是分别处理产品与服务的各项目目,如将原来与产品整体一起定价的附加服务分解出来,另行定价;四是减少现金折扣和数量折扣,或提高订货起批点;五是扩大高利的产品市场,压缩低利的产品市场等。

企业在提价时,应注意通过各种传播媒介沟通信息,向买方说明情况,争取买方的理解,并帮助买方解决因提价而产生的一些问题。

## 9.4.2　顾客对企业调价的反应

企业无论提价或降价,这种行动必然影响到购买者、竞争者、经销商和供应商,而且政府对企业调价也不能不关心。在这里,首先分析购买者对企业调价的反应。

顾客对降价可能有以下看法:产品样式老了,将被新产品代替;产品有缺点,销售不畅;企业财务困难,难以继续经营;价格还要进一步下跌;产品质量下降了。

顾客对提价的可能反应:产品很畅销,不赶快买就买不到了;产品很有价值;卖主想赚取更多利润。

购买者对价值不同的产品价格的反应也有所不同,对于价值高,经常购买的产品的价格变动较为敏感;而对于价值低,不经常购买的产品,即使单位价格高,购买者也不大在意。此外,购买者通常更关心取得、使用和维修产品的总费用,因此卖方可以把产品的价格定得比竞争者高,取得较多利润。

### 9.4.3 竞争者对企业调价的反应

企业在考虑调整价格时,不仅要考虑购买者的反应,还必须考虑竞争者的反应。当某一行业中企业数目很少,提供同质的产品,购买者又颇具辨别力与知识时,竞争者的反应就愈显重要。

在实践中,为了能减少因无法确知竞争者对价格变化的反应而带来的风险,企业在调价之前必须明确回答以下问题:

本企业的产品有什么特点?本企业在行业中处于何种地位?

主要竞争者是谁?竞争对手会怎样理解本企业的价格调整?

针对本企业的价格调整,竞争对手会采取什么对策?这些对策是价格性的还是非价格性的?它们是否会联合做出反应?

针对竞争者可能的反应,企业应该如何应对?有无几种可行的应对方案?

竞争者对调价的反应有以下几种类型:

相向式反应。你提价,他涨价;你降价,他也降价。这样一致的行为,对企业影响不太大,不会导致严重后果。企业坚持合理营销策略,不会失掉市场和减少市场份额。

逆向式反应。你提价,他降价或维持原价不变;你降价,他提价或维持原价不变。这种相互冲突的行为,影响很严重,竞争者的目的也十分清楚,就是乘机争夺市场。对此,企业要进行调查分析,首先摸清竞争者的具体目的,其次要估计竞争者的实力,再次要了解市场的竞争格局。

交叉式反应。众多竞争者对企业调价反应不一,有相向的,有逆向的,有不变的,情况错综复杂。企业在不得不进行价格调整时应注意提高产品质量,加强广告宣传,保持分销渠道畅通等。

### 9.4.4 企业对竞争者调价的反应

企业同样也要对竞争者调价行为做出反应。企业要调价一般都会经过深思熟虑,但是竞争对手准备实施调价行为时,企业却往往并不知晓。为了避免被竞争对手打个措手不及,企业不仅应当密切注视竞争者的行为,而且应该平时就计划好对竞争者价格变动应做出的反应,以便在受到价格攻击时尽快作出决策。

企业在作出反应时,也应该考虑以下问题:

竞争者调价的目的是什么?

竞争者调价是长期的还是短期的?

竞争者调价将对企业哪些方面产生影响? 有何影响?

同行业的其他企业对竞争者调价行为将有何反应?

企业有几种应对方案? 竞争者对企业的每一个可能的反应又会有何反应?

除了上述几个问题,企业还应该结合所经营的产品特性确定对策。

### 1) 同质产品

一般来说,在同质产品市场上,如果竞争者降价,企业必须随之降价,否则必须会失去大部分顾客;如果竞争者提价,本企业既可以跟进,也可以暂且观望。因为如果同行业的大部分厂商都维持原价,率先涨价的竞争者可能会受到损失。

### 2) 异质产品

在异质产品市场上,由于各企业的产品在质量、品牌、服务和包装等方面有明显不同,所以面对竞争者的调价策略,企业有更大的选择余地。对于竞争者的提价行为,企业可以根据实际情况跟进或观望措施,而对于竞争者的降价行为,则可以在以下行为中选择。

(1)不采取任何反应,维持原价不变。企业可能由于自己的产品具有较大的差异性,而消费者对本企业的产品需求价格弹性比较弱。这时,企业可以利用差异性的优势来维持原有价格报出不变。

(2)价格不变,但加强非价格竞争。例如,提高产品质量、强化售后服务、增加广告网点,或者在包装、功能或用途等方面做出改进。

(3)降低价格。企业为了维持原有的市场份额,不得不跟随竞争者降价甚至降价幅度超过竞争者。这种策略很容易引发行业的价格战。

(4)跟随竞争者降价的同时,积极采取一些非价格竞争手段。

企业在对竞争者做出反应时,还应该考虑本企业的市场地位,因为处于不同地位的企业在行业中所起的作用是不同的。例如,市场领导者往往对中小企业率先降价置之不理,但一旦市场领导者主动降价,中小企业却不得不做出反应。

### 单元小结

价格是市场营销组合中最活跃和最难控制的因素。任何企业都不能随心所欲地制订价格。一般来讲产品的最低价格不能低于成本,最高价格不能高于市场需求,在最低价格和最高价格之间,企业产品价格如何浮动,取决于竞争者同种产品价格水平、原材料、企业资金状况和国际市场价格水平等因素。因此影响企业定价的主要因素是产品成本、市场需求、竞争者产品价格,其次还有企业定价目标、国家政策、法律法规、自然条件等诸多因素。定价目标主要有维持生存、利润最大化、市场占有率最大化和产品质量最优化。

　　企业定价的程序一般分6个步骤:一是确定目标市场;二是分析影响定价的因素;三是确定定价目标;四是选择定价方法;五是确定定价策略;六是选定最后价格。企业定价方法有3种类型:成本导向定价法、需求导向定价法和竞争导向定价法。

　　定价策略有4种类型:一是新产品定价策略,主要有撇脂定价、渗透定价和满意定价。二是心理定价策略,主要有声望定价、尾数定价、招徕定价;三是折扣定价策略,主要有现金折扣、数量折扣、职能折扣、季节折扣和折让等;四是地区定价策略,主要有FOB原产地价定价、CIF定价、区域定价和基点定价等。

### 🔍 案例分析

### 别克凯越 EXCELLE 轿车的价格策略

　　上海通用汽车先后推出了经济型轿车赛欧(8.98万~12.98万元)和中高档轿车别克君威(22.38万~36.9万元)。赛欧针对的是事业上刚刚起步、生活上刚刚独立的年轻白领;而别克君威则针对的是已经取得成功的领导者。中级轿车市场是中国轿车市场的主流,这一汽车板块为中国汽车业带来了巨大的利益,同时也是竞争最激烈的市场。中级轿车市场多以公务商务使用为主,兼顾私用,目前中级轿车月销售量在2.4万台左右,而且仍在迅速增长。上海通用汽车由此推出"别克凯越",从而正式进军极具潜力的中级车市场。别克凯越的市场主要竞争对手包括:爱丽舍、日产阳光、宝来、威驰、福美来、捷达、桑塔纳2000等。

　　在2003年8月上市的别克凯越 LE-MT 豪华版(1.6升手动挡)售价为14.98万元,别克凯越 LS-AT 顶级版(1.8升自动挡)售价为17.98万元。

　　目前,中国国内的中档车的市场竞争相当的激烈,多种因素影响了别克凯越的上市价格。别克凯越要面对的一个逐渐成熟的市场,爱丽舍、日产阳光、宝来、威驰、福美来、捷达、桑塔纳2000等车型已经占据的相当大的市场份额,同时,这些车型又具有很高的性价比。

中档车市场面对的是中国社会中最具有经济实力的一个阶层,一般来讲,这样的家庭都具有以下特征:男性,已婚,30～45 岁,家庭月收入超过 1 万元,大专以上文化教育程度,在国企或私企担任中级经理或是中小型私营企业主,他们购买凯越的用途是以公务商务为主,兼顾私用。因此,别克凯越是专为中层经理人、小型私企业主打造的中档公务商务兼私用座驾,它以现代动感外观、高效人性化空间、卓越先进科技配备、满足了潜在车主实用、可靠、时尚、符合身份档次的用车需求,成为其事业和生活的可靠伴侣。

另外,在市场已经被占领的情况下,别克凯越只有更好的性价比才可以在市场中占有一席之地。在性能上,别克凯越配置了许多高档车的设备,而在价格上,别克凯越在同档次的车型中价格居中上。

在分析以上影响因素之后,我们可以看到别克凯越的市场定价不高,采用了满意定价的方法,制订不高不低的价格,可以同时兼顾厂商、中间商及消费者利益,使各方面满意。相对于同一类的车而言,如宝来 1.6 手动基本型的售价是 15.5 万元,而宝来 1.8 舒适型的售价是 18.5 万元,在性能相近的情况下,别克凯越的售价比同档次的宝来低了 3 万元。因此,对中级车主力的宝来构成了巨大的冲击。

上海通用是世界最大的汽车制造厂商,别克是世界名牌。但是,别克凯越采用了一种跟随的定价方式,在同类车中,价格低于宝来和配置更好的威驰,并没有定高价。可见,上海通用汽车进入中级车市场的决心。

同时,我们可以看到它采用了尾数定价的技巧。这无疑又为别克凯越占领市场建立了一个好的口碑。别克凯越 1.6 的定价虽然离 15 万只是差了 200 元,但是消费者在心理上没有突破 15 万的心理防线,给顾客价廉的感觉。而同一档次、性能相近的宝来的售价是 15.5 万元人民币,使消费者感到价格昂贵的感觉。同时别克凯越采取了以数字 8 为结尾,很符合中国人的习惯,这与大多数轿车生产厂商的定价方法是相同的。

目前,我们还没有看到别克凯越降价的迹象,同时我们看到的都是在加价购车,虽然加价,但比起同性能的车型,价格还是相对便宜,因此,我们可以看到在近期内面对同类中级车的不断降价声,别克凯越很难降价。但是,加价买车的现象会随着产量的增加而消失。面对众多竞争者相继降价,或者提高性能变相降价,别克凯越无疑将要面对更大的压力。直接降价无疑会对品牌的声誉产生很大的影响,一个顾客很难接受一个汽车品牌不断的降价,不仅损害了顾客的利益,而且还损害了厂商自身的利益。因此,面对宝来、威驰等主力中级车型的降价,以上海通用一贯的价格策略,别克凯越将会采用提高性能或者实行优惠的政策来变相降价。

别克凯越进入市场 3 个月内,销量突破的 2 万辆大关,创造了中国轿车业的奇迹,这和上海通用稳定的价格策略是分不开的。上海通用一般采取一种具有刚性的价格,很少采用降价销售的竞争手段,虽然赛欧一度降价,但总保持了一定的稳定性,避免了品牌知名度的下降。对于别克凯越,上海通用同时又采用一种满意定价,其价格低于同类车中性能相近的车型,因此,消费者可以获得十足的满意。

分析讨论:

1.影响别克凯越定价的主要因素有哪些?

2.作为一个消费者,当你面对14.8万和15.0万的价格时,你首先会有什么样的印象?

3.为什么别克凯越会采取变相降价的策略?

### 同步测试

◆ 选择

1.随行就市定价法是( )市场的惯用定价方法。
   A.完全垄断　　　B.异质产品　　　C.同质产品　　　D.垄断竞争

2.( )是企业把全国分为若干价格区,对于卖给不同价格区顾客的某种产品,分别制订不同的地区价格。
   A.FOB原产地定价　　　　　　B.分区定价
   C.统一交货定价　　　　　　　D.基点定价

3.某服装店售货员把相同的服装以800元卖给顾客A,以600元卖给顾客B,该服装店的定价属于( )。
   A.顾客差别定价　　　　　　　B.产品形式差别定价
   C.产品部位差别定价　　　　　D.销售时间差别定价

4.为鼓励顾客购买更多物品,企业给那些大量购买产品的顾客的一种减价称为( )。
   A.功能折扣　　　B.数量折扣　　　C.季节折扣　　　D.现金折扣

5.如果企业按FOB价出售产品,那么产品从产地到目的地发生的一切短损都将由( )承担。
   A.企业　　　B.顾客　　　C.承运人　　　D.保险公司

6.企业利用消费者具有仰慕名牌商品或名店声望所产生的某种心理,对质量不易鉴别的商品的定价最适宜用( )法。

A. 尾数定价　　　　B. 招徕定价　　　　C. 声望定价　　　　D. 反向定价

◆ 简答

1. 简述定价的主要方法有哪些。

2. 简述撇脂定价及其适用条件。

3. 简述价格折扣的主要类型及其影响折扣策略的主要因素。

4. 简述企业在哪些情况下可能需要采取降价策略?

## 实训项目

定价策略的评估与调整。

实训目标　通过定价策略的研究,加深对书本知识的理解,提高学生分析问题和解决问题的能力。

实训组织　学生每 3 人分为 1 组,选择商品,对商品的定价策略进行研究。

实训提示　每组学生选择同行业的两种产品,分别研究两种产品的定价策略,并对两种产品的定价策略进行比较,并提出调整意见。

实训成果　各组汇报,教师讲评。

# 单元 10

# 分销渠道策略

学习目标

1. 理解市场营销渠道的特征。
2. 掌握批发商与零售商的主要类型。
3. 认识市场营销渠道系统的新发展。

能力目标

1. 掌握分销渠道设计的内容与方法。
2. 管理与改进分销渠道策略的能力。

### 案例导入

## 安利在中国的渠道转型

创立于 1959 年的美国安利公司是世界知名的日用消费品生产商及销售商,业务遍及五大洲 80 多个国家和地区,以安利(Amway)为商标的产品共有 5 大系列、400 余种,全球员工超过 1.2 万人,营销人员超过 300 万人。2002 年,安利在全美500 家最大私营企业中排名第 27 位;50 大家居与个人用品制造企业排名第 4 位;公司总资产达 380 亿美元;在安利 45 年的持续增长过程中,从未向银行贷款,保持"无借款经营"的纪录。由于安利公司的两位创始人狄维士和温安洛都是推销员出身,所以近 50 年来直销一直被安利公司看作是最有效的营销方式,然而,当安利兴冲冲地将这种营销模式导入中国的时候,他们却遇到了前所未有的尴尬。

1995 年,安利正式落户中国,他们在广州投资 1 亿美元建成了安利在海外唯一的现代化日用消费品生产基地,欲在中国掀起一场安利的直销风暴。可是很快国内形形色色打着直销旗号的传销诈骗活动搅乱了安利的市场前景。1998 年 4 月21 日,国务院《关于禁止传销经营活动的通知》出台,对传销(包括直销)活动加以全面禁止。对于安利来说,1998 年无疑是它在中国的一个分水岭,随着当年 4 月在中国的业务被禁,安利开始在中国寻求新的生存方式。1998 年 6 月 18 日,国家工商局颁发《关于外商投资传销企业转变销售方式有关问题的通知》,准许部分外资传销企业转为店铺经营,并可以雇佣推销员。1998 年 7 月经批准,安利(中国)日用品有限公司正式采用新的营销方式,由直销改为"店铺＋雇佣推销员"的经营模式,自此,安利 40 多年来在全球 80 多个国家和地区均通过直销员销售产品的传统被彻底打破。转型后的安利把原来分布在全国 20 多个分公司改造成为第一批店铺,以后又陆续对这些店铺进行扩充。所有产品明码标价,消费者可以直接到专卖店中自行选购,杜绝推销员自行定价带来的问题。新的经营模式给消费者带来了新的选择,同时也让安利做出了新的尝试,突破原有的直销模式,多种销售方式并举,对于融入中国国情的安利来说也是一种挑战。

"店铺＋雇佣推销员"模式是安利在中国渠道转型的最主要内容。安利公司创办人之一狄维士针对这一转型直言:"这是安利 41 年来前所未有的革命!"总裁黄德荫将"店铺＋雇佣推销员"渠道模式的优势总结为下列 3 个方面:①保证了产品质量:通过直销模式,安利的消费者基本上不会遇到假冒伪劣的产品;②提供了很好的销售渠道:店铺既是公司形象的代表,又为营销人员提供后勤服务,还直接面对普通消费者,消费者和政府都因为店铺的存在而更加放心;③这种模式可直接受益于安利(中国)积极的市场推广手法。安达高公司执行副总裁 Bill Payne 这样总结安利的变革:"到目前为止,这种经营方式非常有效。其一,自设店铺提高了公司透明度,让消费者有一个自愿选货、进货和成为优惠顾客的机会;其二,安利目前在全国 120 家店铺的所有产品都明码标价,公开的价格避免了哄抬价格的可能。此外,营业代表的推销弥补了销售网点的不足,提升了服务质量,让消费者享受到更直接、更亲切的售前、售后服务。"

"店铺+雇佣推销员"的新型渠道成功地推进了安利在中国的转型进程,而与此同时,安利对员工的管理整顿也在加紧进行。从 2002 年 1 月开始,安利(中国)公司停止了新营业代表的加入,并对现有人员进行培训和全面的整顿,所有营销人员都是安利的合约雇员,这就意味着安利必须承担每一位推销员的职务行为所引起的法律责任,新推销员加入不会给任何人带来收入。在对推销员的管理方面,安利进一步加大了透明度,制订了一系列精确的制度,并且十分严格地加以实施。同时,安利(中国)还加强了对营销队伍的管理,通过培训和严格的奖惩制度来规范其推销员的行为。2002—2003 年财政年度,安利(中国)共查处各类违规行为 1 649 起,处分营销人员 2 317 人。

安利的渠道转型为其带来了巨大的市场收益。公司财务报告显示,在 2002—2003 财政年度(2002 年 9 月至 2003 年 8 月)中,安利(中国)的销售额已超过 10 亿美元,在公司 49 亿美元的全球销售额中占据二成。2003 年 8 月,安利公司在大中华区的销售业绩已超过美洲地区,中国成为安利全球营业额最大的市场。正如安达高公司执行副总裁 Bill Payne 所说:"我们重视中国市场,我们尊重中国国情,我们遵守中国的规则,因此我们改变自己的经营模式来适应中国,做这一切的结果是:我们赢得了中国市场。"总裁黄德荫说:"经过短短 9 年的发展,中国已经超过拥有 45 年历史的美国市场,成为安利在全球的最大市场。安利(中国)的成功充分说明了规范经营的直销企业,在快速发展的中国市场上的广泛空间。"在 2002 年翰威特咨询公司和《亚洲华尔街日报》《远东经济评论》联合发布的"2001 年亚洲最佳雇主评选"中,安利(中国)名列榜中。在《财富》(中国版)评出的"2002 年最受赞赏的 50 家外商投资企业"中,安利(中国)也榜上有名。根据独立市场调查公司于 2004 年初进行的一项调查,安利(中国)的知名度和美誉度分别达到了 93%和 75%。

## 学习任务 1　认识分销渠道

### 10.1.1　分销渠道的含义、特征

分销渠道：是指商品从生产企业流转到消费者手中的全过程中所经历的各个环节和推动力量的总和。

分销渠道具有以下特征：

(1)分销渠道是传统市场营销组合要素之一。

(2)分销渠道的起点是生产者，终点是消费者或用户。

(3)以产品所有权转移为前提。

(4)中间环节的介入必不可少。

### 10.1.2　渠道的职能

(1)信息。收集和传播营销环境中有关潜在和现行的顾客、竞争对手和其他参与者及力量的营销调研信息。

(2)促销。发展和传播有关供应物的富有说服力的吸引顾客的沟通材料。

(3)交易谈判。尽力达成有关产品的价格和其他条件的最终协议，以实现所有权或者持权的转移。

(4)订货。营销渠道成员向制造商(供应商)进行有购买意图的沟通行为。

(5)融资。获得和分配资金以负担渠道各个层次存货所需的费用。

(6)承担风险。在执行渠道任务的过程中承担有关风险(库存风险等)。

(7)物流。产品实体从原料到最终顾客的连续的储运工作。

(8)付款。买方通过银行和其他金融机构向销售者提供账款。

(9)所有权转移。所有权从一个组织或个人转移到其他组织或个人的实际转移。

### 10.1.3　渠道级数

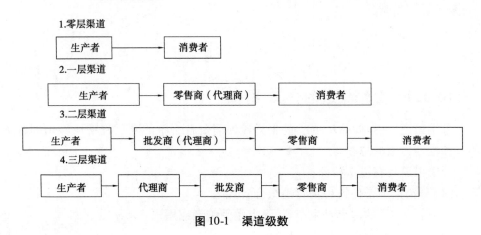

图 10-1　渠道级数

## 学习任务 2　设计分销渠道策略

### 10.2.1　分销渠道系统的发展

#### 1) 直销的发展

在市场经济条件下,尽管绝大多数产品和服务要通过市场营销中间商出售,但是从事直销活动的生产者也在不断增加。直销又称无店铺销售,是指产品的所有权从生产者手里直接转移到用户或最终消费者手里,而省去了传统市场营销渠道的诸多中间环节。直销之所以如此风靡,是因为它区别于传统的销售方式,具有如下特点:①它免去了层层加价、多次倒手、多次搬运等环节,有利于降价售价,提高产品竞争能力;②生产者与使用者、消费者直接接触,既有利于改进产品和服务,也便于控制价格;③为人们的特殊购物需要提供了可能;④返款迅速,加快了企业资金周转。

直销的方式主要有 4 种:邮购、电话订购、上门销售和多层传销。其中,多层传销近几年来发展迅猛。在美国,多层传销的年销售额占其全部直销额的 50% ~

60%。所谓多层传销又称消费者销售制,即消费者自己组织起来作为直销商,从生产者或传销公司那里直接购买产品,同时以众口相传的方式传播产品信息、销售产品。在这里,直销商不仅可以通过销售产品获得利润,而且更为重要的是,随着直销网络的扩大和自身级别的上升,还可以从传销公司处得到十分丰厚的佣金。多层传销属于非线性销售。假如每个直销商能将某一产品信息传递给另外三个消费者,这三个消费者作为直销商后就能传给九个消费者。以此类推,销售行为的能量不断地被储存放大,产生几何级数市场营销效果。因此,它是一种强有力的推销方式。尽管如此,并非任何公司采用它都能取得成功。采用多层传销的主要条件包括产品是最终消费品、质量上乘、佣金制度诱人以及管理计算机化等。此外,适宜于多层传销的产品有美容护肤品、化妆品、营养保健品、珠宝、家庭工艺品等。

### 2) 垂直市场营销系统的发展

近几十年来,特别是第二次世界大战以来,在西方国家,由于商业趋于集中和垄断,竞争激烈,垂直市场营销系统或垂直渠道系统有了新的发展。

要了解垂直市场营销系统是一个高度分离的组织网,在此网络系统中,关系松弛的制造商、批发商和零售商以疏远态度彼此进行交换,他们各自为政,为了自身利益在市场上讨价还价,互不相让,激烈竞争。垂直市场营销系统则是一个实行专业化管理和集中计划的组织网,在此网络系统中,各个成员为了提高经济效益,都采取不同程度的一体化经营或联合经营。这种系统的经营规模、交换能力和避免重复经营的特性,使得它有可能实现规模经济,并与传统渠道系统展开有效的竞争。发达国家垂直市场营销系统有以下 3 种:

(1)公司系统。所谓公司系统,是指一家公司拥有和统一管理若干工厂、批发机构、零售机构等,控制市场营销渠道的若干层次,甚至控制整个市场营销渠道,综合经营生产、批发、零售业务。这种渠道系统又分为两种:一种是大工业公司拥有和统一管理若干生产单位和商业机构,采取工商一体化经营方式;另一种公司系统是大零售公司拥有和统一管理若干批发机构、工厂等,采取工商一体化经营方式,综合经营零售、批发、加工生产等业务。

(2)管理系统。在发达国家,许多制造商即使是某些大制造商都不能建立推销其产品所需要的全部商业机构。因此,有些享有盛誉的大制造商,为了实现其战略计划,往往在销售促进、库存管理、定价、商品陈列、购销业务等问题上与零售商协调一致。

(3)合约系统。合约系统是指不同层次的独立制造商和经销商为了实现其单独经营所不能的经济性而以合约为基础实行的联合体。这种渠道系统一般又可分为 3 种：

特许经营组织。指由生产与市场营销系统中的各个机构与其中某一机构组成的联合体。这种渠道系统又可分为 3 种类型：①制造商倡办的零售商特许经营系统②制造商倡办的批发商特许经营系统；③服务企业倡办的零售商特许经营系统。

批发商倡办的自愿连锁。这种自愿连锁和一般连锁店不同之处在于：①自愿连锁是若干独立的中小零售商为了和连锁店这种大零售商竞争而自愿组成的联营组织，参加联营的各个中小零售商仍然保持自己的独立性和经营特点。而连锁店是属于一个大零售公司所有的某种类型的零售商店集团，这些零售商店是这家大零售公司的分店和联号。②自愿连锁实际上是参加联营的各个独立中小零售商的进货在采购中心统一管理下进行，但分别销售，实行联购分销。此外，联营组织还为各个成员提供各种服务。而连锁商店的总公司虽设有批发机构——中央采购处，但连锁商店本身是零售组织。③自愿连锁通常是由 1 个或 1 个以上独立批发商创办的。这些独立批发商为了和大制造商、大零售商竞争，维护自己的利益，帮助与其有业务往来的一群独立中小零售商组成自愿连锁，统一进货推销批发经营的商品。

零售商合作社。这是一群独立的中小零售商为了和大零售商竞争而联合经营的批发机构，各个参加联营的独立中小零售商要缴纳一定的股金，各个成员通过这种联营组织，以共同名义统一采购一部分货物，统一进行宣传广告活动以及共同培训职工等，有时还要进行某些生产活动。

### 3) 水平市场营销系统的发展

在发达国家，工商企业为了扩大销售，获得更多利润，在激烈的竞争中求得生存和发展，不仅在渠道系统内采取垂直一体化经营或联合经营的方式，而且在同一层次的若干制造商之间、若干批发商之间、若干零售商之间采取横向联合经营的方式，即水平市场营销系统。所谓水平市场营销系统，是指两个或两个以上企业自愿组成短期或长期联合关系，共同拓新出现的市场营销机会。这种联营主要是由于单个企业无力单独积聚进行经营所必须具备的巨额资金、先进技术、生产设备及市场营销设施，或是由于风险太大不愿单独冒险，或是由于期望能带来更大的协同效应等。

### 4) 多渠道市场营销系统的发展

在发达国家，由于市场商品供过于求，卖主之间竞争激烈，制造商往往通过多条渠道将相同的产品送到不同的市场和相同的市场。这就是说，同一种产品由于既卖给消费者，又卖给产业用户用于生产消费，制造商通常通过若干不同的渠道将同一种产品送到不同的市场（消费者市场和生产者市场）；有些制造商还要通过多条渠道将产品送到同一种顾客。这种多渠道结构也叫作双重分销。

## 10.2.2　分销渠道的设计决策及影响因素

生产者在发展其市场营销渠道时，须在理想渠道与可用渠道之间进行抉择。一般来说，新企业在刚刚开始经营时，总是先采取在有限市场上进行销售的策略，以当地市场或某一地区市场为销售对象，因其资本有限，只得采用现有中间商。而在一地区市场内，中间商的数目通常是很有限的，所以，到达市场的最佳方式也是可以预知的。问题是如何说服现有可用的中间商来销售其产品。

该新企业一旦经营成功，它可能会扩展到其他新市场。这家企业可能仍利用现有的中间商销售其产品，虽然他可能在不同地区使用各种不同的市场营销渠道。在较小市场，他可能直接销售给零售商，而在较大的市场，他必须通过经销商来销售其产品。总之，生产者的渠道系统须因时因地灵活变通。

渠道设计问题可以从决策理论的角度加以探讨。一般来讲，设计一个有效的渠道系统，须经过如下步骤：①确定渠道目标与限制，②明确各主要渠道交替方案，③评估各种可能的渠道交替方案。

### 1) 确定渠道目标与限制

有效的渠道设计，应以确定企业所要达到的市场为起点。从原则上讲，目标市场的选择并不是渠道设计的问题。然而，事实上，市场选择与渠道选择是相互依存的。有利的市场加上有利的渠道，才可能使企业获得利润。渠道设计问题的中心环节，是确定到达目标市场的最佳途径。而渠道目标的确定是要受：顾客、产品、中间商、竞争者、企业政策和环境等因素的限制的。

（1）顾客特性。渠道设计深受顾客人数、地理分布、购买频率、平均购买数量以及不同市场营销方式的敏感性等因素的影响。当顾客人数多时，生产者倾向于利用每一层次都有许多中间商的长渠道。但购买者人数的重要性又受到地理分布程度的修正。例如：生产者直接销售给集中于同一地区的 500 个顾客所花的费用，远比销售给分散在 500 个地区的顾客少。而购买者的购买方式又修正购买者人数及其地理分布的因素。如果顾客经常小批量的购买，则须采用较长的市场营销渠道为其供货。因此，少量而频繁的订货，常使得五金器具、烟草、药品等产品的制造商依赖批发商为其销货。同时，这些相同的制造商也可能越过批发商而直接向那些订货量大且订货次数少的大顾客供货。此外,购买者对不同市场营销方式的敏感性也会影响渠道选择。例如,越来越多的家具零售商喜欢在商品展销会上选购,从而使得这种渠道迅速发展。

(2)产品特性。产品特性也影响渠道选择。易腐坏的产品为了避免拖延及重复处理,通常需要直接市场营销。那些与其价值相比体积较大的产品(如建筑材料、软件材料等),需要通过生产者到最终用户搬运距离最短、次数最少的渠道来销售。非标准化产品(如顾客订制的机器和专业化商业表格),通常由企业推销员直接销售,这主要是由于不易找到具有该类知识的中间商。需要安装、维修的产品经常由企业自己或授权独家专售特许商来负责销售和保养。单位价值高的商品则应由企业推销人员销售而不通过中间商。

(3)中间商特性。设计渠道时,还必须考虑执行不同任务的市场营销中间机构的优缺点。例如,由制造商代表与顾客接触,花在每一顾客身上的成本比较低,因为总成本由若干个顾客共同分摊,但制造商代表对顾客所付出的销售努力则不如中间商的推销员。一般来讲,中间商在执行运输、广告、储存及接纳顾客等职能方面,以及在信用条件、退货特权、人员训练和送货频率等方面,都有不同的特点和要求。

(4)竞争特性。生产者的渠道设计还要受到竞争者所使用的渠道的影响,因为某些行业的生产者希望在与竞争者相同或相近的经销处与竞争者的产品抗衡。例如,食品生产者就希望其品牌和竞争品牌摆在一起销售。有时,竞争者所使用的市场营销渠道反倒成为生产者所避免使用的渠道。企业特性在渠道选择中扮演着十分重要的角色,企业的总体规模决定其市场范围、较大客户的规模及强制中间商合作的能力。企业的财务能力决定了哪些市场营销职能可由自己执行、哪些应交给中间商执行。财务薄弱的企业,一般都采用"佣金制"的分销方法,并且尽力利用愿意并且能够吸收部分储存、运输以及顾客融资等成本费用的中间商。

(5)企业特性。企业的产品组合也会影响其渠道类型。企业产品组合的广度越大,则与顾客直接交易的能力越强;产品组合的深度越大,则使用独家专售或选择代理商就越有利;产品组合的关联性越强,则越应使用性质相同或相似的市场营销渠道。企业过去的渠道经验和现行的市场营销政策也会影响渠道的设计。以前曾通过某种特定类型的中间商销售产品的企业,会逐渐形成渠道偏好,例如许多直接销售给零售食品店的老式厨房用具制造商,就曾拒绝将控制权交给批发商。再如,对最后购买者提供快速交货服务的政策,会影响到生产者对中间商所执行的职能、最终经销商的数目与存货水平以及所采用的运输系统的要求。

(6)环境特性。渠道设计还要受到环境因素的影响。例如,当经济萧条时,生

230

产者都希望采用能使最后顾客以廉价购买的方式将其产品送到市场,这也意味着使用较短的渠道,并免除那些会提高最终售价但却不必要的服务。

### 2) 明确各种渠道交替方案

在研究了渠道的目标与限制之后,渠道设计的下一步工作就是明确各主要渠道的交替方案。渠道的交替方案主要涉及以下 4 个基本因素:①中间商的基本类型;②每一分销层次所使用的中间商的数目;③各中间商特定的市场营销任务;④生产者与中间商的交易条件以及相互责任。

(1)中间商的类型。企业首先须明确可以完成其渠道工作的各种中间商的类型。这涉及是否采用中间商以及选择哪几类中间商等问题。

(2)中间商的数目。在每一渠道类型中的不同层次所用多少数目的中间商,要受到企业分销渠道战略的影响。企业可以根据自身实力,结合产品特点,选择不同的分销战略,即密集分销、选择分销和独家分销。

(3)渠道成员的特定任务。每一个生产者都必须解决如何将产品转移到目标市场这一问题。在转移的过程中,会有许多工作要做,如运输、广告、储存等。这就涉及对渠道成员进行任务的分派,某一特定层次应有其特定的工作任务,这样才会使所建立的渠道经济、合法、稳定。

(4)生产者与中间商的交易条件以及相互责任。在交易关系的组合中,分销渠道成员的交易条件和责任主要包括:价格政策、销售条件、经销区域权、各方应承担的责任等方面。

### 3) 评估各种可能的渠道交替方案

每一渠道交替方案都是企业产品送达最后顾客的可能路线。生产者所要解决的问题,就是从那些看起来似乎很合理但又相互排斥的交替方案中选择最能满足企业长期目标的一种。因此,企业必须对各种可能的渠道交替方案进行评估。评估标准有 3 个,即经济性、控制性和适应性。

在这 3 项标准中,经济标准最为重要。因为企业是追求利润而不是追求渠道的控制性与适应性。经济分析可用许多企业经常遇到的一个决策问题说明,即企业应使用自己的推力力量还是应使用制造商的销售代理商。这就要分析各方案的销售额和销售成本。

使用代理商无疑会增加控制上的问题。代理商是一个独立的企业,他所关心的是自己如何取得最大利润。在代理过程中,常常会出现一些问题,如他可能不愿与相邻地区同一委托人的代理商合作;代理商的推销员可能不愿去了解与委托人产品相关的技术细节,不能正确认真对待委托人的促销资料等。

在评估各渠道交替方案时,还有一项需要考虑的标准,那就是生产者是否具有适应环境变化的能力,即应变力如何。每个渠道方案都会因某些固定期间的承诺而失去弹性。当某一制造商决定利用销售代理商推销产品时,可能要签订 5 年的合同。这段时间内,即使采用其他销售方式会更有效,但制造商也不得任意取消销售代理商。所以,一个涉及长期承诺的渠道方案,只有在经济性和控制性方面都很优越的条件下,才可予以考虑。

### 10.2.3　分销渠道的管理

分销渠道建立以后,企业还必须对其进行管理,目的是加强渠道成员间的合作,调解渠道成员间的矛盾,从而提高整体的分销效率。对分销渠道的管理主要是对中间商进行管理,内容有选择、激励与定期评估 3 个方面。

#### 1) 选择渠道成员

在选择中间商时,生产企业必须明确该中间商的优劣特性。一般来讲,生产者要评估中间商经营时间的长短及其成长记录、清偿能力、合作态度和声望等。当中间商是销售代理商时,生产者还须评估其经销的其他产品大类的数量与性质、推销人员的素质与数量。当中间商打算授予某家百货公司独家分销时,则生产者尚需评估商店的位置、未来发展潜力和经常光顾的顾客类型。

#### 2) 激励渠道成员

生产者不仅要选择中间商,而且还要经常激励中间商使之尽职。即使中间商进入渠道的因素和条件已构成部分的激励因素,但仍需生产者不断地监督、指导与鼓励。生产者不仅利用中间商销售商品,而且把商品销售给中间商。这就使得激励中间商这一工作不仅十分必要而且非常复杂。

激励渠道成员,使其具有良好的表现,必须从了解各个中间商的心理状态与行为特征入手。许多中间商常受到如下批评:①不能重视某些特定品牌的销售,②缺乏产品知识,③不认真使用供应商的广告资料,④忽略了某些顾客,⑥不能准确地保存销售记录,甚至有时遗漏品牌名称。

了解了中间商的心理状态后,在采取激励措施时,生产者尽量避免激励过分和激励不足两种情况。当生产者给予中间商的优惠条件超过他取得合作与努力水平所需条件时,就会出现激励过分的情况,其结果销售量提高,而利润下降。当生产者给予中间商的条件过于苛刻,以致不能激励中间商的努力时,则会出现激励不足的情况,其结果是销售量下降,利润减少。所以,生产者必须确定应花费多少力量以及花费何种力量,来鼓励中间商。生产者在处理他与经销商关系时,常依不同情况而采取 3 种方法:合作、合伙和分销规划。

合作。激励的目的是设法取得中间商的合作。生产者多利用高利润、奖赏、津贴、销售比等积极手段激励中间商。如果这些不能奏效,他们就采取一些消极的惩罚手段,例如,威胁减少中间商的利润,减少为他们所提供的服务,甚至终止双方关系等。这些方法的根本问题,是生产者从未认真研究过经销商的需要、困难及优缺点。

合伙。一些老于世故的企业往往试图与经销商建立长期合伙关系。这就要求制造商必须深入了解他能从经销商那里得到些什么,以及经销商可从制造商那里获得些什么。这些都可用市场涵盖程度、产品可得性、市场开发、寻找顾客、技术方法与服务、市场信息等各种因素来衡量。制造商希望经销商能同意上述有关政策,并根据其遵守程度的具体情况确定付酬办法。

### 案例

某企业不直接付给经销商 25% 的销售佣金,而是按下列标准支付:①如保持适当的存货,则付 5%;②如能达到销售配额,则再付 5%;③如能有效地为顾客服务付 5%;④如能及时报告最终顾客的购买水平,则再付 5%;⑤如能对应收账款进行适当管理,则再付 5%。

分销规划。分销规划是制造商与经销商可能进一步发展的一种更密切的关系。所谓分销规划,是指建立一个有计划的,实行专业化管理的垂直市场营销系统,把制造商的需要与经销商的需要结合起来。制造商可在市场营销部门下专设一个分销关系规划处,负责确认经销商的需要,制订交易计划及其他各种方案,以帮助经销商以最佳方式经营。该部门和经销商合作确定交易目标、存货水平、商品陈列计划、销售训练要求、广告与销售促进计划。借助该部门的上述活动,可以转变经销商对制造商的某些不利看法。例如,过去经销商可能认为他之所以能赚钱,是他与购买者站在一起共同对抗制造商的结果。现在,他可能转变这种看法,认为他之所以赚钱,是由于他与销售商站在一起,成为销售商精密规划的垂直市场营销系统的一个组成部分的缘故。

### 3) 评估渠道成员

生产者除了选择和激励渠道成员外,还必须定期评估他们的绩效。如果某一渠道成员的绩效过分低于既定标准,则须找出主要原因,同时还应考虑可能的补救方法。绩效评估的具体措施有:

(1)生产者与中间商就签订了有关绩效标准与奖惩条件的契约,在契约中应明确经销商的责任,如销售强度;绩效与覆盖率;平均存货水平;送货时间;次品与遗失品的处理方法;对企业促销与训练方案的合作程度;中间商对顾客须提供的服务等。

(2)除针对中间商绩效责任签订契约外,生产者还须定期发布销售配额,以确定目前的预期绩效。生产者可以在一定时期内列出各中间商的销售额,并依据销售额大小排出先后名次。这样可促使后进中间商为了自己的荣誉而奋力上进,也可促进先进中间商努力保持已有的荣誉,百尺竿头,更进一步。

需要注意的是,在排名次时,不仅要看各中间商销售水平的绝对值,而且还须考虑到他们各自面临的各种不同的可控制程度的变化环境,考虑到生产者的产品大类在各中间商的全部产品组合中的相对重要程度。

测量中间商的绩效,主要有两种办法可供使用:

第一,将每一中间商的销售绩效与上期的绩效进行比较,并以整个群体的升降百分比作为评价标准。对低于该群体平均水平以下的中间商,必须加强评估与激励措施。但对后进中间商中的因当地经济衰退,主力推销员的丧失或退休等因素造成绩效降低的,制造商就不应对其采取任何惩罚措施。

第二,将各中间商的绩效与该地区的销售潜量分析所设立的配额相比较。即在销售期过后,根据中间商的实际销售额与其潜在销售额的比率,将各中间商按先后名次进行排列。这样,企业的调查与激励措施可以集中于那些未达既定比率的中间商。

## 学习任务3 中间商

### 10.3.1 中间商的概念

中间商是指介于生产者与消费者之间,专门从事组织或参与商品流通业务,促进交易行为实现的企业和个人。在商品经济条件下,商品交换一般是以中间商为媒介进行的。以中间商为媒介的商品交换活动,是以生产者出售商品开始的。生产者出售商品(W—G),表现为中间商购买商品,是交换的第一阶段(G—W),此时中间商获得了商品的所有权,但交换还没有结束,中间商载着从生产者传递过来的商品继续向交换的终点——消费者运动,最终将商品出售给消费者(W—G),完成交换的第二阶段,实现商品交换,消费者成为商品的所有者,商品从生产领域进入消费领域,完成"惊险的一跳"。

## 10.3.2　中间商的作用

(1)简化交易联系,扩大交换范围,加速商品流转,保证市场供应。如果没有中间商的介入,生产者直接销售,这就意味着每个生产者要同许多消费者发生交易关系,生产者就要投入大量的人力、物力、财力来承担流通任务,对生产者来说使交易变得复杂,而且由于生产者自身条件所限,交换范围和市场供应受到很大限制,供求矛盾突出。中间商的介入,由于其专业性强,联系面广,熟悉市场,掌握供求规律,能加快商品转化,调节供求矛盾,减少商品占压资金,增加生产的资金,简化生产者的交易联系,为生产者节约时间、人力、物力、财力,使生产者为社会创造更多的价值。

(2)集中、平衡和扩散商品,均衡地按照消费者的需要组织商品实体转移。中间商发挥其组织商品流通的技能和特长,把若干个生产企业所生产的商品采购集中,进行分类,根据不同的市场需求,从品种、数量和时间上加以平衡分配,然后推销扩散到各地,以满足不同地区广大的消费者的需要。中间商从收购商品开始,到向消费者出售商品为止,始终伴随着商品实体的位移,且这种位移能均衡地按照消费者的需求进行。

(3)沟通信息,促进产需更好地结合。中间商联系面广,承担着商品的购、销、调、存的具体业务,沟通生产者和消费者之间的经济联系,能及时收集和掌握来自生产者和市场的信息,传递给消费者,并把市场和消费者的信息反馈给生产企业,促进产需结合。

## 10.3.3　中间商的类型

中间商是介于生产者于消费者之间专门从事商品流通活动的组织和个人。中间商可从多种角度进行划分,中间商按其在流通过程中所处的环节分为批发商和零售商,按中间商是否拥有所经营商品所有权划分,可分为经销商和代理商。

### 1) 批发商和零售商

(1)批发商。批发商是指供进一步转售或进行加工而买卖大宗商品的经济行为(交易行为),专门从事这种经济活动的商业企业叫批发商业企业(国外均称批发商)。从市场学角度看,衡量其是否属于批发商,关键看其购买动机和目的。一般说,凡是其购买行为是为了进一步转卖或供其他商业用途都是批发交易。供进一步转卖一般是对零售商而言,供进一步加工生产是对加工生产企业出售所需要的生产资料,原材料、零配件等而言,所以说凡是经营批发交易的组织和个人就是统称为批发商。一般说来,批发商处于商品流通的起点和中间环节。批发商在商品流通过程中始终表现为中间环节,批发交易行为结束了,商品流通并没有结束。当批发商的购买对象是商业企业(不管是批发还是零售),商品还要继续流通,当购买者是生产企业时,商品的使用价值虽被消耗,但商品的价值却依赖于生产者的劳动转移到新产品中去,并随着新产品的诞生重新出现在流通领域。批发商与零售商相比具有交易频率低而每次交易数量大的特点。

批发商在分销渠道中主要表现为以下功能:

①组织货源(购进)。批发企业和许多生产企业直接发生经济往来,工业企业的大部分产品,尤其是轻工业产品只有通过批发商的收购才能销售出去,即工业企业只有先卖才能再买,其再生产才能维持甚至扩大,从流通看,批发商的收购是市场商品流通的起点,它给商品的储存和销售、合理地安排市场供应提供了一个物质基础,所以组织货源、搞好收购是批发商的首要任务,购好才能销好。

②储备商品(储存、存货)。社会产品离开生产过程进入流通领域,在它进入最终消费之前,必须停留在流通领域之中,形成必要的商品储存,而这种储存是商品流通不断进行的条件,流通领域蓄水池的职能主要由批发商来承担,这样合理的储存商品就成为批发商的重要任务。当然,这还应区分合理储存与商品积压的关系。存货一方面可以减轻生产者的资金负担;另一方面可以便于零售商随时据市场需求变化进行购货,也减轻了零售商的存货负担。

③提供信息。批发商接近市场又接近工业用户,有利于收集市场情报及时将有关生产、技术产品的质量、市场需求动态的有关信息提供给生产企业。批发商往往还是经营方面的专家,联系面广、有条件向零售企业提供价格和有关基础性能等方面的信息,协助零售企业搞好陈列、推销、提高服务质量。

④商品调运(运输)。商品调运任务通常由批发商承担,批发商要及时、安全地把商品调运到消费地往往还要经过中转,因此,运输中有节省运输费用,走最短

的运输路线,用较少运输时间进行合理运输的问题,如何将商品源源不断地供应给众多的零售商的确是个繁重的任务。

⑤商品分类(分级)。商品分类在流通过程中有两种,一是工业分类,二是商业分类。工业分类具有品种单 ,同种品种批量大的特点,这种分类适合于生产消费需要。商业分类具有品种多样,不同品种批量小的特点,它适应着消费市场需要。由于存在这两种不同形式分类,二者之间又是矛盾的,这就需要批发企业进行商品的挑选、分装、编配和必要的加工。把商品从生产分类改为商业分类,以适应零售企业进货,适应个人消费需要。

⑥资金融通。资金融通指批发商向小型零售商开展的赊销业务,一方面可以有助于零售企业的正常销售和资金周转。另一方面减轻了生产企业的信贷风险。

西方企业一般将批发商的任务分为 8 个方面, 即:购买、销售、分割、运输、财务融通、仓库、风险负担、管理服务(咨询)。

批发商按所经办商品是否拥有所有权可划分为 3 种主要类型:

①买卖批发商。也叫商人批发商、独立批发商。对其所经营商品拥有所有权。买卖批发商按其经营商品范围可划分为:

A.普通批发商。即一般批发商,这种批发商经营普通商品、一般货物,而且经营范围广、种类多,销售对象主要是普通日杂店、小百货店、五金商店、电器店、药店等。

B.产品线批发商。它经营的商品仅限于某一类商品,且这一类商品的花色、品种、规格、厂牌都较齐全。

C.专业商品批发商。它经营产品线中有限的几种产品项目,专业化程度高,主要同大零售商和专业零售商进行交易。生产资料商品专业批发商一般都专门经营技术性或需要销售后服务的工业品批发的批发销售。

②商品代理商。商品代理商是指从事购买或销售或二者兼备的洽商工作,对商品没有所有权的商业单位和个人,其主要职能在于促成商品的交易,借此赚取佣金和报酬。在同一笔交易中,他们通常不同时代表买卖双方。

③制造商的营业部和销售机构。这是一种为制造商所有,专门经营其产品的批发销售业务的独立机构,与制造商是隶属和所有的关系。

(2)零售商。零售商是指将所经营的商品直接出卖给最终消费者的个人或组织。作为生产和消费的中介,零售商处在中介地位靠近最终消费者的一端;在流通领域内,零售商处在商品运动的终点,商品经过零售便进入消费领域,实现商品价值。因此,其销售活动是在营业员和最终消费者之间单独、分散进行的,一般有特定的交易场所,各种商品与消费者直接见面,并随着商品的出售向消费者提供服务。

零售商有以下特点：

①零售商的销售对象是最终消费者。主要包括：消费者个人、家庭、从零售商购买商品用作消费的机关团体等。商品经过零售，便离开流通领域进入消费领域，实现商品价值。

②零售商的交易较批发商频繁，且每次交易的量小。由于零售商的销售对象是最终消费者，所以作为个人和家庭的消费需要量较小，而购买次数却较为频繁。

③零售商的地区分布较批发商广，一般分散在全国各地广大最终消费者中间。这是由零售商所处的地位决定的，零售商是专门从事零售贸易，直接为广大最终消费者服务的单位，而各种商品的最终消费者分散在全国各地。

零售商的作用也是由于它处于流通中的地位所决定的。由于它处于流通领域的终端，直接联结着消费者，完成着产品最终实现价值的任务，其作用有：

①实现商品价值，促进社会再生产的发展。在商品经济条件下，工厂生产的产品几乎全部是作为商品来生产的。生产资料的生产通过商品交换转化为生活资料生产的条件，为生活资料的生产服务。生产资料生产的有效性，最终要通过生活资料生产的有效性来实现或表现；因此，零售商是商品经济条件下的社会全部产品实现其最终的实际有效性的渠道。商品通过零售商销售给最终消费者，才能使商品的价值和使用价值最终得以实现，才能补偿在生产中消耗的价值，增加国家财政收入，为国家积累资金，促进社会再生产的发展。零售商销售情况的好坏会引起整个商品流通过程和社会再生产一系列环节的连锁反应，影响整个经济的发展。如果零售商经营情况好，销售繁荣，批发贸易就会畅通兴旺，从而促进生产的扩大，带来社会经济的发展；反之，如果零售商销售状况不佳，商品在零售环节积压，产品的有效性实现不了，就会引起批发贸易和社会生产的停滞，从而导致整个社会经济的衰退。

②为消费者提供多种方式的服务。零售商向生产企业或批发商采购商品，汇集不同厂家、不同品种、规格、花色的商品供消费者选购。同时，伴随商品的销售向消费者提供服务，根据消费者在购物、使用过程中的困难提供帮助。例如，送货上门、维修、提供零配件、赊购和分期付款信用、向消费者传递信息、公开交易、维护消费者利益等。

零售商的类型可按不同的标准进行划分，这里只介绍几种典型的零售商组织形式：

专业商店。是一种专门经营一类或几类商品的商店。大体有专营钟表、食品、皮货、服装、毛织品、蔬菜等，有的只经营本行业商品，有的兼管其他行业，但在消费上经营有连带性的商品都称为专业性商店(像筷子商店,不仅是经营筷子,饭桌上其他餐具也都经营;又如礼品商店,既有床上用品又有工艺品、灯具、皮箱等)这种商店将随商品经济的发展越来越多,越来越细。其特点:经营的商品种类上比较单一,专业性较强(系列少,项目多,深度大)具体的商品品种、花色、规格比较齐全,它有利于消费者广泛挑选。同时,也是研究消费者需求变化的典型场所。

百货商店(百货公司)。是一种大规模的经营日用工业品为主的综合性的零售商业企业,经营的商品类别(系列)多,同时每类商品(每条商品线)的花色、品种、规格齐全(项目多),实际上是许多专业商店的综合体。一般以大、中型居多;从日用品到食品,从工业到土特产品,从低档、中档到高档品都经营,综合性强,它又是高度组织化的企业,内部分设商品部或专柜,商品部相对独立(一般半独立核算),可自己负责商品进货业务,控制库存,安排销售计划。1862 年,法国巴黎的"好市场"是世界第一家百货公司,百年来,百货公司仍是零售商业的主要形式之一。美、日、法等国的大型百货公司,销售的商品多在 25 万种以上,最高的达到 50 万种。百货公司又是城市一、二级商业群的骨干企业。

超级市场。是一种消费者自我服务、敞开式的自选售货的零售企业。它是第二次世界大战后发展起来,最先在欧美兴起,现在欧美十几个国家中已有超级市场20 万个。

超级市场一般经销食品和日用品为主,其特点主要是,①薄利多销,基本上不设售货员,经营中低档商品;②商品采用小包装、标明分量、规格和价格;③备有小车或货筐、顾客自选商品;④出门一次结算付款。

超级市场规模,营业面积小的有 8 000 平方英尺约合 180 平方米,最大的有18 000平方英尺,约合 1 620 平方米。日本最大的大荣超级市场有 15 个店铺(不在一个地方)营业面积有 993 000 平方米。超级市场的经营范围,初期的超级市场以食品为主,兼售少量杂货;目前除上述外还兼营化妆品、文具、五金、服装等,多达七八千种,目前向综合服务发展,增设停车场、咖啡馆、俱乐部、电影院以及银行、保险、邮政等各种服务设施,发展很快,日本的超级市场销售额已超过百货公司。超级市场的商品包装,真正成为"无声的推销员",要代替售货员介绍商品,因此其包装具有介绍商品名称、用途、产地、用法、价格、质量及特点的功能。超级市场的优点:省人(节省劳动力和劳务开支),省地(充分利用营业面积),省钱(节省投资),省时(不用排队,手续简便),干净(尤其是副食、蔬菜)。

折扣商店。是二次大战之后兴起的有影响的零售企业,它也是一种百货公司,主要以低价竞销,重点经营,不限制营业时间,自助选购。20 世纪 40 年代曾与百货商店有过激烈的竞争,出售商品以家庭生活用品为主,其特点是:①它出售的商品价格比一般商店低。②出售全国性牌号商品,保证质量。③采取自动式售货,很少服务。④店址不在闹市区。⑤设备简单,折扣商店明码标价,但出售时给予一定折扣。折扣商店经营的主要商品是家庭耐用商品,如洗衣机、电视机、收音机等。

样本售货商店。这种商店,主要出售毛利высок,周转快的名牌货,包括装饰品、电动工具、皮箱、皮包、摄影器材等。这种商店即有彩色样本,除本土实物照片之外,标有货号、价格以及折扣数,顾客可凭样本打电话订货,由商店送货到家,提取货款和运费。如果顾客需要取货,商店设有陈列室,把各种商品放在玻璃橱中,可供展览。这是一种很新的销售方式。20世纪60年代后期美国开始建立这种商店之后,成为最热门的零售方式之一。

自动售货机。第二次世界大战以后,自动机售货的商品不断增加,目前出售的商品已由香烟,软饮料、糖果报纸等,扩大到化妆品,唱片、磁带、袜子、胶卷等。在美国,自动售货机遍及各种场所,大型零售店、加油站、咖啡馆,以及火车餐车,娱乐场、学校、机关等常设有售货机,无人看管,只有工人定期巡回补货。自动售货的缺点是经营费用很高,机器常需要经常保养和修理,所以自动售货的商品价格比正常零售价稍高一些,宜于采用自动售货的商品多半是人们信得过的名牌货,而且限于单价稳定,体积小,包装或容量标准化的商品。自动售货在日本还发展为自动吹风机,自动电话出租机。

连锁商店。指的是在同一资本系统的统一管理之下,分设两个以上的商店。其经营业务在一定程度上受总店的控制,每一家商店都是这个集团的构成单位。一般总店控制范围有:①统一店名,对商店地点的选定,设施的提供,主要人员的安排和教育均由总店负责;②商品的采购、保管和广告由总店控制;③总店直接向厂家进货,发送给各商店,并规定经理的销售权利。这种商店的主要特点是:其管理制度相当标准化。连锁组织中各家商店在计价上、宣传推广上以及售货方式上都有统一形象,使消费者无论走到哪里从视觉上首先感到是同一组织的连锁商店。一般说来,商店与工厂不同,单纯靠商店的大型化来提高销售效率,不切实际,也不可能都有条件,竞争效果不一定好。而连锁商店规模适当、数量较多、分布面广,就能获得大规模经营的各种主要利益(好处):①能提高和扩大商店规模经营的声誉。②由于这类商店统一进货,又是直接与生产厂家或自身企业经营的工厂建立直接的产销关系,进货批量大、不经批发商转手、经营费用低,因此价格低,可以享受特别折扣,运输成本也低。③在市场预测、存货、定价策略和宣传推广技术方面都有比较进步的管理办法,因而经济效益较高。④由于总公司实行产销直挂,这样产品的质量、性能、包装、进货时间均可据商店和顾客的要求设计和改进,以满足各方面的需要。其缺点是:由于集中进货、统一管理,各个商店往往缺乏因地制宜的灵活性。这种商店在美国一般是指在同一资本系统下拥有很多家商店（通常在11家以上）才能称作连锁商店组织，有的叫"联销网"，在英国叫"多支商店"。

购物中心。其形式可分为两种：①相当于商场的形式，设立在公共建筑物中由出售食品和日用品的零售商业组成；②相当于商业街的形式，这类购物中心位于住宅区附近，有的位于市中心或交通枢纽。在这个区域内，商业中心一般是以百货商店和超级市场为主，此外，尚有各种类型专业商店、食品店、饭菜馆、银行等形成一个区域性购买中心（我国称为零售商业群）。例如，日本位于大阪郊区的千里购物中心，就以百货商店和超级市场为主配以各种食品店、日用品店、专卖店、饭馆和娱乐场所，形成一个商业服务中心。

协同营业百货商店。一些国家的产业资本家，自己不经营零售业务，而是在适当地点建造高层建筑或宽敞市场，专供小零售商租用，这些零售商协同营业起了百货公司的作用，但是他们在组织上没有什么关系，协同营业商品品种齐全，各有特色。

特许代管组织。是与连锁店较相似的另一种组织形式，是近30年来与连锁商店竞争最激烈的经营方法。特许代管组织是由特许人、一家制造商、批发商或服务组织为一方，若干特许代管人（若干家批发商或零售商）为另一方，以契约式固定下来，独立经营、自负盈亏。特许代管组织形式在国外有三类：第一类是由制造商筹组的零售商特许代管，即生产厂主持组织零售商而构成的机构。这种组织有的是厂家为了能得到零售商的积极协助而提供一定资金，让零售商参加股份，以扶助零售商，也有的是由厂家组织自愿连锁商店，吸收零售商参加。日本的资生堂就属此类型，连锁商店84家营业面积62.5万平方米，年销售额达4 885亿日元。美国福特汽车公司有许多特许代管零售商，按照福特公司规定的销售方式和服务标准出售福特汽车。第二类是制造商筹组的批发商特许代管。如可口可乐公司，给不同市场的装瓶商以特许代管，这些装瓶商向可口可乐公司买进可口可乐晶，自己冲制，然后购买公司的瓶子装瓶后，向零售商出售瓶装可口可乐。第三类是服务性行业筹组的零售商特许代管，这种形式在快餐业汽车出租业应用较多。此制度广泛流行美国已有45万家。

### 2）经销商和代理商

（1）经销商。经销商泛指拥有商品所有权的批发和零售商。其特点是：①拥有商品的所有权和经营权，独立自主地开展商品购销活动，独立核算、自负盈亏。②一般都有一定的营业场所和各种经营设施。③有独立的购买商品的流动资金。④承担商品的经营风险。

（2）代理商。代理商即商品代理商，不拥有所经营的商品的所有权，受委托人委托、代理商品采购或销售业务，从代办业务中取得一定数量的佣金。其特点是：本身不发生独立的购销行为，对产品不具所有权、不承担市场风险、有广泛的社会关系、信息灵通等。

按代理商与委托企业的业务联系的特点可分为企业代理商、销售代理商、寄售商和经纪人。

①企业代理商。企业代理商是指受生产企业委托，签订销货协议，在一定区域内负责代销生产企业产品的中间商。企业代理商和生产企业间是被委托和委托的关系，它负责推销商品，履行销售商品业务手续，生产企业按销售额的一定比例给它酬金。通常，生产企业在产品消费对象少而分布面广时，以及推销新产品、开拓新市场时，借助于企业代理商的帮助。

②销售代理商。销售代理商是一种独立的经销商，它代理制造商销售全部产品，并为制造商提供更多的服务。如设置产品陈列和负责广告全部费用等。资金雄厚的销售代理商还以票据或预付款等方式向制造商提供资金方面的帮助（可以不用先给钱）此外，销售代理商还经常派人参观国内外各种展览会，进行市场调查和搜集各种市场情报资料，供制造商参考。销售代理商实际上就是制造商的产品销售组织，它把自己的命运同制造商的发展联系在一起。

销售代理商是一种独立的中间商，受委托全权独家经销生产企业的全部产品。销售代理不受销售地区的限制，并对商品销售有一定的决策权。销售代理商实际上是生产企业的全权独家代理商，双方关系一经确定，生产企业自身不能再进行直接推销活动，而且同一时期只能委托一个销售代理商。正因为如此，销售代理商要对生产企业承担较多的义务。如：在代销协议中，一般规定在一定时间内的推销数量，还规定销售代理商不能同时代销其他企业的类似产品，并向生产企业提供市场调查预测情报，负责进行商品的陈列、广告等促销活动。

③寄售商。寄售商是受委托经营现货代销业务的中间商。生产企业根据协议向寄售商交付产品，寄售商将销售后所得货款扣除佣金及有关销售费用后，再支付给生产企业。寄售商要自设仓库或营业场所，以便储存、陈列商品，使顾客能及时购得现货。因此，委托寄售商销售产品，对发扬潜在购买力、开辟新市场、处理滞销产品有较好的作用。

④经纪人。经纪人也是一种代理商，大业务只是介绍买卖双方，帮助双方磋商交易，由委托一方付给佣金。他们同制造商没有固定的联系。今天代表这个制造商卖东西，明天又可能代表另一个制造商卖东西。有的经纪人还代表别人买东西，同其他代理商一样，对产品没有所有权，主要为买卖双方提供产品和价格的市场行

情,协助双方进行货易谈判。由经纪人参加的销售渠道,在粮食、矿产品和基本化工原料市场上常见,最常见的有食品经纪行,房地产经纪行,保险和证券经纪人。经纪人是既无商品所有权,又无现货,不承担风险,只在双方交易洽谈中起媒介作用的中间商。在一般情况下,经纪人和买卖双方均无固定联系,成交后提取少量的佣金。

## 单元小结

本单元阐述了企业分销渠道策略,包括分销渠道概述、中间商、分销渠道决策等内容。通过本单元学习,应该了解企业分销渠道的作用,理解分销渠道的概念、功能和分销渠道所涉及的重要流程;了解渠道的一般模式和渠道系统的发展,理解并掌握中间商的类型以及企业选择中间商的标准;理解选择分销渠道应该考虑的因素,理解并掌握分销渠道策略。

## 案例分析

### 高科塑业:打造营销通路新模式

企业的营销通路系统是企业产品通向其目标顾客的通道,是整个营销系统伸向市场的"触角",应该保持高度的灵活性,而这种灵活性的获得在很大程度上取决于系统内信息流的情况。同时,在企业的产品或服务的价格构成中,营销通路通常要占15%~40%,这个数字反映出变革通路对提高企业竞争力和利润的潜力。但通路是目前市场中最混乱的一块,也是变数最多的一块,以电脑和互联网为代表的现代技术正推动着生产力高速发展,也使沟通、传播、营销和服务方式发生了巨大的变革。

一、矛盾重重的塑钢行业营销通路模式

2002年5月,当高科塑业的老总找到青禾企业营销策划有限责任公司的时候,国内塑料型材和塑钢门窗的市场还是矛盾重重的。

1. 塑钢行业的市场竞争态势

塑钢门窗自20世纪80年代初进入我国推广使用,至90年代已逐步普及到工业、民用等各个领域。截至目前,在四类门窗的使用中,木钢占10%,铝合金占80%,塑钢占10%。2001年国内已有型材生产企业400余家,生产线3 300条。全国总产能达160万吨,实际销售80万吨。塑料型材生产企业前两名为大连实德

(28 万吨)和芜湖海螺(15 万吨),万吨以上的型材厂家也仅十几家。近几年塑料型材的市场增长速度为年 20%。2001 年全国塑钢门窗组装厂近 10 000 家,年组装能力达 2 亿平方米,实际组装塑钢门窗 8 000 万平方米。

而从市场的竞争态势来看,全国范围内已有 40 余家较有实力的塑钢品牌参与竞争,其中以实德和海螺为领导品牌,两者销售量占市场总量的 50% 以上。从产品系列分析来看,实德有 13 个系列,海螺有 8 个系列,也占据着行业的领导地位。其余企业均有 2~7 个系列不等。从产品价位而言,实德在 10 600~11 000 元/吨,海螺在 9 000~10 000 元/吨,高科跟随实德价格,在 10 400 元/吨左右。从整体来看,高科塑业于 2001 年进入型材市场,是塑钢行业的新生力量。

2. 塑钢行业的销售通路建设

从销售队伍及销售网络而言,实德已在全国范围建立了近 80 家分公司、销售中心或办事处,海螺也已在全国范围建立了近 30 家分公司或办事处,其余厂家均为局部省份区域性销售。

从销售模式分析,型材销售大同小异,通路以公司直销方式和经销商(组装厂)方式两种方式为主,并配合业务代表直接跑工程订单,指定型材加工来销售型材的方式。对于有品牌的型材而言,经销商(组装厂)利用自己的客户关系和开发能力销售型材。同时部分型材企业借助政府部门的权力和政策推动自己的型材销售,部分品牌企业以组建足球队、投放电视媒体、户外路牌等形式广告来塑造型材品牌,扩大知名度,推动销售。组装厂对型材厂的谈判能力增强,品牌、价格、质量、规格配套成为选用型材的关键因素。

而目前通路模式的构成主要有:

在传统的通路模式中,企业考虑的主要因素有:厂家,各种规模的塑料型材生产企业;组装厂,各类塑钢门窗加工厂和安装队;用户,房地产开发商及单位工程、个人 2 类用户。型材生产厂家先是直接跑工程用户,等拿到工程方的进货合同之后,再由工程方出面与组装厂联系,让组装厂购买生产厂家的型材,最后由组装厂完成型材的加工和最终成品门窗的安装。这样做的直接后果是,型材生产厂家与组装厂不能形成紧密的协作关系,而只是松散的供货关系,因而最终提供给消费者的成品门窗质量也就往往难以保证,因为型材的生产、加工和门窗的安装三个环节是完全脱节的,无法进行有效的质量的监控。这种现状不仅给消费者利益的实现和保障带来严重的威胁,也促成建材行业的无序竞争,这便形成了建材市场和门窗型市场的巨大黑洞。

二、新生的高科塑业

经过对塑钢行业的营销通路模式的考察诊断,我们整理出高科塑业营销通路

模式发展的三个阶段:

起航——高科塑业营销通路模式创新的第一阶段

时间:2002 年 4 月—2002 年 6 月

目的:对高科塑业现有通路模式的考察和总结,确立企业通路建设模式的发展战略,为企业实施新的通路模式提供数据、观念上的支持。

高科塑业现有通路模式的总结:经过对高科塑业省外市场销售资料和信息的深入研究和分析,青禾企划总结提出两种省外型材销售模式:自营模式和总经销商模式。下面就这两种模式在现实工作中的运用和特点进行一个全面的分析与比较:

市场态势的考察:

1.越来越难于把握的市场。

"不是你不明白,是这市场变化太快"。如今企业所处的市场环境比以往任何时候都更难以把握。转型中市场环境的特征反映在通路系统中就是充满了不确定性,如具有短期利益驱动特征的经销商、信誉与商业论理的缺乏、地方保护主义。

信息技术的发展加剧了环境的不确定性。随着互联网等信息技术的广泛应用,市场在空间上的边界被打破。同时,高科塑业所处的高技术行业,层出不穷的技术变革速度的加快,信息的爆炸性增长都促使各种环境要素之间的联系更加复杂,更加难以预测。同时,各地营销渠道的迅速同一化也加剧了不确定性的程度。

2.越来越难以捉摸的顾客。

随着市场经济的发展,买方市场的来临,那种供不应求时代以生产者为中心的时代也一去不复返了,取而代之的是消费者中心的回归。消费者成为生产经营活动的主导,消费者可以按照自己的需要和个性进行设计、采购和消费商品,企业必须按照消费者的需求特点来组织生产,因此,渠道通路的权利中心开始从渠道上游(制造商)向渠道的末端(零售商)转移。

高科塑业现行通路的 SWOT 分析:

结论:

1.型材通路销售模式的重要因素是:组装厂和用户(工程和个人客户)。所以采用现今流行通路销售模式的同时,必须在相同的通路模式基础上做出系统性,做好细节,做牢关系,才能建立在通路上的竞争优势。

2.最终客户、组装厂等因素均在不断变化中,要解决客户工程订单问题,需从其关系的因素入手;要解决组装厂的加工及主动采用与推介使用问题,创新势在必行,以满足客户的购买习惯和多种需求为标准,建立高科型材在市场中的主动地位。

扬帆——高科塑业营销通路模式创新的第二阶段

时间:2002年6—12月

目的:培育和建立高科塑业的战略联盟体

行为:在对高科塑业的现有通路模式的分析、市场态势的考察以及通路的SWOT分析之后,青禾专家们认为:高科塑业的竞争战略可以分为3个层次。一是以大力开发工程用户为中心,在现有通路销售模式中通过加强工作的系统性,注重工作的细节,同时通过关系营销,提高销售人员综合素质,最终达到提升高科取得工程订单的数量和能力、推动型材销售的目的;二是进行通路销售模式创新,突破组装厂这一重要环节,推动型材销售。突破厂家与组装厂松散合作关系,形成联盟,共同发展,最终推动型材销售;三是实施信息化战略,对能够提供信息来源的所有部门加强信息的搜集和挖掘。

为了达到这一战略目标,同时又保持企业的通路系统的相对稳定性和一致性,高科塑业就必须积极培育自己的"互动联盟体"。所谓"互动联盟体"是指是由高科塑业与组装厂结成的互动联盟,共同开发最终用户市场,即塑钢门窗市场。它是由组装厂(安装队)、高科塑业及联盟体管理部、互动联盟运行关键要素以及加盟条件4个部分构成。

互动联盟模式的实质:由单纯的型材生产厂,成为以型材销售为主,同时拥有和经营塑钢门窗的品牌,对门窗的加工、安装和服务进行掌控,形成型材和门窗产品的组合销售。从而实现"型材生产—门窗加工—安装到位"三位一体的营销模式,杜绝了门窗在生产、加工、安装和销售环节上可能出现的任何纰漏,让消费者一步到位地用上100%的优质门窗。在明确了"互动联盟体"的运作模式之后,高科塑业便可以组建起自己的新营销通路模式。

新营销通路模式:

新通路模式的核心是,在高科塑业原有通路销售模式基础上,以工程用户订单开发为重点,通过建立业务跑单规范,加强对跑单政策及反应速度的改善,实施客户关系营销以及加强信息支持等手段,提高跑单的系统性、细节性工作质量。同时通过建立的互动联盟体,构建塑钢门窗品牌,通过型材和品牌塑钢门窗的产品组合,从型材和门窗两方面来满足工程用户的需求,提升工程跑单成功率,从而推动高科型材的销售。

踏浪而行——高科塑业营销通路模式创新的第三阶段

时间:2002年12月至今

目的:完善高科塑业"互动联盟体"的各项配套机制,真正实现企业通路模式创新所带来的效益。

行为：青禾的专家们认为，高科塑业体制的创新还必须要企业促使各项配套措施的完善，才能使得通路模式创新为企业带来真正的效益。

首先是高科塑业组织结构的完善。在确立"互动联盟体"战略通路建设之后，企业必须建立起"联盟体管理部"，以有效管理企业的"互动联盟体"。

新的组织结构是在高科原有销售公司组织架构的基础上，新增信息服务中心和联盟体管理部两个部门。它们同销售公司内部其他部门平级，与其他部门之间的关系是协调、配合、团结工作的关系。这样在以信息服务中心为枢纽，以联盟体管理部为运作核心，其他相关部门进行配套运作的新型组织架构被确立。其次，配合企业组织架构的完善，企业还必须积极明确构建"互动联盟体"运作的关键因素及其组合。在这个过程中，青禾为企业确立了包含联盟体运作中的技术标准、加盟条约、技术支持、信息支持、品牌支持、铺货、订单和退出机制等 12 项关键因素，在对每项关键因素具体实施中的要求也进行了进一步地确立，从而为联盟体的具体运作制订了非常明确的路径依赖。

最后，依据企业确立的关键要素，企业可以充分加强对联盟体组装厂的选择、管理和运作。青禾专家组为高科塑业建立了一套完善的联盟体管理规章制度，从联盟体的加入考核条件，到加入的程序，到组装厂的日常管理，直到组装厂的退出程序。高科塑业互动联盟体中的组装厂都必须是经过高科塑业互动联盟体管理部的考核挑选，符合联盟体运作条件，并办理签订加盟协议书，质量保证金的缴纳等相关手续的组装厂。组装厂可在协议期内使用高科塑钢门窗品牌进行工程承揽招标，塑钢门窗加工安装，并大量接受来自高科的塑钢门窗工程订单，指定使用高科型材及组件，并按照高科塑钢门窗的质量控制标准进行加工，接受高科塑业的质量检查，保证双方共同受益，也为企业与联盟体之间的可持续发展提供了制度上的保证。

三、一路凯歌——高科塑业营销通路新模式的绩效评价

在高科塑业确立了以建立"互动联盟体"为企业通路新模式的战略目标之后，在遵循公司的发展互动联盟体的各项规章制度的基础上，经过严格而慎重的挑选，短短几个月，高科塑业公司已经与 14 家颇具实力的组装厂结成了互动联盟体，共同宣言，并以高质量的型材、高标准的加工技术、高水平的安装服务，为消费者提供最满意的"产品"。

高科塑业公司在全国门窗市场率先采用的"型材生产—门窗加工—安装到位"三位一体的营销模式，杜绝了门窗在生产、加工、安装和销售环节上可能出现的任何纰漏，让消费者一步到位地用上 100% 的优质门窗。同年底，企业举办的"百万元免费更换劣质塑钢窗"活动，场面火暴，在全市、全省、全国引起了轰动效应。

相信,高科塑钢窗在互动联盟体的质量保证下,在品牌的强大运作下,必然会成为高品质门窗的象征。

分析讨论:

1.高科塑业在进行营销模式调整过程中,经过了哪些步骤,有何必要?

2.高科塑业新的营销模式与传统的模式有何区别,有何种优势?

## 同步测试

1.简述分销渠道涉及的重要流程。

2.比较经销商与代理商的区别。

3.影响分销渠道选择的因素主要有哪些?

4.作为一家地方性的儿童食品企业,你认为应该选择何种类型的分销渠道策略? 在选择中间商的时候,应该考虑哪些条件?

5.目前很多企业热衷于越过批发商,直接向零售商供货,这对批发商的生存和发展提出了挑战。请分析批发商应该如何应对。

## 实训项目

调查某一企业(或根据二手资料),在掌握相关情况基础上,按照分销渠道设计的步骤和影响因素来为该企业制订一份分销渠道方案。

实训目标 分销渠道方案设计

实训组织

1.学生分组,教师指导进行企业分销渠道调查或收集整理材料。

2.结合材料,从某一角度规划企业分销渠道。

# 单元 11

# 促销策略

## ◆ 学习目标

1. 理解促销组合的基本内容。
2. 掌握促销工具的运用技巧。
3. 初步地使用促销工具开展促销活动、达成促销目标。

## ◆ 能力目标

1. 学会运用促销组合的策略技巧。
2. 能运用各促销方式开展促销活动。

案例导入

## 泸州大曲　酒好也怕巷子深

1874 年,清代大学士张之洞在川创建书院后,赴各州主持岁考。当年 9 月,他坐船行经泸州,忽闻岸上浓郁酒香,不禁酒兴大发,急派仆人往城内沽酒。人去半日方回,张之洞甚怒,责问:"为何去这么久?"仆人连忙答道:"回禀老爷,请息怒,先喝酒。"撕开酒罐封口套,顷刻满屋酒香,张之洞为之兴奋,咕咚咕咚喝了一大半后急问:"此酒购自何处?""此酒购自泸州南城外营沟头深巷里。"

结合市场情况,试讨论现今还能"酒好不怕巷子深"吗?

## 学习任务1 认识促销策略

### 11.1.1　基础知识

在现代营销中,企业设计好适需的产品,在同行业中确定合适价值货币表现形式——价格,并通过最接近目标市场的通路使货品能够接触终端消费者,这时候只差临门一脚即促销。促销是企业通过人员和非人员的方式,沟通企业与消费者之间的信息,引发、刺激消费者的消费欲望和兴趣,使其产生购买行为的活动。

企业想要刺激消费、拉动消费就需要运用一系列促销工具。使用这些工具时,每一种工具都有各自作用,为了起到促进销售这一核心作用,企业往往更愿意整合使用促销工具,即使用促销组合。

促销组合,就是企业根据产品的特点和营销目标,在综合分析各种影响因素的基础上,对各种促销方式的选择、编配和运用。促销组合是市场营销组合的一个次组合,由人员推销、公共关系、销售促进与广告等基本要素有机构成。

### 11.1.2　促销的作用

企业在运营过程中有这样一句话:"企业一年发展在促销,十年发展在产品,百年发展在管理。"因此,要使产品销量每年有所突破,非常关键的一点是做好当年的促销。当然,企业的促销作用是多方面的,在此简单介绍。

### 1) 传递信息,强化认知

在产品正式入市前,企业必须把相关产品信息、情报传递给目标市场的消费者和中间商。对消费者来说,促销能够把企业的产品、服务、价格等信息传递给目标公众,引起他们的注意。对中间商来说,则是为他们采购合适的产品提供机会和条件,调动他们的积极性。同时,中间商也要向消费者介绍商品,提供信息,吸引更多的顾客,从而扩大销售。

### 2) 突出特点,诱导需求

由于同类商品较多且差别细微,消费者的辨认和识别就显得很困难。这时,企业可以通过适当的促销活动,宣传本企业的产品区别于竞争产品的不同之处,诱导和激发需求,在一定条件下还可以创造需求,从而使市场需求朝着有利企业产品的方向发展。

### 3) 指导消费,扩大销售

市场上同类产品增多,竞争激烈,同类产品相差甚微,而这种差别消费者不易发现。因此,企业就要采取行动,宣传自己产品的不同之处,使消费者对企业本身及产品有深刻印象,充分认识到本产品给消费者带来的利益。

### 4) 形成偏爱,稳定销售

由于市场竞争日益激烈和企业自身的各种因素,使有的企业全年销售量呈曲线式波动,这是市场地位不够稳定的表现。为使更多的消费者或用户形成对本企业产品的"偏爱",扩大市场的规模,达到稳定销售的目的。企业仅有质量上乘的产品和通畅的流通渠道是不够的,还必须通过本企业得力的促销活动,使消费者在市场竞争中能够识别本企业的产品,加深对本企业产品的了解,从而促进购买,达到稳定销售、稳定企业市场地位的目的。

## 11.1.3　促销的方式

促销作为企业与市场联系的主要手段,是企业能够作用市场的直接影响因素。企业能够运用的促销方式主要分为人员与非人员促销两种方式。

### 1) 人员促销方式

人员促销,即人员推销,是指企业派出推销人员直接与顾客接触、洽谈及宣传商品,以达到促进销售目的的活动过程。它既是一种渠道方式,也是一种促销方式。一般来说,单位价值高的新产品,地产地用的产品,根据用户需求特点设计的产品,以及性能结构复杂、需要示范的产品,适宜用人员促销方式。

### 2) 非人员促销方式

非人员促销是指企业通过非面对面方式与消费者进行联系,发布产品信息、刺激消费、促成销售的活动过程,非人员推销一般有3种形式:

①广告,是通过一些广告媒体向消费者宣传商品,传递信息。在推销人员来到前或到达不了的地方向更多的人宣传商品,即通过非企业所有的媒介物向市场传递信息。

②公共关系,是为了使潜在消费者对本企业的商品产生好感,扩大企业知名度,向广大消费者制造舆论而进行的宣传。

③销售促进,是为了刺激消费者立即采取购买行动而进行的一种特殊促销方式,是通过企业所有的媒介物向市场传递信息刺激消费。

一般而言,价值比较低的日用品及便利品,或企业需要以最快速度抢先占领市场的产品,适宜用非人员促销。这类产品的市场范围较大,市场需求有看涨的趋势,通过进一步宣传就能大幅度地提高市场占有率。

## 11.1.4 促销的基本策略

促销策略是市场营销组合的基本策略之一。促销策略是指企业如何通过人员推销、广告、公共关系和营业推广等各种促销方式,向消费者或用户传递产品信息,引起他们的注意和兴趣,激发他们的购买欲望和购买行为,以达到扩大销售的目的。根据促销方式的出发点与作用的不同,可分为推式与拉式两种促销策略:

### 1) 推式促销策略

是由企业使用主动的推销方式,通过一定的中间渠道,将产品或服务最终推荐给消费者以实现销售目的的策略(图 11-1)。

制造商即企业以直接方式,运用人员推销等手段把产品推向销售渠道,其作用过程为,企业的推销员把产品或劳务推荐给批发商,再由批发商推荐给零售商,最

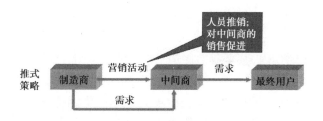

图 11-1 推式促销策略图

后由零售商推荐给最终消费者。当企业经营规模小,资金不充足;或目标市场较集中,分销渠道短,销售队伍大;或产品具有很高的单位价值,如特殊品,选购品等;或产品的使用、维修、保养方法需要进行示范;此时企业会选用推式促销策略。

**2) 拉式促销策略**

是指企业通过拉引的方式,激发顾客的购买兴趣,促使其产生购买欲望并进而采取购买行为的策略(图 11-2)。

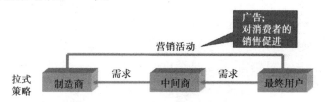

图 11-2 拉式促销策略图

在这种促销策略的指导下,企业采取间接方式,通过广告和公共宣传等措施吸引最终消费者,使消费者对企业的产品或服务产生兴趣,从而引起需求,主动去购买商品。其作用路线为,企业将消费者引向零售商,将零售商引向批发商,将批发商引向生产企业,这种策略适用于市场范围大,分销渠道长的产品;需要及时将信息传递给广大顾客的产品等。

## 11.1.5 影响促销方式的因素

在实际工作中,作为企业能直接运用的工具,应综合考虑以下几个因素来决定促销组合。

**1) 促销目标**

所谓促销目标,是指企业促销活动所要达到的目的。促销目标是影响促销组合决策的首要因素。广告、人员销售、销售促进和公共宣传等每种促销工具都有各自独有的特性和成本。营销人员必须根据具体的促销目标选择合适的促销工具组合。

例如,在一定时期内,某企业的促销目标是在某一市场激发消费者的需求,扩大企业的市场份额;而另一企业促销目则是加深消费者对企业的印象,树立企业的形象,为其产品今后占领市场、提高市场竞争地位奠定基础。显然,这两个企业的促销目的不同,因此,促销组合决策就不应该一样。前者属于短期促销目标,为了近期利益,它宜采用广告促销和销售促进相结合的方式。后者属于长期促销目标,其公关促销具有决定性意义,辅之以必要的人员销售和广告促销。在决策中,企业还须注意,企业促销目标的选择必须服从企业营销的总体目标,不能为了单纯的促销而促销。

### 2)产品因素

(1)产品性质。对于不同性质的产品,消费者的购买动机及行为是不同的,因此所采用的促销组合也相应不同,如图 11-3 所示。而促销工具的有效性,在消费品市场和产业用品市场会有很大的区别。经营消费品的企业一般会把大部分资金用于销售促进,接下来是广告、人员销售和公共关系等。而产业用品企业则通常会把大部分资金用于人员销售,然后是销售促进、广告和公共关系等。

销售促进
广告
人员推销
公共关系
消费品市场

人员推销
销售促进
广告
公共关系
工业品市场

**图 11-3　不同性质产品的促销组合**

一般来说,从事消费品经营的企业,较多地使用销售促进。因为消费品的购买频率高,分布面广,顾客众多,而每一次的购买量又比较少,使用人员推销工作量大,费用高,而销售促进和广告的效果更为显著。从事工业品经营的企业在促销活动中更多采用的是人员促销,因为工业品注重的是产品的技术性能,购买程序复杂,产品单位价值高且订货量大。至于营业推广和公共关系,无论是对消费品还是工业用品的促销,一般都属于次要的形式,起辅助作用。

(2)产品生命周期。企业的产品随着所处生命周期不同,有着阶段性的营销目标,因此应该针对该目标制订相应促销组合,开展某项具体的促销活动。产品生命周期分为市场引入期、成长期、成熟期及衰退期,促销组合的选用应配合具体周期(图 11-4)。

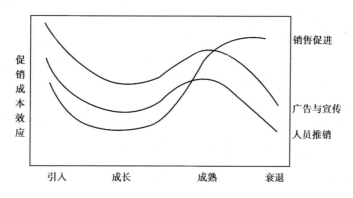

图 11-4　产品生命周期阶段

①市场引入期。一般来说,在产品导入市场时,消费者对商品根本不了解或知之不多,促销的目的在于扩大商品的知名度,诱导中间商进货和消费者试用,因而主要采用广告这一促销手段对商品进行一般的宣传和介绍,以期望在更广泛的领域扩大商品的知名度,必要时可辅以人员推销。但从原则上讲,商品在导入阶段不宜大量营业推广,以免用户对商品产生误解而导致商品在导入期内夭折。

②市场成长阶段。在市场成长阶段,企业的促销手段仍以广告为主,但重点在于宣传企业及产品品牌,树立产品特色,使更多的用户对本企业或企业的产品增加兴趣,产生偏爱,从而扩大产品的销售量。在这一阶段,广告仍是促销的主要手段,但此时的重点已经不是介绍产品了,而在于增加消费者的好感与偏爱,树立产品的特色。因而需要不断改变广告形式,以争取更多的消费者或用户,特别是争取本企业产品的品牌爱好者。

③市场成熟阶段。产品进入成熟阶段,将有大批的竞争者进入市场。这时的促销手段以广告为主,但注重于竞销。此时广告的内容多侧重强调产品的价值和给消费者带来的利益,以保持并扩大企业产品的市场占有率。同时,可以辅之以营业推广,设法吸引消费者,以巩固和坚定其在成熟期继续购买本企业产品的信心。

④市场衰退阶段。一般来讲,产品步入衰退阶段后,企业很少继续花费大量精力和财力进行促销,耗费大量的费用改变用户的习惯已经很难,因为处于衰退阶段的产品特色已为消费者所了解或熟悉,并且偏好已经形成。但是,处于这一阶段,也不是无事可做,企业可做一些提示性广告,与营业推广相结合,刺激产品的销售,维持尽可能多的销售量。

### 3）市场性质

不同的市场状况,有不同的销售特点,应选用不同的促销组合。首先,促销组合应随市场区域范围的不同而变化。如规模小且相对集中的市场,应以人员推销为主;对于范围广而分散的市场,则应以广告宣传为主。其次,促销组合应随着市场类型的不同而不同。消费品市场,产品多而分散,应以广告推销为主;生产资料市场,产品性能、质量要求高,技术标准严,应以人员推销为主。再次,促销组合应随市场上的潜在顾客的数量类型的不同而不同。顾客数量少而集中,应采用人员推销策略;顾客数量多而分散,宜采用广告推销等形式。

### 4）促销策略

促销策略包括推式与拉式促销策略。推式战略一般要求更多地使用人员销售和面向分销商的促销,即通过向各级分销渠道积极推销产品,使终端顾客接触终端陈列销售的产品而选择购买。推式战略中用于人员销售和销售促进的费用要多于广告支出。拉式战略与推式战略相反,通常要求在针对最终用户的广告和销售促进上分配更多的资金,即通过刺激最终顾客的购买需求,来推动各级分销商的订货需求。拉式战略往往更加注重和利用品牌效用。在拉式战略中,广告与销售促进配合更为重要。

### 5）促销预算

企业不论采用哪种促销策略和方式,都必须考虑费用的大小。促销方式的组合,也受到企业本身人力、财力、物力状况的制约。一般来说,人员推销费用最高,广告费用次之,营业推广和公共关系最低。企业应依据自身的人力、财力、物力来选择和运用促销组合,以尽可能低的促销费用取得尽可能高的促销效果。

## 学习任务2 人员推销

推销无处不在,每个人、每个产品、每个企业甚至国家都需要推销,以获得某种价值利益。在推销观念下,众多企业以产品推销为重心,推销的目的是销售获取利润。而在市场营销观念下,推销的内容发生改变,企业围绕消费者需求用人员的方式进行产品信息发布、刺激需求进而促成交易。

### 11.2.1　人员推销的基础知识

#### 1) 人员推销的概念

人员推销就是企业利用推销人员向潜在消费者传递有关企业和企业产品的信息,以说服顾客购买产品的促销方式。企业常选用上门推销、柜台销售、会议推销等形式。近年来,企业更加青睐柜台销售、会议展销,通过入驻大型购物商场、订货会、展销会等平台接待上门的顾客,介绍产品,促成交易。

🧩**案例**

## 和尚买梳

有 3 个卖梳子的人,他们都向和尚推销梳子,结果说法不同,卖出的梳子多少也不同。

第一个卖梳的人,找到和尚说:"大师啊,你买把梳子吧!"和尚一听,说:"我没头发要梳子干什么?"他说:"你虽然没头发,但可以用它来刮刮头皮,挠挠痒,既舒服又疏通经络,经常梳也是种锻炼,脑子清醒,背经文记性好啊。"和尚一听,心想:买把梳子有这么多好处,反正不贵就买一把吧。

第二个卖梳的人,找到和尚说:"大师啊,买把梳子吧!"和尚说:"我没头发要梳子干什么?"他说:"梳子不仅可以锻炼身体,清醒头脑,而且你在拜佛的时候,梳梳头表示修整仪容,表示你对佛的尊重,如果让你的弟子在每天朝拜佛祖的时候刮刮头皮,表示众弟子对佛的虔诚,更表示大师你对佛的一片深情厚谊。"和尚一想,对呀! 于是就给他的 10 个弟子每人买了一把。

第三个卖梳的人,找到和尚说:"大师啊,你买把梳子吧!"和尚说:"我没头发要梳子干什么?"他说:"你虽然没有头发,但到你庙里烧香拜佛的信徒很多,假如你买把梳子送给他们,让他们清醒清醒头脑,看破世间的一切利益得失、恩恩怨怨,向佛的境界靠拢,这样做表示了佛祖你大慈大悲的心肠,普度众生的心愿,那真是功德无量呀! 由此,你庙里的香火也会越来越旺。"和尚一听,有道理! 马上说:"我买 1 000 把。"

### 2) 人员推销的特点

人员推销是最古老的促销手段,在当代社会其应用仍十分广泛,不可替代。人员推销的突出优点是:

(1)销售的针对性。推销人员在与潜在顾客的直接接触和面谈中,能及时了解顾客的反应,从而可以根据不同的推销对象,灵活采取不同的推销策略,进行有针对性的说服。由于是双方直接接触,相互间在态度、气氛、情感等方面都能捕捉和把握,有利于销售人员有针对性地做好沟通工作,解除各种疑虑,引导购买欲望。

(2)信息的沟通性。与顾客的直接沟通是人员推销的主要特征。推销人员在推销过程中,一方面可以通过示范、讲解,更好地传递产品信息,帮助顾客更深入地了解产品的操作及性能,消除顾客的疑虑;另一方面又可以听到顾客的意见和要求,从而可给予及时的解释,或将意见反馈回企业。

(3)关系的长久性。推销人员与顾客直接打交道,交往中会逐渐产生信任和理解,建立起良好的个人关系和友谊,这样更容易培育出忠诚顾客,稳定企业销售业务,进而有利于巩固和争取更多的顾客,拓宽的业务关系。

当然,人员推销这种促销方式也有一定的不足。由于人员推销直接接触顾客的有限,销售面窄,人员推销的开支较多,增大了产品销售成本。人员推销的成效直接取决于推销人员素质的高低。尤其随着科技的发展,新产品层出不穷,对推销人员的要求越来越高。

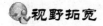 视野拓宽

## 企业推销人员的组织形式

人员推销工作效率的高低,不仅取决于推销人员个人的工作积极性和工作能力,也取决于企业能否合理地组织推销队伍。企业推销人员的组织结构常见的有4种类型:

1. 地区型结构。企业按区域分配推销人员,即由特定的推销人员负责特定地区所有产品的推销。这是最简单的一种组织形式。

优点是推销人员责任明确;有利于推销人员熟悉当地的市场和顾客,掌握推销重点,并与顾客建立发展长期的关系;差旅费用相对较少。但其局限性是只适合于产品种类、技术较为单纯的企业。

2. 产品型结构。将产品分类,每个推销员负责一类或少数几类产品在各地的

推销。这种结构较适用于种类多,且技术性强的产品推销。要求推销员对产品有深入的了解。

3.顾客型结构。将顾客按职业、行业、规模等进行分类,据此分类配置销售队伍。这种结构能使推销人员深入了解各类顾客的需求状况及所需解决的问题,使推销工作更具针对性。

4.矩阵型结构。当企业是在一个较大的区域内向许多不同类型的顾客推销多种产品时,通常要将上述方法结合起来使用,如可以按地区—顾客、产品—地区、产品—顾客等形式对推销人员进行矩阵式配置。跨国公司常采用这种方式。

## 11.2.2　人员推销的基本步骤

根据推销活动程序化理论,企业开展人员推销过程可以分为如下6个步骤(图11-5):

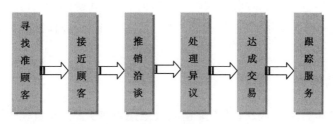

**图 11-5　推销的基本步骤**

### 1)寻找准顾客

不管上门推销还是会议推销,第一步就是要收集潜在客户的名单。通过对企业内外信息渠道收集客户资料。推销人员要及时对收集到的潜在顾客的资料进行记录、归类、更新,不断积累潜在顾客的资料。寻找准顾客常见途径有:

(1)查阅企业现有销售资料。通过分析掌握企业现有客户的类型、需求状况,可进一步挖掘现有客户的消费潜力。

(2)向现有顾客征询潜在客户。通过现有顾客的推荐,寻找可能潜在客户。这样可以大大避免推销的盲目性,也容易赢得新客户的信任。

(3)个人关系网。推销人员要善于学习、善于思考,锻炼提高自己捕获信息的能力。特别注意并善于结交人际关系,还可通过参加各种社交、培训活动扩大自己的人际关系网络,为寻找潜在顾客提供更丰富的线索。

(4)查阅各种信息来源。例如,报纸、电视、电话簿、政府部门的出版物、行业协会资料、网上搜索等。

当寻找到目标对象时,推销人员就要试着接近准顾客,在拜访顾客之前,一般需要做好两方面的准备。一是了解拟拜访顾客的背景信息,二是要做好推销面谈计划。对顾客背景的了解一般包括其购买、消费历史,目前需要,甚至其性格、爱好等。在此基础上,分析、制订自己的推销方式、策略。总之,准备得越充分,推销成功的可能性就越大。

### 2) 接近顾客

接近顾客是指与选定的潜在顾客开始面对面交谈。此时推销人员的头脑里要有 3 个主要目标:一是给对方一个良好的印象;二是验证在准备阶段所得到的全部情况;三是为后续谈话或进一步的接触作好铺垫。在推销人员与潜在顾客开始接触的最初几分钟,往往是很关键的,因为给顾客留下的第一印象的好坏直接关系到以后的推销能否继续进行下去。因此,推销人员应精心设计开场白,应设法从潜在顾客感兴趣的话题入手,顺利地打开推销的局面。此外,推销人员还应特别注意自己的服饰仪表、行为举止。必须注意,接近顾客要选择最佳的访问时间和接近方式。

### 3) 推销洽谈

推销洽谈也称交易谈判,是指推销人员运用各种方式、方法和手段,向顾客传递推销信息,并设法说服顾客购买商品和服务的协商过程。推销洽谈是推销工作的核心步骤,推销洽谈涉及面很广,内容丰富。不同商品的推销,有其不同的洽谈内容,但基本内容是大致相同的,主要商品品质、数量、价格、销售服务及保障条款。

推销人员在进行推销洽谈中须明确:推销员推销的不是产品本身,而是产品带给顾客的利益;顾客也不是为产品的特性所吸引,而是为产品的特性能给他带来的利益所吸引。因此,推销中,推销员应以产品性能为依据,着重说明产品给顾客所带来的利益。为了使推销介绍更具说服力,推销人员应注意运用样品、产品模型、图片及各种证明材料(权威机构的鉴定、获奖证书等),进行示范、展示,并尽可能地让顾客提问、试用,调动顾客参与的积极性。

### 4) 处理异议

在推销洽谈过程中,顾客往往会提出各种各样的异议,并且这些异议自始至终地存在于推销过程中。这既是整个推销过程中的一种正常现象,也是使推销走向成功时必须跨越的障碍。因此,正确对待并妥善处理顾客所提出的有关异议,是现代推销人员必须具备的能力。推销人员有正确分析顾客异议的类型和产生的原因,并针对不同类型的异议,把握处理时机,采取不同的策略,妥善加以处理,才能消除异议,促成交易。

推销人员应随时准备应付来自顾客不同的意见。一个有经验的推销员应当具有与持不同意见的买方进行洽谈的技巧,要善于倾听反对意见,最忌讳的是断然否定顾客的意见,或与顾客发生争执,更要善于随时准备好对付反对意见的适当措辞和论据。必须注意,应付异议要有理有据,娓娓道来,切忌激烈冲突和争吵。

### 5) 达成交易

在推销过程中,成交是一个特殊的阶段,它是整个推销工作的最终目标,其他阶段只是达到推销目标的手段。换言之,其他推销工作就是要促成交易,成交才是推销人员的根本目标。如何实现成交目标,取决于推销人员是否真正掌握并灵活运用了成交的基本策略和成交技巧。一个积累了丰富的经验、掌握了有效策略和方法的推销人员,懂得应该在什么时候、以什么方式结束推销过程,把握成交的机会。在洽谈过程中,促成交易常用的方法有:优点汇集成交法、假定成交法、选择成交法及优惠成交法等方法。

### 6) 跟踪服务

跟踪服务就是要确保顾客能及时收到订货和得到指导、服务。跟踪服务做得好,可以加深顾客对企业和产品的信任,有利于顾客重复购买,也有利于企业通过老顾客发展新顾客,因此跟踪服务既是人员推销的最后环节,也是新推销工作的起点。

### 视野拓宽

### 销售实践中的"五步推销法"

在多年的销售实践中,一位成功人士总结出了"五步推销法",使其取得了超人的业绩。现将五步推销法贡献给大家,期望大家也能取得更大的业绩。

一推激情

销售员如果没有成功心态,即便是掌握了良好的推销技巧也无法成功。一个销售员就像一棵火柴,客户就像蜡烛。如果你不首先点燃自己,又怎么可以照亮他人?

一个没有激情的人,他的言谈举止怎么会去感染一个陌生人呢? 如果你没有获取成功的激情,请赶快放弃每天都和"失败"打交道的推销工作吧! 因为你注定会因为"不堪忍受"而折腰。

充满激情的销售新手们一定要做到"3个坚持":

1. 坚持100天。世界推销大师戈德曼说:"销售,是从被拒绝开始。"你也切不要为挫折而苦恼。无论如何也要竭尽全力干完100天以后再说"干不干"?

2. 坚持"4不退让"原则。根据一项资料表明:在30分钟内的谈判过程中,日本人要说2次"不";美国人要说5次"不";韩国人要说7次"不";而巴西人会说42次"不"。所以,销售员切莫听到顾客说一次"不"就放弃进攻。最起码也要听到4次"不"的时候,再做稍许退让。

3. 坚持1/30原则。推销界一般认为:销售员每拜访到30个客户,才会有1个人可能成交。也难怪日本推销之神原一平会说:"推销没有秘诀,唯有走路比别人多,跑路比别人长。"销售员的灵魂只有两个字:"勤奋!"

没有激情的销售员就更不行了。那么,怎样使自己充满奋斗的激情呢?

首先,把自己的优点写出来,每天看上一遍;你每天至少要进行一次精神讲话。你要大喝:"我一定会成功!"如果你有座右铭,也不妨大声念上几遍。

其次,每周看一本励志的书十分必要。记得罗斯福的传记中说,他每天早上起来都要告诉自己:"今天是一生中最灿烂的一天!"

二推感情

美国推销大王乔坎多尔福认为:"推销工作98%的是感情工作,2%是对产品的了解。"如此看来,实际销售中,没什么比"拉"情更重要了。

销售员与顾客见面后"10分钟不准谈业务"。

那谈什么呢?"谈感情"。这才是实质推销过程中的第一步。

美国通用汽车公司,曾经把做感情工作(如送个小礼品)叫"Warmup",意思是"热乎热乎"。一个销售员若不能与顾客"热乎"一下,把心理距离缩短,成功之门定然远离。"感情妙,生意俏;感情凉,生意黄。"

要想做到这一点:应采用3种方法:

1. 英国式:聊聊家常。

2. 美国式:时时赞美。

3. 中国式:吃顿便饭。

推销新手常犯两个毛病:一是起先他们不会"推感情",一见面就是冷冰冰地问"买不买""要不要"。二是后来他们学会了这一步,却总是"跳崖"。即正"热乎"的时候,转不到正题上来。于是只好"哈哈哈,哎,王经理,现在咱们来谈点业务吧?"——这几乎是在"自杀"。其实,从"谈感情"到"谈业务",这中间应该有一个巧妙过渡。这个过渡就是"做桥"。"做桥",就不至于"跳崖"摔死。

有一首唐诗写得好,我们引来演绎:"好雨知时节"——你要抓住推销机会;"当春乃发生"——在感情热乎的时候才有生意;"随风潜入夜"——顺水推舟,随着感情导人销售;"润物细无声"——不知不觉中把销售完成。

妙! 这就是一个一流销售员在推销过程中的生动写照。所以说,优秀销售员在"做桥"这一方面可显出真功。要"做桥",你就要设计好几段"台词",或见景生情;或编一个有趣的小故事,从而承上启下。这样,自然连贯,巧妙"做桥",请客户从"桥"上走过来,销售顺理成章。

三推产品

"做桥"以后,推销就进行到了第三步,即产品推销阶段。

推销产品,必须推销因产品功能而产生的利益。一个销售员应该永远记住,顾客买你的产品,是买产品给他带来的利益和好处,而不是买价格、买新奇、买产品本身。而这些,又恰恰是推销新手最容易犯的毛病。

除了利益推销以外,在实际推销中,"演示 + 暗示"又是推销制胜的一大法宝。"演示"让人眼见为实。心理学表明,一个人在接触一件新事物时,头脑易呈放射性思维。而暗示作用,会使人思维定向。语言刺激总是"先入为主"。高明的销售员也总是用语言暗示向好的一面诱导。

四推价格

价格永远是商品的敏感问题。高明的销售员应该采取暗示价格"不贵"的语言对客户巧妙报价。曾经有一个菜农,在这一点上真正给我上一课。有一次我买香菜,问:"怎么卖?"答:"老价钱,8 毛钱 1 两。"我买了 5 两。回家以后才醒悟到,这香菜原来 8 元钱一斤呀,比肉价还贵! 上当,上当! 奇怪的是,在我与菜农成交的时候,居然一点也不觉价贵。因为当时在我的朦胧意识中,"老价钱"就等于"廉价",细想一下,两者绝无联系。

若客户出现"价高拒买"心理,我就从"一分价钱一分货"处释疑。演示一下产品功效,即可予以佐证。"小数报价"——这才是"四推价格"的真正要诀。小数报价,就是由最小的单位报价。这仅仅是一个小花招。不过,因为价格太高,使销售员四处碰壁。你不得不玩点儿雕虫小技了。许多销售员都面临过这类头痛问题。方法就是,找出两个产品之间的差异点,然后进行"拆细报价"。

五推数量

对一个产品来说,通常价格是死的。但供货数量是活的,顾客的购买量也是活的。为什么有的人业绩一直不景气,关键就在于他不会推销数量,使顾客"多购买一些"。

推销数量的诀窍是:"大数报量"。大数报量,就是以大包装、整套、一个使用期、一个出库单位报量。这种方式叫"虚设报量"。

如果客户决定少来点试一试,就说:"我们一个出库单位最少是三桶。您看您是要一个出库单位,还是两个?"——这种方式叫"出库报量"。

总之,掌握"推"量技巧,是提高销售员业绩的最重要的一种手段。

希望在实际工作中研创的"五步推销法"对销售员们有所帮助。为了便于记忆,随赋歌谣一首:《五步推销法》歌谣一推激情需自励;二推感情多赞誉;三推产品要演示;四推价格出盘低;五推数量大包装;成交全在心留意。

（资料来源:杨青山《销售与市场》）

## 学习任务3 广告

### 11.3.1 广告的含义

广告一词源于拉丁语,有"注意""诱导""大喊大叫"和"广而告之"之意。广告作为一种传递信息的活动,是企业在促销中普遍重视且应用最广的促销方式。市场营销学中的广告,是广告主以促进销售为目的,付出一定的费用,通过特定的媒体传播商品或劳务等有关经济信息的大众传播活动。可以看出:广告对象是消费者;广告内容是传播商品或劳务等有关经济信息;广告媒介是特定的付费媒体;广告目的是为了促进商品销售,进而获得较好的经济效益。

### 11.3.2 广告的分类

广告的分类是为了广告策划的需要,按照不同的标准,将广告分为不同的类型。

#### 1)按广告宣传的内容分类

根据广告宣传的内容不同,可将广告划分为商品广告、服务广告、公共关系广告、启事广告等。

（1）商品广告。商品广告主要传递的内容是企业商品或服务的品牌、质量、性能、特点等信息，以宣传、推销企业的产品（包括有形商品和无形商品）为主旨，现在大部分广告属于商品广告的范畴。此种广告是以促进产品的销售为目的，通过向目标受众介绍有关商品消息，突出商品的特性，以引起目标受众和潜在消费者的关注的广告。它力求产生直接和即时的广告效果，在目标受众的心目中留下美好的产品形象，从而为提高产品的市场占有率，为最终实现企业的目标埋下伏笔。

（2）服务广告。服务广告是宣传企业在销售某类产品时所提供的附加服务项目的广告，如对顾客购买的空调实行免费送货、安装、维修等，以激发消费者购买某产品的欲望。

（3）公共关系广告。公共关系广告是为增加企业知名度和美誉度，以宣传企业整体形象为主要内容的广告。它宣传的内容既包括直接传递企业概况、宗旨等信息，也包括企业参与某项社会活动的倡议，以及为慈善机构向社会集资、募捐，或配合政府有关部门开展的诸如戒烟、环保、计划生育等方面活动的信息。

（4）启事广告。启事广告不含促销内容的信息，如更名启事、迁址启事等。

### 2）按广告的覆盖范围分类

按广告的覆盖范围可分为国际性广告、全国性广告、区域性广告和地方性广告。

国际性广告：国际性广告是指通过世界性的宣传媒介或国外宣传媒体所做的广告。

全国性广告：全国性广告主要是指通过全国性的报纸、电视等媒介所做的广告，广告的信息传播全国各地。

区域性广告：区域性广告是指通过省内的报纸、省电台等区域性媒介所做的广告。

地方性广告：地方性广告是指通过传播范围比较窄的地方性广告媒介所做的广告。

### 3）按广告宣传的媒介分类

广告媒介是指广告主借以向广大受众传递广告信息的载体。广告按媒介的不同，可分为视听广告（如电视广告、广播广告等）、印刷广告（如报纸广告、杂志广告等）、邮寄广告（如销售信广告、说明书广告、产品样本广告等）、户外广告（如路牌广告、张贴广告、灯箱广告、橱窗广告等）、交通广告（如在车船等交通工具上所做的广告）等。不同媒介的广告具有不同的传播方式，其作用与特点也各不相同。

### 11.3.3　广告媒介选择

不同的广告媒体,其特点和作用各有不同。在选择广告媒体时,应根据以下因素全面权衡,充分考虑各种媒体的优缺点,力求扬长避短。

#### 1)企业产品的特性

可以按照企业产品的不同特性来选择相应的广告媒体,如需要展示的、有色泽或式样要求的产品,应选择电视、电影或印刷品做媒体,以增加美感和吸引力;对只需要通过听觉就能了解的产品,应选择广播做媒介;对技术性较强的产品选择报纸和杂志做媒体,必要时亦可直接用样品展示。

#### 2)消费者的媒体习惯

广告可通过不同媒体传播到不同的市场,但恰好传播到目标市场而又不造成浪费的广告媒体,才算是最有效的媒体。企业必须研究目标市场的消费者经常接触什么样的广告媒体,如妇女报刊的读者主要是妇女,因而妇女用品的广告宜登在妇女杂志上。

#### 3)媒体传播范围

不同媒体传播范围有大有小,能接近的人有多有少。市场的地理范围关系到媒体的选择,因此,行销全国的产品,应选择全国性的报刊和中央电视台、中央人民广播电台做广告;局部地区销售的产品,企业可根据所销产品的目标市场,选择地方性的报刊、电视台、广播电台或广告牌及样品台等做广告宣传。

#### 4)媒体的影响力

报刊的发行量,广播、电视的听众、观众数量,媒体的频率及声音等是媒体影响力的标志。媒体的影响力应到达目标市场的每一角落,但越出目标市场则造成浪费。季节性强的产品,应考虑媒体的时效性,到期不能刊登或发行的媒体就不宜选择,否则就会失去机会。

#### 5)媒体的成本

广告活动应考虑费用与效果的关系,既要使广告达到理想的效果,又要考虑企业的负担能力,尽量争取以较低的成本,达到最好的宣传效果。

### 视野拓宽

## 广告设计原则

广告设计要有突出的主题、独特的构思、简洁的语言和生动的形象,要组合成一个和谐的整体,以达到最佳的效果。这就要求在设计广告时遵循以下基本原则:

1. 真实性。真实性是广告设计的首要原则。广告的生命在于真实,没有真实性的广告是不会有较长的生命力。

2. 适应性。广告设计要符合当地用户的心理状态,应尊重广告国度或区域的民族特点和风俗习惯,使用户乐于接受。

3. 独创性。广告设计要突出主题,别具一格,无论从形式到内容,都要体现独创新意,给人留下深刻的印象。切忌语言枯燥、照抄照搬、沿袭模仿。

4. 简练性。广告设计要做到主题鲜明,标志突出,语言简明精练,通俗易懂,易读易记。一方面可节省广告费用,另一方面容易在目标受众中留下印象。

5. 艺术性。广告也是一种艺术,是集美术、摄影、表演、造型等艺术于一身的综合性实用艺术形式。广告设计要体现出艺术性,富有美感,在宣传企业或产品的同时,给人以美好的享受。

6. 合法性。广告必须遵守国家法令、方针政策和有关广告的法规条例,不得进行违法宣传。

7. 动态性。广告设计应该形式丰富,适当更新,要根据产品所处不同生命周期阶段采用恰当的形式。

8. 经济性。广告设计要讲经济效益,要从节约的角度出发,以尽可能少的费用支出取得尽可能大的广告效果。

9. 切中性。广告宣传的内容一定要切中广告主题,即能够突出广告主向受众传达信息的中心意图。

## 11.3.4  广告效果测定

广告效果是指通过广告媒体传播之后所产生的影响,即广告受众对广告效果的结果性反应。广告的传播必然会对销售带来影响,并产生一定的经济效果。由于对广告的经济效果有两种不同的看法,广告效果测定的方法相应也有两种。

### 1) 直接经济效果

直接经济效果是以广告对商品促销情况的好坏来直接判定广告效果。它的测量指标为广告费的支出和销售额的增加。广告主支出广告开支,必然希望能够通过增加产品销售而获得经济效益,因此,直接经济效果比较容易测定,也是广告主最为关心的。但是,直接影响产品销售的因素,除了广告之外还有很多,诸如企业的营销策略与方法、产品的生命周期和市场竞争情况等,都会直接影响产品的销售量。有时在广告发布后,产品销售量下降了,但这并不一定是广告没有发挥作用,也许是其他因素影响的结果。显然,单纯以直接经济效果来衡量广告效果,是不够全面也不够准确的。

### 2) 间接经济效果

间接经济效果不是以销售情况好坏作为直接评定广告效果的依据,而是以广告的收视收听率、产品的知名度、记忆度、理解度等广告本身的效果为依据来评定广告效果。当然,广告效果最终也要反映在产品销售上,但它不以销售额多少作为指标,而是以广告所能产生的心理性因素为依据。即广告作出后,测定广告接受者人数的多少、影响的程度,以及人们从认知到行动的一个心理变化过程,具体包括以下内容:

(1)对广告注意度的测定,即各种广告媒体吸引人的程度和范围,主要通过视听率来测定。

(2)对广告记忆度的测定,即对消费者对于广告的主要内容,如厂家、品牌、名称等记忆程度的测定,从中可判断广告主题是否鲜明、突出、与众不同。

(3)对广告理解度的测定,即对消费者对于广告的内容、形式等理解程度的测定,从中可以检查广告设计与制作的效果如何。

(4)对动机形成的测定,即测定广告对消费者从认知到行动究竟起多大作用。

广告作为促销方式或促销手段,是一门带有浓郁商业性的综合艺术。虽说广告并不一定能使产品成为世界名牌,但若没有广告,产品肯定不会成为世界名牌。成功的广告可使默默无闻的企业和产品名声大振,家喻户晓,广为传播。

## 脑白金广告　销量是硬道理

"今年爸妈不收礼,收礼只收脑白金"。"脑白金,年轻态健康品,"一时间,脑白金的这些广告在全国几乎家喻户晓。春节期间,脑白金更是标榜自己为节日礼品的主流,连许多的民工也颇受感染带着大包小包的"脑白金"。

　　脑白金的广告则土的掉渣,见面就说"今年过节不收礼,收礼只收脑白金",让全国人民都烦,业内专家更是群起而攻之,被评为全国十大恶俗广告之一。无论是《大山版》还是《老人版》,虽版本不一、形式各异,但矢志不渝如同"坚持了四项基本原则"一般大谈特谈"送礼",将产品由功效诉求转向礼品诉求。反反复复地将一句"今年过节不收礼,收礼只收脑白金"说到妇孺皆知,全国人民都烦的地步,使趋于火暴的脑白金市场一次次成几何级的倍数迅速放大,培育了礼品市场的大蛋糕。

## 学习任务4　公共关系

### 11.4.1　公共关系的概念

　　公共关系,意思是与公众的联系,因而也叫公众关系,简称公关。市场营销学认为:公共关系是指企业为了使社会广大公众对本企业商品有好感,树立良好组织形象、促进商品销售的目的,选用各种传播手段,向广大公众制造舆论而进行的公开宣传的促销方式。企业针对公众所选宣传媒介物通常是广播、电视、报纸等,这与广告的媒介物是相同的。但广告是有偿付费的,而公众宣传则是无偿地向公众提供信息。企业对于公共关系传播信息的内容、方式与方法通常既不能计划也不能控制。

 案例

### 双汇公关剑走偏锋

　　如何危机公关是门学问。基于意外性、聚焦性、破坏性、紧迫性等特点,企业危机公关应秉持承担责任原则、真诚沟通原则、速度第一原则和系统运行原则,以求化解危机。而这一切的一切,均有赖于"企业家身上要流淌道德的血液"。

　　被"瘦肉精"事件弄得焦头烂额的双汇集团,也许真昏了头了,竟然以"万人誓师大会"来危机公关。在"万人誓师大会"上，既有投资代表、媒体记者、销售代表，亦有双汇中高层、各地经销商，还有漯河市相关单位负责人，唯独缺少了被"瘦肉精"祸害的消费者代表。是无意忽略，还是有意而为？

更让人气不打一处来的是，双汇集团无暇顾及消费者的身心损害，只顾牵挂自身的经济损失"3月15日双汇股票跌停，市值蒸发了103亿元；从3月15日起到31日，影响销售15亿多元……"

美国苹果公司首席执行官史蒂夫·乔布斯，反省苹果1995—1996年间濒临倒闭时的顿悟之语，值得每一位企业家深思。当苹果从一个立志做世界上最好的电脑的公司变成希望赚最多钱的公司的时候，它腐败了。我相信，如果你看好你的顾客、你的产品、你的战略，金钱是会跟随着来的。但是，如果你只看金钱，而忘了其他的，那你就会灭亡！

## 11.4.2　公共关系的对象

企业开展公共关系的对象是公众。所谓公众是指与企业经营管理活动发生直接或间接联系的社会组织和个人，主要包括顾客、供应商、新闻媒介单位、社区、上级主管部门和企业内部职工等。企业通过与顾客的公共关系，能够不断吸引现有的和潜在的顾客，通过与报纸、杂志、电台、电视台等新闻机构的公共关系，一方面争取舆论对企业营销政策的支持，另一方面利用新闻媒介扩大企业的影响，通过与银行、物资、商业、劳动人事部门等协作单位的公共关系，保证企业经营活动的正常进行；通过与上级主管部门的公共关系，争取给予经济上和政策上的倾斜；通过与企业内部职工的公共关系，创造和谐的人际关系环境，激发职工工作的积极性、主动性和创造性。

## 11.4.3　公共关系的作用

公共关系作为企业开展促销活动的一种手段，给企业带来不容忽视的作用，主要表现为：

### 1) 创造良好形象

良好的企业形象是企业无形的资产和财富，而形象是用金钱买不到的。公共关系的主要任务就是建立对企业的正确了解基础之上的形象，通过采取恰当的措施，如提供可靠的产品、维持良好的售后服务、保持良好的企业之间的关系等，树立企业的良好形象。

### 2) 建立双向信息沟通渠道

公共关系是企业和社会公众的一种双向的信息交流活动,企业进行公共活动,建立起互相理解与信任的关系,实现内外信息畅通、内外环境和谐,进而拉动商品销售。一个企业要顺利地发展,企业内部要充满生机和活力。而企业活力的源泉,在于企业全体员工的积极性、智慧性和创造性。良好的公共关系有利于企业人员积极性、智慧性和创造性的发挥。同时,企业还要与外界公众不断联络和协调,为企业创造良好的外部环境,只有这样,企业才能顺利地发展。而良好的公共关系有利于企业取得外界公众的理解与协作,与外界环境平衡发展。

企业开展公共关系是一种长期活动,需要有计划的连续不断的进行,不能急功近利。企业通过正确处理与公众之间的关系,在社会公众心中塑造一个良好的形象,间接促进销售。

案例

### 王老吉的济世为怀

作为饮料行业的翘楚,王老吉也将商业运营与企业公民责任进行了很好的平衡,始终把有益社会、关注民生作为企业发展的理念。持续八年的"学子情"活动,将自助和助人的信念贯彻始终,为企业、贫困学生、热心公益的个体建立了互助学习平台,让关爱和帮助始终延续和传递下去。心系灾区人民 1 亿元善款助赈灾重建。王老吉的种种善举,同时也展现了"中国饮料第一罐"企业所应有的大家风范。

## 11.4.4  公共关系的活动方式

公共关系在企业促销活动中占有重要的作用,对于企业内部公众而言,主要协调与决策者、职能部门及员工之间的关系;对于企业外部公众而言,主要是协调与企业外所有公众之间的关系。企业开展公共关系的活动方式有很多,应根据公关目标、对象、条件、企业规模及市场环境等因素灵活选择。常见的方式有如下几种:

### 1) 庆典活动

庆典活动是企业与其内外部公众广结善缘、沟通信息的最好机会。庆典活动的主要形式包括开业典礼、周年纪念、聚会庆典等。

### 2)新闻宣传

它是指企业运用正式的形式如报纸、杂志、广播、电视等广告媒介向社会各界传播企业有关的信息。因此,企业应当争取一切机会和新闻界建立联系,及时将具有新闻价值的信息提供给报社、电台等新闻媒体,以加深公众对企业的良好印象。

### 3)赞助活动

赞助是企业无偿提供资金或物资支持某一项事业,以获得一定的形象传播效应的社会活动,是搞好公共关系的一种有效手段。常见的赞助活动有体育赞助、教育赞助、慈善与福利赞助、学术会议赞助及竞赛赞助等。

### 4)社会活动

积极参加各种社会活动,通过举办新闻发布会、展销会、博览会等向公众推荐产品,介绍知识,增进了解。

### 5)建立横向联系

与消费者、社会团体、政府机构、银行、大专院校、科研单位等建立密切的联系,主动向他们介绍企业的经营情况,加强互利性合作,争取他们的支持。

## 学习任务5 销售促进

### 11.5.1 销售促进的概念

销售促进又称为营业推广、实效促销,是企业在某一段时期内采用特殊的手段对消费者或商业用户实行强烈的刺激,以促进企业销售迅速增长的一种活动。销售促进是促销组合的重要组成部分,是对广告与人员推销的补充,是对顾客购买行为的短期激励活动;许多销售促进方式具有强烈的吸引力,让顾客感到机不可失,时不再来,以此促使顾客对产品积极购买,即对其提供强烈购买刺激。销售促进适合于在一定时期、一定任务的短期性的促销活动中使用。否则容易让消费者对产品价值产生怀疑,企业为了掩盖急于出售的意图、消除产品贬值的坏印象,通常会努力找到一个切合促销的时机,做到天时地利人和。

## 11.5.2　销售促进的作用

### 1) 可缩短新品入市的进程

使用该种实效促销手段,旨在对消费者或商业用户提供短程激励。在一段时间内调动人们的购买热情,培养顾客的兴趣和使用爱好,使顾客尽快地了解产品。

### 2) 可激励消费者初次购买

消费者一般对新产品具有抗拒心理。由于使用新产品的初次选用,消费者对市场上的产品没有足够的了解,未能做出积极反应时,通过营业推广的一些促销措施,如发放优惠券等,能够引起消费者的兴趣,刺激他们的购买行为,在短期内促成交易。

### 3) 可激励使用者再次购买,建立消费习惯

当消费者试用了产品以后,如果是基本满意的,可能会产生重复使用的意愿。但这种消费意愿在初期一定是不强烈的,不可靠的。促销却可以帮助他实现这种意愿。如果有一个持续的促销计划,可以使消费群基本固定下来。

### 4) 可提高产品竞争能力

企业通过销售促进的方式向顾客提供一些特殊的优惠条件,可以有效地影响、抵御和击败竞争者。当竞争者大规模地发起促销活动时,销售促进往往是在市场竞争中抵御和反击竞争者的有效武器,如减价、试用等方式常常能增强企业经营的同类产品对顾客的吸引力,从而稳定和扩大自己的顾客队伍,抵御竞争者的介入。

企业在开展销售促进活动时,能起到明显的效果或作用,但若使用不当,不仅达不到促销的目的,反而会影响产品销售,甚至损害企业的形象。因此,销售促进需配合及辅助其他促销工具一起使用,发挥整合效益。

**视野拓宽**

## 销售促进18刀,刀刀风生水起

随着商业的繁荣和社会经济的发展,促销的方式已经呈现多元化发展的趋势。各种各样的促销活动在激烈的市场竞争中层出不穷。彭正旺适合鞋类行业的18种促销方案,服装行业,日用消费品行业都可以借鉴使用。

1. 全场满×××减×××

2. 全场满×××送×××

3. 买鞋加××送××

4. 买鞋立减××

5. 买鞋就送××

6. 全场×折起

7. 1双8.8折2双7.7折3双6.6折

8. 全场××元起

9. 穿多少码减多少钱

10. 买一送一

11. 买鞋中大奖

12. 进店有礼

13. 限时抢购

14. 有钱翻倍花

15. 凭××可享×折优惠

16. 凭××可领取××一份

17. 旧鞋换新鞋

（资料来源:彭正旺《彭正旺促销十八刀》）

## 11.5.3 销售促进的方式

企业利用营业推广手段时,可选方式多种多样,应根据各方式特点、企业目标及自身情况而选择最佳方式。销售促进一般有以下几种方式:

### 1) 对消费者的销售促进

面对消费者的销售促进主要目的是诱导新顾客采用,鼓励老顾客继续购买。具体方式如下:

(1)赠送样品。企业向消费者赠送样品或试用品,使其试尝、试用、试穿。赠送可以选用直接邮寄、逐户分送、定点分送、包装分送及联合分送等形式。赠送样品是介绍新产品最有效的方法,缺点是费用高。

(2)发放优惠券。企业向目标市场的部分消费者发放一种优惠券,凭券可按实际销售价格折价购买某种商品。优惠券可分别采取直接赠送或广告附赠的方法发放。这种方式可刺激消费者购买品牌成熟的商品,也可用以推广新产品。

(3)赠送折价券。企业向部分消费者赠送折价券,促使其在购买某种商品时持券可以免付一定金额的钱。折价券可以通过广告或直邮的等方式发送。

(4)开展奖售。企业对购买某些商品的消费者设立特殊的奖励。如凭该商品中的某种标志(如瓶盖)可免费或以很低的价格获取此类商品或得到其他好处;也可按购买商品的一定数量,赠送一件消费者所需要的礼品。奖励的对象可以是全部购买者,也可用抽签或摇奖的方式奖励一部分购买者。康师傅的再来一瓶,青岛啤酒的积分中大奖,吸引广泛消费者的积极参与。这种方式的刺激性很强,常适用于一些品牌成熟的日用消费品的促销。

 案例

## 开箱赢奖　1 000 万个奖项等你拿

娃哈哈营养快线、营养八宝"开箱赢奖　1 000 万个奖项等你拿"活动又要给广大消费者们送来福利了。消费者凡在 2011 年 3 月 31 日之前购买娃哈哈营养快线系列和桂圆莲子营养八宝粥系列促销装产品一箱,即可得到箱内放置的刮刮卡一张,刮开涂层,将可获得全国 1 000 万个中奖机会。

(5)组织现场示范与展销。企业将一些能显示企业优势和特征的产品集中陈列,在销售现场当场进行使用示范表演,边展边销,这种方式既可以把一些技术性较强的产品的使用方法介绍给消费者,又可使消费者在同时同地看到大量的优质商品,有充分挑选的余地,所以对消费者吸引力很强。该方式适合使用技术比较复杂或是效果直观性比较强的产品或新产品。

(6)联合促销。联合促销是指两个以上的企业或品牌合作开展促销活动。它是近年来发展起来的新促销方式。进行联合促销时,让联合促销的双方都能最大限度的暴露在目标消费者的眼球面前,最大限度发挥促销的功能,最终会收到理想的效果。可口可乐携腾讯针对共同目标群体推出"揭金盖畅饮畅赢Q币免费送"。

案例

### 伊利与联想携手营销"冰火激情"

在北京2008年奥运会正式到来之前,也有一些企业开始运用了这种联合营销的法则。一个是2007年由伊利冷饮事业部和联想数码事业部联合开展的奥运全产品营销活动,大大提升了伊利冷饮的品牌形象;另一个就是北京2008合作伙伴阿迪达斯和北京2008年奥运会互联网内容服务赞助商搜狐宣布结为战略合作伙伴,由阿迪达斯荣誉赞助并冠名全新改版的搜狐体育频道。

作为2008北京奥运会唯一乳品赞助商,伊利有着很好的奥运营销的资源。而作为伊利旗下的主营业务之一的冷饮业务如何抓住这一契机呢?如何进行奥运营销呢?于是,伊利冷饮事业部和联想集团数码事业部携手推出了奥运联合营销新模式,即联想集团数码事业部为伊利冷饮的全产品推广量身定制相关产品,产品的设计围绕即将到来的2008奥运主题。在这样的合作模式下,联想集团数码事业部为伊利冷饮全产品促销量身定制了全套福娃U盘(5个)作为产品促销的奖品。

2007年4月18日,"伊利冰火——燃情奥运"全产品营销活动正式启动,消费者只需购买伊利冷饮产品,即可凭借产品飘带上的编码角逐奥运大奖(每天五套奥运福娃U盘,每套5只)。该活动的迅速升温预示着中国冷饮行业已经逐渐步入成熟期,同时,从伊利冷饮对奥运营销的广泛应用中,不难看出,冷饮市场已经由之前的产品竞争全面进入到以品牌竞争为重点的发展阶段。

(7)参与促销。通过消费者参与各种促销活动,如技能竞赛、知识比赛等活动,能获取企业的奖励。

### 2) 对中间商的销售促进

中间商是帮助生产企业的产品流入消费者的重要成员。渠道是否畅通无阻取决于中间商的贡献。因此,企业针对中间商通常可采用以下一些手段。

(1)购买折扣。企业为争取批发商或零售商多购进自己的产品,在某一时期内可按批发商购买企业产品的数量给予一定的回扣。回扣的形式可以是折价,也可以是附赠商品。这种方式可吸引中间商增加对本企业产品的进货量,促使他们购进原先不愿经营的新产品。

（2）推广津贴。企业为促使中间商购进本企业产品，并帮助企业推销产品，还可支付给中间商一定的推广津贴，以鼓励和酬谢中间商在推销本企业产品方面所做的努力。推广津贴如广告费、sp 费用、进店费及运输费等。

（3）销售竞赛。企业如果在同一个市场上通过多家中间商来销售本企业的产品，就可以发起由这些中间商所参加的销售竞赛活动。根据各个中间商销售本企业产品的实际业绩，分别给优胜者以不同的奖励，如现金、实物、旅游、培训或是给以较大的批发回扣。这种竞赛活动可鼓励中间商主动积极经销企业产品，超额完成销售任务，从而使企业产品的销量增加。

案例

## 山橡销售竞赛深入开展

山西合成橡胶集团持续开展"大干一百天，实现开门红"销售竞赛活动，把销售竞赛作为企业实现全年良好开局的重要措施。截至 3 月初，企业累计销售氯丁橡胶同比增长 17.8%，销售回款同比增长 36.1%。为了提高销售收益，在制订销售竞赛方案的同时，该公司邀请部分氯丁橡胶用户代表来厂，共同分析市场形势。他们还进一步完善区域经销商和终端厂家直供的销售模式，巩固营销网络，填补销售市场的空白。

（4）交易会或博览会。企业也可借举办或参加各种商品交易会或博览会的方式来向中间商推销自己的产品。例如，一年两次的糖酒会以规模大效果明显吸引各目标对象。由于这类交易会或博览会能集中大量优质产品，并能形成对促销有利的现场氛围，对中间商有很大的吸引力，所以也是一种对中间商进行营业推广的好形式。

此外，对中间商的销售促进形式还有联营促销、特许经销等。

### 3）对销售人员的销售促进

对销售人员的销售促进主要是指对销售人员的鼓励，促使他们努力推销产品或开拓新市场，主要有以下几种。

（1）销售提成。针对销售人员的销售提成的主要有两种：一是销售人员的固定工资不变，在一定时间内，通常是季末或年度终了，从企业的销售利润中提取一定比例的金额作为奖励发给推销人员；二是销售人员没有固定工资，每达成一笔交易,推销人员按销售利润的多少提取一定比例的金额,销售利润愈大,提取的百分比率也愈大。

(2)销售竞赛。企业通过考核销售人员的推销数额、推销费用、市场渗透、推销服务等,对成绩优异与贡献突出者,规定奖励的级别、比例与奖金(品)的数额,用以鼓励销售人员。一般奖励内容主要为现金、旅游、奖品、休假、提级晋升及精神奖励等。

## 11.5.4 销售促进的实施流程

### 1)确定销售促进的目标

应根据企业的营销目标来确定销售促进的目标:企业销售促进的目标主要为:争取新顾客,扩大市场份额;鼓励消费者多购,扩大产品销量;推销落令产品,延长产品生命周期。

### 2)选择销售促进方式

销售促进目标一旦确定,企业就应选择适当的销售促进方式或手段来实现既定目标。在选择时,企业必须充分考虑目标、市场特点、竞争状况及成本等因素。

### 3)制订销售促进方案

营业推广手段选定后,企业应进一步制订具体的实施方案,如促销的规模、促销的对象、实施的途径、实施的时间、实施的时机和实施的总体预算等。

### 4)测试与实施销售促进方案

若有需要,在实施方案之前还应对销售促进的做法在小范围内进行预试,在实施过程中也应随时掌握情况,不断调整对销售促进全过程的控制。

### 5)评价销售促进效果

在一项营业推广活动结束后,还应及时总结,对实施的效果进行评估,并注意同其他促销策略之间的配合情况。

### 单元小结

促销策略是市场营销组合的基本要素与环节之一,是营销人才需重点掌握的技能。本章介绍了促销的基础知识及影响因素;描述人员推销的概念与流程,销售促进的方式与内容;广告类型及媒体的选择;明确公关关系的活动方式等知识。

### 案例分析

## 《十面埋伏》的整合营销传播策略

2004 年,张艺谋导演的《十面埋伏》牵动了不少中国人的神经,也引起了世界的关注。美联社评出的 2004 年世界十大最佳电影,《十面埋伏》列为第五位。美国影评人称誉《十面埋伏》为 2004 年最绚丽的电影。

尽管看过《十面埋伏》的不少中国观众觉得中了《十面埋伏》的埋伏,但《十面埋伏》的营销策略,的确给我们提供了一个整合营销传播的极佳范例:

1. 准确的市场定位。《十面埋伏》的产品定位为武侠片是成功的开始,一来因为早有《英雄》成功在前,二来以电影市场最具消费能力的 16～45 岁的人群分析,武侠片较之言情、历史、文艺等影片消费潜力更大。

2. 充分利用明星效应,借用大腕明星作为品牌拉力。张艺谋导演以及选择刘德华、章子怡、金城武主演,一方面是为了剧情的考虑,最重要的是这些导演和演员个个都有着自己固有的影迷,这样增加了人们对影片的期待。

3. 眼花缭乱的事件营销。在影片拍摄过程中,接二连三的事件赚足了人们的眼球。(1)演员受伤事件。2003 年 11 月初,《十面埋伏》在乌克兰拍摄,不想连遭意外。因为张艺谋追求真实性的缘故,主演刘德华、章子怡及武术指导程小东都先后在乌克兰受伤。不久,另一男主角金城武也没能幸免。这一系列事件自然惹人瞩目。(2)剧照偷拍事件。2003 年 11 月 13 日,北京《明星 BIGSTAR》周刊率先公开发表了《十面埋伏》多幅场景照和服装效果图;11 月 20 日,《明星 BIGSTAR》又在封面发表了同一记者拍摄的刘德华、章子怡练剑的大幅照片。剧照刊出后,《十面埋伏》制作方认为该周刊通过"不正当手段"获得图片,侵害了剧组商业利益。进而,表示将状告《明星 BIGSTAR》,《明星 BIGSTAR》则立刻作出反应,称自己的行为没有违法。12 月 2 日,"偷拍"事件发生戏剧性变化,双方突然握手言和。(3)梅艳芳事件。①演员选定梅艳芳。《十面埋伏》的另一个卖点就是请梅艳芳出演角色,伴随着梅艳芳重病辞演的种种传闻,一度形成热点。②宋丹丹出现。因梅艳芳病故,媒体曝出所谓"宋丹丹将接替已故的梅艳芳,成为《十面埋伏》片主角"的"猛料"。(4)主题曲事件。主题曲先是传章子怡主唱,后又"辟谣"说《十面埋伏》有曲无歌。2004 年 3 月 19 日,最终谜底揭开,这是张艺谋所有影片中第一次启用国际歌坛巨星凯瑟琳来演唱主题曲,具有极大的炒作价值。(5)海外发行将片名改为

《情人》事件。2004 年 4 月 8 日《十面埋伏》海外发行片名改为《情人》,制片人不满但无奈妥协。(6)戛纳参展事件。首先是炒作《十面埋伏》在戛纳电影节参展而不参赛,引起国内的一片惊异与猜疑。后在 2004 年 5 月 17 日,《十面埋伏》在第 57 届戛纳电影节上举办了首映式,1 000 多位媒体记者,提前观看了《十面埋伏》,放映结束后,观众起立鼓掌,掌声长达 20 余分钟。(7)片名抢注事件。2004 年 6 月,有消息称张艺谋遭遇"埋伏",一个生产汽车旅游冰箱、凉垫等"冷门"产品的公司先下手为强,给以擅长商业运作的张艺谋来了个"埋伏",抢注了"十面埋伏"商标。

4. 活动造势,制造冲击力。2004 年 7 月 10 日,耗资 2 000 万的《十面埋伏》全球首映庆典在北京工人体育场举行,李宗盛、张信哲、SHE、刀郎、美国歌剧女王巴特尔等人组成了强大的明星阵容。全国有 6 个分会场通过卫星直播首映礼,辅以歌舞表演,200 家电视台的转播使许多观众享受到了这道免费的演唱会大餐。

5. 发行方式奇招迭出。(1)招商全面出击。早在 2004 年 4 月,印刷精美的招商书就已经寄给了各大院线和国内众多著名企业公司。招商书做得十分专业,还主动曝光了许多精彩剧照,包括章子怡和金城武在乌克兰金黄花海中策马而行,章子怡长袖善舞的惊艳造型等。《十面埋伏》的招商范围涉及了各个领域,招商项目多达 10 余项,包括首映式冠名、贴片广告预售、央视黄金时段广告、音像制品广告、纪录片发行广告、路牌广告等。(2)采用新的合作方式。《十面埋伏》首映式打破了以往与院线合作的惯例,选择当地的广告公司联合与商家合作。(3)海外发行先于国内发行,且收益丰厚。《十面埋伏》北美发行权卖了约 1.15 亿元人民币,日本发行权卖了 0.85 亿元,两者相加正好 2 亿元,而《十面埋伏》的总投资是 2.9 亿元,再算上海外其他地区的发行权收入以及所有 VCD 版权收入,《十面埋伏》的海外收益是十分丰厚的。(4)与企业联手。2004 年 6 月 15 日,方正科技隆重召开"方正纵横四海,惊喜十面埋伏——方正科技携手《十面埋伏》创新中国影音卓越传奇"暑促启动新闻发布会。方正科技的路牌、海报、网络、平面广告等一系列铺天盖地的广告宣传攻势中,都可以看见《十面埋伏》的精彩剧照,而到方正科技专卖店的消费者还将领取到《十面埋伏》明星照。(5)为了赢得胜利,《十面埋伏》还使出了"锦衣计"。这一计的主体"情织衫"是《十面埋伏》中金城武在逃亡途中赠予章子怡的那件锦衣,"杀伤力"则是潜在的感情因素——男女之间亡命天涯时刹那间迸发出的激情。于是,不但将"锦衣"推选为影片唯一的衍生产品,还订了 1 000 件锦衣在全球首映庆典上亮相。

正是这一系列全方位的营销策略的应用,《十面埋伏》取得了骄人的票房收入。当年 7 月 16 日零点首映,全国票房高达 170 多万元,首映 3 天票房高达 5 500 万元。截至 8 月 9 日,《十面埋伏》总票房已达 1.536 亿元,创造了当年单片票房最高记录,比超级进口大片《指环王 3》8 326 万、《后天》8 223 万元和《特洛伊》6 907

万元的票房,增加了 7 000 万 ~ 8 000 万元,使《十面埋伏》在暑期档与进口大片的竞争中,捍卫了国产电影的应有地位,同时还显示出中国电影向全球电影市场迈进的信心和实力。

分析讨论:

1.《十面埋伏》的营销策略体现了促销策略的哪些特点和要求?

2.《十面埋伏》的营销策略有哪些值得我们借鉴?

3.《十面埋伏》的促销策略的应用还有哪些不足?

### 同步测试

1.概念理解:促销组合、人员推销、公共关系、销售促进。

2.选择促销策略应考虑哪些因素?

3.简述人员推销、广告、公共关系和销售促进的主要策略。

4.指出下列例子所使用的促销方式,评价其效果:

(1)在奥运会上,中国运动员身穿"李宁"牌运动服上台领奖。

(2)某超市前有条幅宣称它正举行有奖竞猜活动。

(3)某涂料生产企业的经理为了表明其生产的涂料无毒,在大庭广众之下将涂料当饮料喝下去。

(4)某制药企业在广告中反复诉求其新推出的"××"钙片是由××位硕士、××位博士花了××年研制而成。

### 实训项目

实训背景:新学期伊始,中国移动公司将在你就读院校开展一次动感地带手机卡促销活动。作为该公司的营销人员,请你为公司策划一次有效的促销活动。

实训任务:设计动感地带手机卡促销活动案

实训流程

1.分组实训;在授课教师指导下分组(6 ~ 8 人 1 组),以小组为单位完成促销活动案。

2.各组明确分工,并进行促销策划前资料收集。

3.明确促销目标,选用合适的促销工具。

4.撰写中国移动动感地带手机卡促销活动方案。

5.各组选择代表介绍策划案。

6.授课教师点评各组方案,评价方案的可行性并给予评分。

# 参考文献

[1] 菲利普·科特勒. 营销管理[M]. 11 版. 上海:上海人民出版社,2004.

[2] 甘碧群. 市场营销学[M]. 武汉:武汉大学出版社,2003.

[3] 吴健安. 市场营销学[M]. 3 版. 合肥:安徽人民出版社, 2005.

[4] 方光罗. 市场营销学[M]. 大连:东北财经大学出版社,2005.

[5] 黄彪虎. 市场营销原理与操作[M]. 北京:北京交通大学出版社,2008.

[6] 王峰,吕彦儒. 市场营销[M]. 上海:上海财经大学出版社,2006.

[7] 李岩,黄业峰. 市场营销学[M]. 北京:科学出版社,2006.

[8] 梁东,刘建堤. 市场营销学[M]. 北京:清华大学出版社,2006.

[9] 张卫东,夏清明. 现代市场营销学[M]. 重庆:重庆大学出版社,2004.

[10] 侯丽敏. 中国市场营销经理助理资格证书考试教材[M]. 北京:电子工业出版社,2005.

[11] 李红伟,陈林. 市场营销[M]. 北京:北京大学出版社,2006.

[12] 刘传江. 市场营销学[M]. 北京:中国人民大学出版社,2008.

[13] 李萍,戴凤林. 市场营销[M]. 北京:冶金工业出版社,2008.